A ~~~~OUTRA~~~~ GUERRA DE TROIA

A OUTRA GUERRA DE TROIA

AS CRÔNICAS DE DICTYS DE CRETA E DE DARES DA FRÍGIA

TRADUZIDO E ANOTADO POR MARTHA DE ARATANHA

FGV EDITORA

Título original: *The Trojan War: The Chronicles of Dictys of Crete and Dares the Phrygian*. Tradução autorizada do original em língua inglesa publicado por Indiana University Press. Todos os direitos reservados.

Direitos desta edição reservados à
FGV EDITORA
Rua Jornalista Orlando Dantas, 9
22231-010 | Rio de Janeiro, RJ | Brasil
Tel.: 21-3799-4427
editora@fgv.br | www.editora.fgv.br

Impresso no Brasil | *Printed in Brazil*

1ª edição: 2024

Preparação de originais: Ronald Polito
Revisão: Michele Mitie Sudoh
Projeto gráfico e diagramação: Abreu's System
Capa: Estúdio 513

Dados Internacionais de Catalogação na Publicação (CIP)
Ficha catalográfica elaborada pela Biblioteca Mario Henrique Simonsen/FGV

Frazer, R. M. (Richard McIlwaine),1931-
A outra Guerra de Troia : as crônicas de Dictys de Creta e de Dares da Frígia / R. M. Frazer Jr. ; [prefácio Martha de Aratanha]. – Rio de Janeiro : FGV Editora, 2024.
244 p.

Título original : The Trojan War: The Chronicles of Dictys of Crete and Dares the Phrygian
ISBN: 978-65-5652-281-4

1. Troia (Cidade extinta). I. Fundação Getulio Vargas. II. Título.

CDD – 938.01

Elaborada por Mariane Pantana Alabarce – CRB-7/6992

Sumário

Prefácio à edição brasileira

1. A Guerra de Troia

O vulgo acredita que a história deva ser a narrativa dos fatos o mais possível como eles aconteceram. Isto nem sempre ocorre: a distância temporal, as discrepâncias entre os diversos narradores e os interesses das mais diversas naturezas fazem com que o contar da história seja sempre prisioneiro de quem o faz e do porquê o faz.

Por outro lado, algo análogo pode ser dito da sua interpretação: ela é prisioneira de quem a lê, das suas crenças, da sua origem e de tudo mais que constrange a sua maneira de pensar, entender e agir.

A Grécia é o berço da Civilização Ocidental em seus diversos ramos. Sua história, embora possamos recuar 3 a 4 mil anos, é determinada por ser um território de passagem. Sua natureza marítima significa uma exposição contínua às inúmeras culturas num aparentemente permanente misturar, o qual, dada a grandeza do seu resultado, obscurece as diversidades conflituosas iniciais e seus grandes momentos de catálise.

A Guerra de Troia, provavelmente ocorrida antes da explosão definitiva do vulcão de Santorini, é o principal desses momentos. Ela não traz em si a criação de um império, mas sim o surgimento de um sentimento de pertencimento entre os gregos.

Guerra mundial na época, alinhou de um lado gregos e seus aliados e do outro os troianos com os seus. Ela exigiu um brutal esforço de todas as partes, mobilizando um volume de recursos físicos e humanos que até então não tinham sido vistos juntos.

Não adianta especular sobre o que teria acontecido se Santorini não tivesse explodido. A devastação destruiu a civilização minoica em Creta, varreu todo o mar Egeu[1] e toda a Hélade nas costas do mar. Quase 400 anos de trevas entre cerca de 1100 a.C. e o início do ressurgimento grego por volta do ano 750 a.C. foram um alto preço pago. É nesse período que o mito da luta grega em Troia é desenvolvido. Seu autor, Homero, ele mesmo um mito, apresenta a consolidação de narrativas sobre a guerra, quando certamente a duração da Era das Trevas e o propósito de se criar um pertencimento haviam aberto o caminho para a criação de uma narrativa mítica oral em que os deuses olímpicos surgiram como participantes do conflito e o protagonismo dos personagens foi em muito alterado.

A obra de Homero que faz tudo isto é a *Ilíada*.[2] Nela está contada uma versão mítica da Guerra de Troia: deuses olímpicos e homens interagem. Deuses são quase humanos. As paixões são fortes. Páris[3] rouba Helena de Menelau, o tesouro formado pelo seu dote é irrelevante. Ifigênia[4] é sacrificada pelo próprio pai Agamemnon. Aquiles tem de escolher entre a felicidade mortal e a imortalidade. Ájax se matará. O destemido Heitor morrerá pelas mãos de Aquiles e seu pai, Príamo, suplicará pelo seu corpo. Odisseu é o mestre estrategista. Num articulado teatro, cuja qualidade só seria alcançada de novo mais de 20 séculos depois, o caráter humano é dissecado e estereotipado para servir de instrumento a uma fenomenal narrativa que vai efetivamente ser um marco seminal do início do pensamento grego clássico.

Mas, e a verdade? Schliemann achou Troia lendo a *Ilíada*. A *Ilíada*, tirando os exageros introduzidos pela presença dos deuses, é próxima da verdade? Os personagens humanos que realmente lideraram essa tragédia foram correta e integralmente apresentados por Homero? Os fatos transcorreram como descritos?

É aqui que entram as duas obras cujas traduções serão apresentadas a seguir: a primeira escrita por um grego e a segunda por um troiano, isto é, cobrindo os dois pontos de vista da guerra. E, assim, teremos insumos

---

1 Ver Glossário Egeu.
2 Ver Glossário Ilíada.
3 Páris, também chamado de Alexandre, é filho de Príamo. Ver Glossário Páris.
4 Ver Glossário Ifigênia.

fundamentais para tentar realmente entender a realidade do que houve, mas também o porquê do desenvolvimento e direcionamento do mito na *Ilíada*.

Por muitos séculos, só tivemos acesso à tradução latina do *Ephemeris Belli Troiani* (*Um diário da Guerra de Troia*) de Dictys Cretensis, um grego que teria acompanhado o general Idomeneu de Creta à Troia e cuja veracidade era questionada. Porém, em 1900 foi encontrado o manuscrito grego de Dictys, e ele começou, a partir de então, a ser considerado um relato histórico. Já o manuscrito do troiano Dares, *De Excidio Troiae Historia* (*A Queda de Troia, uma história*), chegou até nós apenas em sua versão latina medieval. Os dois relatos contêm um relato da guerra exclusivamente humano e que não está preocupado em criar mitos.

Comparando essas obras com a *Ilíada*, se pode constatar que existem personagens humanos que aparecem na obra de Homero e não aparecem nas outras duas e vice-versa. Que há personagens que são enfatizados na primeira e que são menores nas outras duas. Os deuses nem sequer aparecem em Dictys ou Dares.

Por exemplo, Palamedes, que nem sequer é mencionado na Ilíada, é importantíssimo para se entender o desenrolar da política interna entre os gregos. Aprendemos que o antagonismo de Odisseu contra ele, desde o início da guerra contra Ílion, implicará outras explicações sobre o desenrolar dos fatos acontecidos, completamente diversas das de Homero.

Odisseu não é voluntário para a guerra, ao contrário, ele quer fugir. Ele mente, e é profundamente egoísta. Ele foi desmascarado e forçado por Palamedes a se juntar à coalisão grega. Odisseu conspirará contra Palamedes, provocando sua queda, em conluio com Agamemnon, que temia pela sua chefia junto às tropas gregas. No final da guerra, Odisseu estará envolvido na misteriosa morte de Ájax Telamon, pela qual será responsabilizado, tornando-o inimigo de quase todos os que vieram lutar contra Troia. E essa é uma explicação muito melhor para sua volta para Ítaca levar 10 anos do que as apresentadas na *Odisseia*.

Esses dois relatos, cada um de um lado do campo de batalha, contam em primeira mão, sem a interferência dos deuses olímpicos (que ainda não existiam por ocasião da Guerra de Troia), o dia a dia das batalhas e dos embates políticos nos dois campos, troianos e gregos. É uma história humana.

2. Os precedentes históricos da Guerra de Troia

A Guerra de Troia foi a primeira guerra a mobilizar todos os exércitos do mundo conhecido, pois reuniu os povos da Ásia Menor (onde hoje é a Turquia), os povos da Trácia (inclusive as Amazonas), todas as cidades gregas da Ática, do Peloponeso, e de todas as ilhas (inclusive Creta), e até mesmo um exército da Etiópia, liderado por Memnon,[5] sobrinho de Príamo.

Foi por meio, sobretudo, dos relatos de Homero que a Guerra de Troia chegou até nós. Veio pela tradição oral micênica.[6] Embora o grande poeta tenha vivido no século VIII a.C., seus versos só vieram a ser compilados e publicados numa versão escrita no século VI a.C., em Atenas. Porém temos também outros relatos, como o de Pseudo-Apolodoro[7] e os manuscritos de Dictys de Creta e de Dares da Frígia, traduzidos neste livro, pela primeira vez, para a língua portuguesa.

Se Homero nos apresenta uma visão mítica da guerra, então Dares e Dictys nos apresentam relatos com tons militares, contando o dia a dia das batalhas, das negociações entre Ílion e os helenos, e da política entre os gregos.

3. A datação da Guerra de Troia

Não se sabe exatamente as datas da Guerra de Troia. Porém uma estimativa razoavelmente precisa é possível a partir da destruição da civilização cretense pela grande explosão do vulcão de Santorini.

Ao longo dos séculos, o vulcão de Santorini explodiu de modo violento, provocando terremotos, maremotos e incêndios em toda a região, causando sempre grande devastação material e mortandade. Vários povos ao redor[8] relataram o destruidor efeito de três grandes explosões sobre a civilização de Creta. Segundo escavações arqueológicas, Creta foi devastada por terremo-

---

5 Ver Glossário Memnon.

6 Essa civilização que floresceu em Micenas era muito parecida com o povo que habitava Creta.

7 Ver Glossário Pseudo-Apolodoro.

8 Por exemplo, o dilúvio que levou Dardano da ilha de Samotrácia à Trôade na Ásia Menor; o dilúvio de Noé, relatado pela Bíblia.

tos duas vezes antes de sua destruição definitiva em 1100 a.C. Essa última explosão arrasou todas as áreas costeiras desde Troia até Gaza no Egito, inclusive Micenas, Argos e Tirinto, no Peloponeso.

De fato, isso também se confirma por uma forte mudança cultural. A cultura dessa Era Arcaica (3000 a 1100 a.C.) e a cultura da Era Clássica (750 a 500 a.C.) são completamente diferentes e, entre as duas, houve uma Era das Trevas (1100 a 750 a.C.) que durou 350 anos.

Costumes mudaram, deidades e seus templos foram intercambiados. A própria visão sobre os deuses e sobre o relacionamento entre homens e deuses também mudou. Por exemplo, o oráculo em Delfos[9] continha um Ônfalo, a pedra sagrada de forma cônica encontrada em templos fenícios ao redor do Mediterrâneo, só vindo a ser consagrado ao deus Apolo após a Era das Trevas, no século VII a.C.

Na época da guerra de Troia, os deuses olímpicos ainda não existiam...

A Guerra de Troia aconteceu antes de Creta e Micenas serem completa e definitivamente destruídas, portanto, antes da maior explosão do vulcão, que os geólogos estimam ter ocorrido por volta de 1100 a.C., menos de um século, segundo várias culturas, depois da guerra. Já Erastóstenes,[10] compativelmente, diz que o conflito aconteceu entre 1194 a.C. e 1184 a.C., e o saque da cidade em 1183 a.C. E, por consequência, a explosão do vulcão teria acontecido 84 anos após o final da guerra.

4. Os precedentes da guerra segundo, sobretudo, Heródoto

Herótodo, historiador grego, é conhecido como o pai da história como ramo do conhecimento humano. Ele nasceu na cidade grega de Halicarnasso (hoje na Turquia) e viveu entre 485 a.C. e 425 a.C. Segundo ele, essa hostilidade começou quando os fenícios raptaram Io, princesa de Argos, e a levaram

---

9 Ver Glossário Pítia.

10 Erastóstenes (276 a.C. — 195 a.C.) era o bibliotecário-chefe da Biblioteca de Alexandria, portanto tinha acesso a inúmeros documentos de várias culturas que relataram os acontecimentos da guerra contra Ílion.

para o Egito.[11] Para se vingar dessa afronta, alguns gregos foram a Tiro, cidade fenícia,[12] raptaram Europa[13] e a levaram para Creta.[14] Até aí estavam quites. Porém, os gregos navegaram até Cólquida[15] no Ponto Euxino[16] e raptaram Medeia, a filha do rei. Esses eventos aconteceram muito antes da Guerra de Troia, e certamente antes da destruição causada pela explosão do vulcão em Santorini.

Trôade[17] é a região ocupada pelos troianos, cuja principal cidade é Ílion.[18] Essa região é delimitada a oeste pela cadeia de montanhas do monte Ida, que a separa do resto da Mísia, e é cortada pelo rio Escamandro.[19] Ílion é mencionada na *Ilíada* mais vezes do que Troia, e os dois nomes se referem à mesma cidade.

De acordo com a lenda, a cidade mais antiga na Trôade[20] foi fundada por Teucro. No seu reino, Dardano,[21] fugindo de um dilúvio, saiu da ilha de Samotrácia à deriva, e chegou na costa da Trôade, onde recebeu de Teucro[22] um pedaço de terra e casou-se com sua filha, fundando a cidade de Dardano, num terreno elevado aos pés do monte Ida. Quando Teucro morreu, ele herdou toda a região, chamando-a de Dardânia.[23] Ele teve um filho mais velho, Ilo, que não deixou descendentes. Seu outro filho Erictônio assumiu e teve como descendente Tros. Ao subir ao trono, Tros[24] chamou a região de Troia e seu povo de troianos. Ele teve três filhos: Ilo, Assáraco e Ganimedes.[25] Ganimedes não deixou descendentes.

---

11 Heródoto, Livro 1, cap. 1, seções 2, 3 e 4.

12 A Fenícia se situa na região do atual Líbano.

13 Ver Glossário Europa.

14 Hdt. 1.2.1.

15 Cólquida é a região ao sul do Cáucaso e a leste do mar Negro, ocupada pelos colcos.

16 Ponto Euxino (do grego clássico, significa mar Hospitaleiro) atualmente é chamado de mar Negro.

17 Trôade se situa ao norte da atual Anatólia, na Turquia. Ver mapa da Ásia Menor.

18 Ver Glossário Ílion.

19 O rio Escamandro é atualmente chamado de Karamenderes. Também foi chamado Scamander ou Xanthus (Ξανθος).

20 Ver Glossário Trôade.

21 Ver Glossário Dardano.

22 Teucro foi um filho de Escamandro, a divindade do rio com o mesmo nome, e da ninfa Ida. Ele se tornou rei da região que passou a se chamar Têucria.

23 Apollod. 3.12.1.

24 Ver Glossário Tros.

25 Na modernidade, Ganimedes é considerado símbolo de amor homossexual.

Segundo Pseudo-Apolodoro,

> quando jovem, Ilo foi para a Frígia participar de Jogos ali realizados pelo rei, e foi vitorioso na luta livre. Como prêmio ele recebeu 50 rapazes e 50 moças, e o rei, em obediência a um oráculo, deu-lhe também uma vaca e ordenou-lhe que fundasse uma cidade onde o animal se deitasse; então ele seguiu a vaca. E quando ela se deitou, lá Ilo construiu uma cidade e a chamou de Ílion.

Assim, Ilo fundou a cidade de Ílion na planície entre o monte Ida e o estreito de Dardanelos (na época chamado de Helesponto).[26] Desejoso de um sinal divino, Ilo orou para Zeus e como resposta encontrou diante de sua tenda o Paládio, uma estatueta de madeira da deusa Palas, de três cúbitos de altura,[27] com os pés unidos, uma lança na mão direita e uma roca e um fuso na mão esquerda. Ilo construiu um templo para Palas. O Paládio terá um papel importante no final do conflito, como veremos adiante.

De Ilo surgiu a linhagem de Laomedonte,[28] Príamo e Heitor. De Assáraco, a linhagem de Cápis, Anquises e Eneias.[29] Foi no reinado do rei Laomedonte que as muralhas de Troia foram construídas e se tornaram inexpugnáveis.

Tântalo[30] era rei da Lídia, vizinho do rei Ilo, de Ílion. Por cometer o terrível crime de servir carne humana em um banquete, foi expulso da região por Ilo. O filho de Tântalo, Pélops, tentou retornar, entrou em batalha com Ilo e foi expulso definitivamente da região da Ásia Menor. Pélops andou e errou pelo mundo até chegar à distante cidade de Pisa, no Peloponeso. Ali reinava o rei Enomaus, que oferecia a mão de sua filha, Hipodâmia, em casamento ao pretendente que o vencesse numa corrida de biga. Pélops usa de um estratagema (ver mais detalhes no Glossário), vence a corrida, na qual morre o rei Enomaus, e casa-se com Hipodâmia, com quem teve inúmeros filhos, entre eles, os gêmeos Atreus e Tiestes;[31] e outros inúmeros filhos com concubinas. O rei Pélops casou seus filhos e

26 Helesponto significa mar de Helles (q.v.), atualmente estreito de Dardanelos. Separa a Europa, nesse caso, a península de Chersoneso (atual península de Galípoli), da Ásia.

27 Três cúbitos são 1,37 m.

28 Ver Glossário Laomedonte.

29 Apollod. 3.12.2. Ver Glossário Eneias.

30 Ver Glossário Tântalo.

31 Ver Glossário Tiestes.

filhas com governantes por toda a região, que ficou conhecida como Peloponeso, a ilha de Pélops. Seu poder e prestígio eram respeitados. A Pélops também são atribuídos os Jogos Olímpicos. Será que podemos supor que ele trouxe esse costume de sua longínqua terra, a Lídia? Assim como o costume de casar seus filhos e filhas com pretendentes de cidades vizinhas, assegurando a paz na região?

Porém, quando Pélops quis fazer o filho de uma concubina seu sucessor, Atreus e Tiestes, filhos da rainha Hipodâmia, assassinaram o pretendente. Pélops expulsou os três da região. Hipodâmia, Atreus e Tiestes foram acolhidos em Micenas por Plístenes, que governava a cidade no lugar do rei Euristeu, que tinha se ausentado de Micenas para lutar contra Hércules. Portanto, Plístenes não era de linhagem real, era apenas um mero governante.

Plístenes já era casado com Érope,[32] filha do rei Catreu, e tinha dois filhos pequenos, Agamemnon e Menelau. Plístenes morre misteriosamente, Atreus se casa com Érope e assume a paternidade de Agamemnon e de Menelau. Porém, Érope o trai com seu irmão gêmeo Tiestes. Essa relação de paternidade entre Atreus (importante príncipe, filho de um rei muito influente) e Agamemnon e Menelau será importante no final do relato de Dictys de Creta, onde essa linhagem ilustre será contestada e a autoridade deles será questionada.

Algumas décadas antes da Guerra de Troia, os gregos velejaram para a Cólquida, no Ponto Euxino.[33] Teseu[34] liderou essa viagem que ficou conhecida como a viagem empreendida pelos argonautas. Eles foram chamados de argonautas porque o homem que construiu o navio se chamava Argus, portanto o navio se chamou *Argo*. Participaram dessa expedição Jasão,[35] Laerte (pai de Odisseu), Hércules, Náuplio (pai de Palamedes e Oeax[36]), Nestor de Pilos, Telamon (pai de Ájax Telamon e Teucro[37]), os gêmeos Castor e Pólux (irmãos de Helena e Clitemnestra[38]) e Teseu (que matou o

32 Ver Glossário Érope.
33 Ponto Euxino é o atual mar Negro.
34 Ver Glossário Teseu.
35 Ver Glossário Jasão.
36 Ver Glossário Oeax.
37 Ver Glossário Teucro.
38 Ver Glossário Clitemnestra.

Minotauro). Mencionei apenas aqueles que vão ter algum protagonismo na guerra contra Ílion. Quase todos serão pais dos que mais tarde participarão da guerra contra Ílion. Com a ajuda da filha do rei da Cólquida, Medeia, os argonautas conseguem roubar o velocino de ouro e voltar para a Grécia, levando consigo Medeia.

Quando os colcos pediram a devolução de Medeia, os gregos retrucaram que Io[39] também não tinha sido devolvida, portanto, não iam devolver Medeia. Quando os gregos pediram Helena de volta, os troianos lembraram aos gregos que eles pediam reparação aos outros, mas não faziam nenhuma, e nem devolviam os saques quando solicitados.

5. Hércules amarra a história e o mito

Na ida para Ponto Euxino, os argonautas passaram pelo Helesponto[40] e foram impedidos de aportar seu navio nas costas da Trôade pelo rei Laomedonte de Ílion. Isso irritou Hércules, que algum tempo depois da expedição dos argonautas voltou, sitiou e saqueou a cidade com a ajuda de Telamon. Hércules matou todos os filhos do rei Laomedonte, mas poupou Hesíone[41] e outras duas filhas. Também poupou Podarces, o futuro rei Príamo, pois o menino era muito pequeno e não lutara contra ele. Hércules o colocou à venda como escravo junto com os outros prisioneiros de guerra, porém permitiu que Hesíone comprasse a liberdade de seu irmão. Daí o menino passou a se chamar Príamo, que significa "o comprado". Hércules deu Hesíone em casamento para Telamon.[42] As duas outras irmãs foram vendidas como escravas, mas na travessia em direção à Itália tocaram fogo em seus navios e pereceram.

Príamo, mais tarde, assume o trono que foi de seu pai, o rei Laomedonte. Ele teve uma primeira esposa, Arisbe, depois se casou com Hécuba,[43] teve várias concubinas e, ao todo, teve 50 filhos e 50 filhas. Entre os filhos estavam

39 Ver Glossário Io.

40 Helesponto (mar de Helle) é o atual estreito de Dardanelos.

41 Ver Glossário Hesíone.

42 Telamon voltou para a ilha de Salamina com Hesíone, onde ela gerou Teucro.

43 Ver Glossário Hécuba.

Heitor, Paris, Deífobo, Heleno,[44] e entre as filhas estavam Polixena,[45] Íliona e Cassandra.[46] Por ocasião da guerra contra Ílion, Príamo já era um ancião e não participou do combate.

Hércules, filho da princesa Alcmene de Argos, na juventude, havia matado seu professor de lira, Linus, e como punição foi exilado para as montanhas para ser pastor de rebanho do rei Anfitrião. Mais tarde, em Tebas, Hércules se casou com Mégara, filha do rei Creonte,[47] porém, num acesso de loucura matou seus filhos e sua esposa. Ao cair em si, fugiu para o Oráculo de Delfos, que o mandou servir o rei Euristeu[48] por 10 anos. O rei Euristeu, como expiação pelos seus crimes, o envia para inúmeros trabalhos impossíveis. Euristeu era seu arqui-inimigo, e se tornou rei de Tirinto[49] no lugar de Hércules. Após inúmeros eventos, Hércules é envenenado por um manto que faz sua pele arder e queimar, num suplício sem fim.

Quando Hércules constrói sua pira mortuária para se livrar do tormento do veneno da hidra, o único amigo que se apresenta para acender o fogo que queimará vivo ao filho de Zeus é Filoctetes, e que por isso recebe de presente o arco de Hércules e suas flechas envenenadas. Será com esse arco e com essas flechas que Filoctetes ferirá Paris numa das batalhas em Troia.

6. Outros episódios correlatos que precedem a guerra

Outros dois episódios são também importantes para se amarrar corretamente os eventos que levaram à Guerra de Troia: o Incesto de Édipo e o rapto de Europa.

O incesto involuntário e trágico entre Édipo e Jocasta, irmã de Creonte. Édipo é filho de Laio com Jocasta, e devido ao oráculo que vaticina que ele irá matar seu pai, ainda bebê é afastado e criado longe da região de Tebas.

44 Ver Glossário Heleno.

45 Ver Glossário Polixena.

46 Ver Glossário Cassandra.

47 O rei Creonte é irmão de Jocasta e tio de Antígona.

48 Euristeu era neto de Perseu, primo de Anfitrião e sobrinho de Alcmena, portanto, primo de Hércules.

49 Tirinto (grego clássico: Τίρυνς. Tyrins) é uma das cidades da península da Argólida. Essa região fica a leste de Arcádia e a norte da Lacônia (ou Lacedemônia).

Adulto, ao voltar à região, mata o rei Laio numa encruzilhada sem saber que era seu pai, e acaba se casando com a viúva Jocasta, sua verdadeira mãe. Com ela tem quatro filhos: Etéocles, Antígona, Ismênia e Polínice. Quando esse terrível incesto é desvelado, Jocasta se mata e Édipo fura seus próprios olhos. Com o exílio de Édipo, seus dois filhos Etéocles e Polínice resolvem compartilhar o comando de Tebas. Etéocles governaria um ano e depois passaria o poder a Polínice. No término de um ano, Etéocles expulsa Polínice de Tebas e se perpetua no poder. Polínice encontra refúgio em Argos, onde se casa com a filha do rei Adrasto. Polínice pede ajuda ao rei Adrasto para recuperar seu reino. Consegue reunir sete príncipes e seus exércitos, entre eles o próprio Polínice e Adrasto, para atacar cada um dos sete portões de Tebas. Esse ataque fica conhecido como os "Sete contra Tebas". Num combate mortal, Etócles e Polínice se matam; nenhum dos príncipes sai vivo dessa guerra, com exceção do rei Adrasto.

Antígona[50] pede para enterrar Polínice, e seu tio Creonte nega essa honraria, pois para ele é inadmissível um tebano atacar a própria cidade. Antígona é condenada a ser enterrada viva, e se mata. O noivo dela, filho do rei Creonte, se mata, e sua mãe, esposa de Creonte, também se mata de desgosto pela morte do filho. Diante da recusa dos tebanos em permitir o sepultamento dos soldados, Teseu, rei de Atenas, lidera o exército ateniense contra Tebas e recupera os corpos dos heróis mortos. O rei Creonte, irmão de Jocasta, continua a reinar em Tebas. Esse episódio acontece uma geração antes da Guerra de Troia.

Dez anos depois dessa expedição fracassada, a descendência (epígonos) desses sete príncipes resolve vingar os pais. Dessa vez, conseguem saquear a cidade e voltam para casa com o butim. Um desses príncipes foi Diomedes, que lutou na guerra de Ílion ao lado de Odisseu.

Esse episódio é um exemplo de coalisão entre os príncipes quando querem defender um interesse comum, o que se repetiria na Guerra de Troia.

Na mesma época, temos em Creta a descendência da princesa fenícia Europa.[51]

---

50 Sófocles escreveu a *Trilogia tebana* onde relata, 700 anos depois, o ciclo de tragédias: *Édipo rei*, *Édipo em Colono* e *Antígona*.

51 Ver Glossário Europa.

O rei Agenor[52] é irmão de Belus e nasceu em Mênfis,[53] no Egito. Belus se tornou rei do Egito, e Agenor atravessou o mar da Eritreia e fundou Tiro, dominando a população semítica local, e fundando o que depois veio ser conhecido por Fenícia. Ele tem quatro filhos: Europa, Cadmo,[54] Fênix e Cílix. A princesa Europa é raptada por Zeus e levada para a ilha de Creta, onde têm três filhos, que foram criados pelo rei Asterios: Minos I, Radamanto e Sarpedon. Provavelmente, ela trouxe à ilha o culto ao deus touro (deus Apis dos egípcios). O mito de Europa pode ter sua origem em uma união sagrada entre divindades fenícias Astar e Astarte, na forma bovina. Asterios é também o nome do Minotauro e um epíteto de Zeus, provavelmente derivado do nome Astar. Evidências arqueológicas sugerem uma civilização rica e bem estabelecida no ano 2500 a.C., que dominava vastas áreas ao seu redor, se estendendo até Micenas, Argos e Atenas.

Minos I sucede ao trono e tem um único filho, Licasto, que por sua vez faz como sucessor Minos II.[55] O epíteto Minos provavelmente era usado para todo soberano reinante, então usamos I e II para diferenciá-los.

Minos II casou-se com Pasífae e com ela teve vários filhos: Deucalion, Catreu, Androgeu, Ariadne, Fedra,[56] Glauco... e o Minotauro, metade homem, metade touro. Minos, seguindo o oráculo, mandou Dédalo construir um labirinto gigantesco para aprisionar o Minotauro, localizado perto do palácio em Knossos.

O rei Minos II é contemporâneo do rei Egeu. Após o rei Egeu ter se deitado com Etra,[57] e ela ter engravidado (será a mãe de Teseu), o rei Egeu tem que voltar para Atenas para celebrar o festival Pan-Ateniense, onde Androgeu, filho do rei Minos II, derrota todos os competidores. Por inveja, Androgeu é assassinado no caminho para Tebas. O rei Minos II ataca Atenas e exige reparação: a cada nove anos, sete moças e sete rapazes seriam enviados para Creta para serem sacrificados ao Minotauro. Na terceira leva, Teseu, já crescido, está entre os escolhidos para serem sacrificados em Creta.

52 Ver Glossário Agenor.
53 Ver Glossário Líbia.
54 Ver Glossário Cadmo.
55 Ver Glossário Minos II.
56 Ver Glossário Fedra.
57 Ver Glossário Etra.

Porém, ao chegar lá, Ariadne se apaixona por ele e, com a orientação de Dédalo, ajuda Teseu a entrar e sair do labirinto em segurança. Por Dédalo ter traído a confiança do rei Minos, ele é preso com seu filho Ícaro numa ilha, de onde tentam escapar construindo asas feitas com penas e cera de abelha. Contrariando as orientações de seu pai, Ícaro voa muito alto, a cera derrete com o calor do Sol, as asas se desfazem e ele se precipita para a morte.

O filho de Minos II, Deucalion, era pai do rei Idomeneu, que liderou os cretenses na Guerra de Troia, porém Deucalion foi morto por Teseu na porta do labirinto. O trono passa então para Catreu.

7. Aquiles *versus* Odisseu: quem é o fio condutor?

O Aquiles de Dictys é tão valoroso como soldado quanto o de Homero. Porém, não está sujeito à terrível escolha que, na *Ilíada*, sua mãe Tétis lhe dá: ser feliz, morrer velho e depois ser esquecido ou então morrer em Troia e ser lembrado para sempre. Na *Ilíada*, como Hércules, ele também é filho de um imortal e de um humano. E, como Hércules, para alcançar a imortalidade, ele precisava morrer abandonando a felicidade terrena. Já em Dictys, a luta de Aquiles com Agamemnon é por poder. E ele acabará perdendo. Ele é um herói em Dictys, mas não é um fio condutor.

Odisseu, sim, é que é o fio condutor da narrativa em todas as versões da Guerra de Troia.

Na *Ilíada*, é claro, ele é um dos heróis, um justo e corajoso homem. É também o mestre estrategista, que inventará o cavalo de madeira usado para entrar na cidade. E na *Odisseia*[58] ele é o homem errante que enfrenta mil perigos e vicissitudes para voltar para casa para sua amada Penélope.

Já na obra de Dictys, todavia, ele é mentiroso, assassino, traiçoeiro e tudo que de pior houver.

A primeira vez que Odisseu aparece na nossa história é no contexto dos pretendentes de Helena, considerada a mulher mais bela da Grécia. Quando chegou a idade de Helena se casar, inúmeros pretendentes vieram de toda Hélade para pleitear sua mão. A fortuna do rei Tíndaro era imensa. O rei

58 Ver Glossário Odisseia.

Tíndaro deve seu trono a Hércules. Diante de pretendentes tão poderosos, o rei ficou numa situação difícil, pois se escolhesse um príncipe, o outro ficaria despeitado, e uma guerra se iniciaria. Odisseu disse que tinha a solução, mas só contaria se o rei Tíndaro lhe desse a filha de seu irmão Icário, Penélope, em casamento. Isso acordado, Odisseu propôs que todos os pretendentes fizessem um pacto de sangue: um dos príncipes seria o escolhido, e todos os outros protegeriam esse matrimônio de qualquer ataque. E assim foi feito. Helena se casa com Menelau. Agamemnon se casa com Clitemnestra, irmã de Helena. Odisseu se casa com Penélope e volta para sua ilha Ítaca. Mais adiante, com a ajuda de Menelau, Agamemnon consegue de volta o reino de Argos.

Em Áulis, quando uma peste grassa o exército dos gregos, o vidente Calcas acusa Agamemnon de tê-la provocado ao matar uma corça sagrada. Segundo o oráculo *revelado por Calcas*, a única maneira de aplacar a deusa ofendida é sacrificando sua filha primogênita, Ifigênia. Como Agamemnon se recusa a mandar chamar Ifigênia para ser sacrificada, ele é afastado do comando das tropas e Palamedes assume seu lugar. É Odisseu que arquiteta a vinda de Ifigênia para Áulis, a fim de ser sacrificada e aplacar a deusa (forjando um casamento entre Ifigênia e Aquiles). Curiosamente, Palamedes não é mencionado *nem uma vez* na *Ilíada*, porém é mencionado tanto no manuscrito de Dares quanto no manuscrito de Dictys. Após o sacrifício de Ifigênia,[59] Agamemnon retoma o comando dos exércitos.

Na Trôade, ao ver que Palamedes tem a preferência das tropas, Odisseu faz uma armadilha mortal contra ele. Dictys escreve explicitamente como Diomedes e Odisseu tramaram para esse assassinato.[60]

Após o saque de Ílion, uma acirrada disputa surge sobre quem deveria ficar com o Paládio. Ájax, Telamon e Odisseu se desentendem violentamente. Na madrugada seguinte, Ájax aparece morto pelo golpe de uma espada. O exército se revolta com a morte de seu mais valente herói. Suspeita-se do rei de Ítaca.

---

59 Segundo Dictys, Ifigênia foi poupada e levada para Táuris, na atual Crimeia. A Crimeia, na época, era território dos citas, que eram um antigo povo iraniano de pastores nômades equestres que dominaram as estepes do Cazaquistão até a Crimeia. Ver a peça teatral de Eurípides *Ifigênia em Táurida*.

60 Dictys, livro 2, 15.

Odisseu é um pária, que não consegue voltar para sua terra natal quando a guerra termina, nem aportar em nenhum porto da Grécia. Vai levar 10 anos viajando, fugindo, se escondendo. Ele tem que proceder com muita cautela para conseguir seu trono de volta quando retorna à Ítaca.

Todavia, gostemos ou não, ele ainda é o fio condutor, pois representa o espírito grego.

8. Conclusão

Esta edição brasileira traz os relatos de Dictys de Creta e de Dares, o frígio, contando as versões de lados contrários sobre a guerra contra Troia. Dictys era subordinado a Idomeneu, rei de Creta, aliado dos gregos; enquanto Dares, fiel seguidor de Antenor, era da Frígia, aliada dos troianos.

A *Ilíada* de Homero relata a guerra de Ílion até o combate mortal entre Heitor e Aquiles. Dictys vai além da morte de Heitor, relata como Aquiles foi morto, como foi o saque de Ílion e como foi o retorno dos gregos para casa. E termina com uma revelação surpreendente sobre a suspeita que recaiu sobre Odisseu após a morte de Ájax Telamon. Dares começa seu relato com a chegada de Jasão e os argonautas à Frígia, a reação do rei Laomedonte à chegada dos guerreiros gregos, a vingança de Hércules, e termina seu relato com o total de mortos de cada lado.

Esse conflito foi provavelmente a primeira guerra mundial de que se tem notícia, pois envolve uma quantidade enorme de povos, tanto do lado dos helenos quanto do lado dos bárbaros. As obras de Dictys e Dares parecem mais próximas de uma realidade possível do que a de Homero.

Esta introdução à edição brasileira visou, sujeita às naturais limitações de tamanho, contextualizar a guerra dos gregos contra Ílion, enumerando eventos importantes que precederam o conflito.

Sobre a tradução e o glossário

A pesquisa para este livro compilou informações da *Encyclopaedia britannica* (1951), do Pseudo-Apolodoro (www.perseu.tufts.edu), de Heródoto e da *Wikipedia*, tanto em inglês quanto em português. Em especial, a edição multilíngue *L'altra Iliade* da editora Bompiani, cujos textos em italiano, latim e grego proporcionaram um excelente cotejamento para a presente tradução em português.

O glossário no final desta edição visa facilitar a compreensão dos personagens que participaram da Guerra de Troia. Os personagens mais periféricos estão descritos resumidamente em notas de rodapé.

Martha de Aratanha

Prefácio à edição americana

Dictys, de Creta,[1] e Dares, o frígio,[2] nos relatam coisas sobre a Guerra de Troia que Homero não poderia saber, porque ele só viveu muito tempo depois do fim da guerra,[3] mas Dictys e Dares estavam realmente lá. Dictys viajou para Troia com o exército de Creta como parte da aliança grega para reaver Helena. Dares, por sua vez, lutou para defender a cidade sob o comando do príncipe troiano Antenor. Ambos registraram os eventos da guerra — incluindo suas causas, suas principais batalhas e suas consequências, assim como as ações dos líderes de ambos os lados — em prosa simples e direta. Enquanto a verdadeira história da Guerra de Troia foi deturpada, ao longo dos séculos, por inúmeros relatos repletos de imprecisões históricas e invenções da imaginação, Dictys e Dares finalmente nos trazem relatos autênticos e descrições reais de testemunhas oculares do mais famoso e controverso evento da História Antiga. Pelo menos é nisso que eles querem que acreditemos.

Enquanto a pesquisa histórico-arqueológica moderna concluiu que uma cidade no Dardanelos foi destruída pela espada e pelo fogo durante a Idade do Bronze,[4] talvez por uma aliança pan-helênica, nem Dictys de Creta, nem Dares, o frígio, estavam lá para presenciar isso. De fato, quem escreveu esses

---

1 Dictys foi escolhido por Idomeneu, rei de Creta, para relatar o evento, e acompanhou o exército de Creta na coalisão grega contra os troianos. Ver Glossário Dictys.

2 Frígio é habitante da Frígia. Dares lutou sob o comando do comandante troiano Antenor. Ver Glossário Dares.

3 Estima-se que a Guerra de Troia tenha ocorrido antes da explosão do vulcão de Santorini (que destruiu a civilização minoica, em Creta, Argos, e toda a região costeira).

4 Ver Glossário Idade do Bronze.

textos não se chamava nem Dictys nem Dares (apesar de nos referirmos a eles como tal), e eles viveram muito depois de Homero ter composto a *Ilíada* e a *Odisseia*. Dois fragmentos de papiro, descobertos no começo do século XX, permitiram aos estudiosos identificar uma versão grega de Dictys, que provavelmente data do final do século I d.C., pouco depois do reinado de Nero. A versão latina do texto de Dictys parece ter sido produzida durante o século IV d.C. A versão latina de Dares, para a qual nenhuma fonte grega foi achada, pode ter se originado no final do século V, após o saque de Roma em 410. Nos séculos após as primeiras versões começarem a circular, alguns leitores começaram a duvidar da validade das crônicas, enquanto outros as tratavam como valiosos registros históricos. Esses dois textos eventualmente foram tidos como falsificações, e os seus autores como culpados de um elaborado embuste historiográfico. Alguns acadêmicos e críticos no século XIX e começo do século XX ridicularizaram o estilo tosco do latim em prosa. Contudo, mais recentemente, os trabalhos de Dictys e Dares voltaram a ser reconhecidos como importantes artefatos literários do final da Antiguidade tardia[5] e como textos seminais da tradição medieval troiana.

A história da Guerra de Troia

As narrativas troianas de Dictys e Dares incluem prefácios que ajudam a contextualizar os trabalhos e a explicar como essas "testemunhas oculares" permaneceram escondidas por tanto tempo. Algumas cópias do relato de Dictys circularam com um prefácio anônimo alegando que ele escreveu uma história, em nove volumes, da Guerra de Troia, no alfabeto fenício, baseado na sua própria experiência. De acordo com esse prefácio, o livro foi enterrado com Dictys na ilha de Creta, permanecendo oculto debaixo da terra até um terremoto expor os conteúdos do túmulo. O livro de Dictys foi então enviado para o imperador romano Nero, que mandou transcrevê-lo para o grego. Outros manuscritos incluem uma carta supostamente de um

---

5 Antiguidade tardia é o período entre 284 d.C. e 750 d.C., e descreve o intervalo entre a Antiguidade clássica greco-romana (800 a.C. — 476 d.C.) e a Idade Média (476-1453). Fonte: https://pt.wikipedia.org/wiki/Antiguidade_Tardia.

romano chamado Lucius Septimius, que apresenta uma versão da descoberta do livro ligeiramente diferente, e alega ser o tradutor da edição latina. É Lucius Septimius quem se refere ao texto de Dictys como a *Ephemeris Belli Troiani* (*Um diário da Guerra de Troia*).

Na carta-prefácio que abre o *De excidio Troiae historia* (*A queda de Troia, uma história*) de Dares, o frígio, um escritor alegando ser Cornelius Nepos, um biógrafo romano do século I, diz que fielmente traduziu, do grego para o latim, esse texto "que foi escrito pelas mãos de Dares". Acadêmicos debateram se uma versão grega do *De excidio* realmente existiu, e é certo que a carta e a tradução não foram escritas por Cornelius Nepos. A carta pede que os leitores decidam se vão acreditar nos relatos de Dares, o frígio, ou em Homero, ressaltando que Dares participou na Guerra de Troia enquanto Homero só nasceu "muito depois do fim da Guerra". E continua, assinalando que até os atenienses "achavam Homero um louco por descrever deuses combatendo com mortais",[6] sugerindo que qualquer discrepância entre as narrativas de Dares e de Homero, das quais existem muitas, deve ser resolvida privilegiando a *De excidio* de Dares, escrita em primeira mão.

Claro, mesmo quando tentam desacreditar Homero de modo a estabelecer sua própria autoridade, Dictys e Dares usam o trabalho de Homero e sua linhagem literária como base de seus textos. Enquanto Dictys provavelmente teve acesso ao manuscrito grego da *Ilíada*, Dares pode ter conhecido Homero apenas por meio de uma tradução latina ou sumário. Por volta do começo do primeiro milênio d.C., Homero era conhecido diretamente por audiências gregas e por alguns romanos, porém ele era mediado por inúmeros outros escritores que apresentaram informações adicionais ou conflitantes sobre a Guerra de Troia. Poemas no antigo ciclo épico grego, hoje apenas fragmentos, apresentam detalhes de estórias as quais Homero apenas alude, como a construção do Cavalo de Troia e a morte de Odisseu depois de seu retorno à Ítaca. Dramaturgos, ao longo de toda a era clássica, encenaram vários episódios homéricos e contra-homéricos sobre a origem da Guerra de Troia, sua duração e consequências. Por exemplo, Heródoto[7] alega que Helena nunca chegou a Troia, mas permaneceu no Egito durante a guerra,

---

6 Ver a carta de Cornelius Nepos, penúltima frase, p. 177 deste livro.

7 Heródoto (485 a.C. – 425 a.C.), geógrafo e historiador grego, é considerado Pai da História.

e o escritor de tragédias Eurípides[8] usa essa estória egípcia como base para a sua *Helena*.

Dictys e Dares também querem suplantar Virgílio,[9] que modelou seu épico troiano na *Ilíada* e na *Odisseia* de Homero. Composta em versos em latim no final do século I a.C., a *Eneida* de Virgílio narra os esforços do príncipe troiano Eneias para estabelecer uma colônia troiana na Itália, que levará à ascensão de Roma imperial. Tanto Dictys quanto Dares desmascararam a famosa piedade de Eneias de Virgílio, descrevendo como ele ajudou a liderar um golpe para trair Troia, favorecendo os gregos, tornando-o responsável pela destruição da cidade. Virgílio, assim como Homero, mostra os deuses desempenhando ativamente um papel nos assuntos humanos, portanto, suas fantasias poéticas podem ser desconsideradas, enquanto a verdadeira narrativa da Guerra de Troia pode ser encontrada nas crônicas históricas de Dictys e Dares. Usando uma prosa simples e apresentando os eventos como resultado de deliberações e ações humanas, Dictys e Dares inauguram um novo modelo de representar a Guerra de Troia como um momento seminal da história secular.

Dictys e Dares

Não existem deuses em Dictys e Dares, apenas política. Vemos gregos e troianos se reunindo em conselhos, se engajando em diplomacia e se confrontando no campo de batalha, com suas próprias habilidades retóricas e marciais dirigindo a ação. A *Ephemeris* e o *De excidio* refletem a Antiguidade tardia na qual foram produzidos, um mundo moldado pelo Império Romano e pela propagação do cristianismo. Embora talvez influenciados pela perspectiva cristã na sua rejeição aos antigos deuses da mitologia grega e romana, esses textos dificilmente podem ser chamados de cristãos, pois eles não reconhecem nenhum tipo de divindade moldando os destinos das pessoas envolvidas na guerra. Depois do século V, os textos de Dictys e de Dares circularam num mundo pós-romano, no qual vários territórios pela Europa

---

8 Eurípides (480 a.C. — 406 a.C.) é um poeta trágico grego, escreveu *Helena* em 412 a.C.

9 Virgílio (70 a.C. — 19 a.C.) é um poeta romano clássico cuja obra principal é a *Eneida*.

estavam estabelecendo novos modelos de poder político. Para as audiências que liam Dictys e Dares ao longo da Antiguidade tardia e da Idade Média, a queda de Troia era entendida no contexto da queda de Roma.

A *Ephemeris* de Dictys começa em Creta, para onde Agamemnon e Menelau viajaram para reivindicar suas heranças após a morte do rei Catreu.[10] Com Menelau longe de Esparta, Alexandre (também conhecido como Páris) carrega Helena e seu dote de volta para Troia. Quando os troianos se recusam a devolver Helena, os gregos reúnem seus exércitos. Escrevendo como um soldado do exército de Creta, que luta apoiando a causa de Menelau, Dictys pode ser visto como favorecendo o lado dos gregos ao condenar Páris pelo seu "crime hediondo" e "luxúria criminosa" (Livro 1, seção 3; Livro 5). O Livro 1 e a primeira parte do Livro 2 detalham os esforços diplomáticos gregos para reaver Helena e os debates entre a nobreza troiana sobre como responder. A segunda metade do Livro 2 e o Livro 3 acompanham a narrativa da *Ilíada* com notáveis mudanças: principalmente quando seres humanos substituem os deuses, e a raiva de Aquiles não decorre de seu luto por Pátroclo, mas do seu desejo pela troiana Polixena, filha de Príamo e irmã de Heitor. Os livros 3 a 5 descrevem os eventos que levaram ao final da guerra, adaptando e amplificando, e às vezes confundindo, material troiano da tradição clássica, como quando os troianos Antenor e Eneias conspiraram com os gregos para derrotar Troia. Finalmente, o Livro 6 apresenta o *nostoi*, o relato em grande parte trágico da volta dos heróis gregos ao lar.

O *De excidio* de Dares é muito mais curto do que o *Ephemeris* de Dictys, apesar de descrever a primeira destruição de Troia por Jasão e Hércules, que serve como antecedente e motivo para a mais famosa guerra de Troia. Tendo ficado ofendido com a recusa de hospitalidade pelos troianos, Hércules lidera o exército grego contra Troia, matando o rei Laomedonte e raptando Hesíone, filha de Laomedonte e irmã de Príamo. Depois que Príamo assume o reino, ele reconstrói Troia e manda Antenor aos gregos para pedir Hesíone de volta. Quando os gregos recusam o pedido, Páris navega para Esparta[11] e traz Helena para Troia, e se recusa a devolvê-la, apesar das

---

10 Catreu era rei de Creta, filho de Minos, pai de Érope, avô de Menelau e Agamemnon (filhos de Érope). Ver Glossário.

11 Esparta fica na região chamada Lacedemônia.

advertências de Cassandra. Assim como em Dictys, Antenor e Eneias traem Troia para beneficiar os gregos. Dares conta que Antenor e Eneias, em vez de contrabandearem o exército grego para dentro da cidade dentro do Cavalo de Troia, deixam o exército grego passar pelas Portas Ceias,[12] "aquelas cuja parte externa tem esculpido a cabeça de um cavalo". A narrativa de Dares termina logo após a destruição da cidade com Eneias navegando de modo ominoso para longe de Troia destruída. Apesar de menos abrangente do que a *Ephemeris* de Dictys, o *De excidio* de Dares vai ser o relato preferido durante a Idade Média, parcialmente por causa de sua inclinação pró-Troia.

Leitores familiarizados com a estória da Guerra de Troia de Homero e com os poemas de Virgílio ficarão surpreendidos com os relatos de Dictys e de Dares. Personagens conhecidas se comportam de modo incomum, às vezes motivadas por forças bem diferentes da versão clássica. A rivalidade entre Aquiles e Heitor se desenrola de modo bem diferente da *Ilíada*, já que a irmã de Heitor, Polixena, tem um papel preponderante. O príncipe troiano Troilo, mencionado rapidamente na *Ilíada*, surge como uma voz proeminente no parlamento troiano e um líder no campo de batalha; ele se torna um personagem importante na tradição medieval. Onde Homero nos forneceu um catálogo de navios para descrever a armada grega que navegou para Troia, Dares apresenta curtos perfis das *dramatis personae* gregas e troianas. Embora as crônicas de Dictys e Dares tenham sido consideradas, por alguns críticos, simples e estranhas narrativas escritas em mau latim, esses textos recentemente têm sido reconhecidos pelo seu significado literário por reinventar a lenda troiana, abrindo uma nova era na história europeia.

A tradição medieval de Troia

Dictys e Dares fornecem a base para a tradição medieval de Troia. Genealogias de reis e crônicas construídas para legitimar dinastias políticas europeias nas regiões da França, Itália, Alemanha e Reino Unido reivindicaram Troia

12 Portas Ceias (em inglês, *Scaean gate*) é um tipo de portão oblíquo que tem o lado direito mais avançado e mais alto do que o esquerdo, de modo que o soldado, portando uma espada na mão direita, tem seu lado direito exposto ao se aproximar.

como o lugar de sua origem ancestral. Ao estabelecer a linhagem troiana, essas nações-estado emergentes procuravam se definir como o próximo grande poder imperial após a queda do Império Romano. O conceito medieval de *translatio studii et imperii* (a translação, ou transferência, de conhecimento e império) promoveu a noção de que hegemonia cultural e política podia ser transmitida de uma civilização para outra num legado contínuo, e que podia ser rastreada até Troia, por meio de Roma. A *Eneida* de Virgílio proporciona um modelo literário para representar o *translatio studii et imperii*, porém autores medievais extraíram suas informações das crônicas de Dictys e Dares. A síntese desses três textos gera uma das mais importantes e influentes literaturas da Idade Média europeia.

Quando as nações europeias começaram a estabelecer suas próprias tradições literárias no vernáculo, Benoît de Sainte-Maure traduziu e adaptou essas crônicas latinas para 30 mil linhas de verso, em francês medieval. Composto entre 1155 e 1160, o *Le roman de Troie* de Benoît é um dos *romans d'antiquité* do século XII, que apresenta estórias da História Antiga no vernáculo para a plateia de uma Corte (por exemplo, *Le roman de Thèbes* é uma adaptação da *Tebaida* de Statius,[13] e o *Roman d'Eneas* reconta e expande a *Eneida*[14] de Virgílio). Esses romances franceses medievalizam suas origens antigas, acrescentando a narrativa e os elementos emocionais do que agora ficou conhecido como "amor cortês". No começo do *Le roman de Troie*, Benoît ecoa os prefácios do *De excidio* quando ele escreve que Dares, nascido em Troia, testemunhou ele mesmo esses eventos. Se Benoît acreditava ou não nas reivindicações de autenticidade de Dictys ou de Dares, o trabalho deles dava autoridade ao seu próprio poema.

Pouco mais de um século depois, Guido delle Colonne traduziu o poema francês de Benoît para uma crônica em prosa latina, a *Historia destructionis Troiae*. Completada em 1287, a *Historia* de Guido devolve a narrativa troiana para a linguagem e forma usada por Dares e Dictys. Guido nunca reconheceu Benoît como sua fonte; embora ele se embase fortemente no *Roman de Troie*, ele cita apenas Dictys e Dares. No seu prólogo, Guido diz

---

13 Tebaida é um poema épico latino mitológico escrito por Públio Papínio Estácio (em latim: Publius Papinius Statius), conhecido como Estácio (nascido em Nápoles, c. 45 — c. 95), foi um poeta da Roma Antiga.

14 *Eneida* é um poema épico latino escrito por Virgílio no século I a.C.

que Homero, Virgílio e Ovídio misturaram verdade e ficção, e alega que os primeiros tradutores latinos de Dictys e Dares abreviaram seus textos, mas ele promete que sua *Historia* vai apresentar uma história verdadeira e completa, portanto afirmando que sua crônica latina vai preservar e até complementar os "testemunhos" originais da Guerra de Troia.

A *Historia* de Guido vai se tornar o relato histórico padrão da Guerra de Troia pelos próximos séculos. Foi traduzida para o Inglês Médio[15] durante o final do século XIV pelo menos três vezes, servindo de base para o texto *Laud Troy book*, o *Gest hystoriale* e o *The seege of Troye*. No começo do século XV, John Lydgate traduziu a *Historia* de Guido para poesia em Inglês Médio a pedido do rei Henrique V (*Troy book*, 1422). Raoul Lefèvre usou a *Historia* para o livro 3 da sua prosa francesa *Recueil des histoires des Troyes* (1464), e sua história troiana foi traduzida e impressa em prosa por William Caxton com o nome *Recuyell of the historyes of Troye* (1474); este foi o primeiro livro impresso em inglês. Essas narrativas medievais troianas eram lidas junto com Virgílio e Homero ao longo da Renascença, influenciando obras como o poema épico *The faerie queene* de Edmund Spenser (1596) e peças de teatro como *Troilus and Cressida* de William Shakespeare (1602).

Dictys e Dares desempenham um importante papel na historiografia e na literatura inglesa dado que a Inglaterra reivindica descendência de Troia por meio de Brutus, neto de Eneias, que viajou da Itália para as ilhas britânicas, onde se estabeleceu com seu exército troiano e fundou a cidade de Nova Troia no rio Tâmisa. Esse mito seminal apareceu primeiro no *Historia regum Britanniae* de Geoffrey de Monmouth (1136), que usa um enquadramento e um estilo de prosa latina similares ao *De excidio* e ao *Ephemeris*. Cópias manuscritas da *Historia* de Geoffrey, muito populares na Idade Média, com frequência circulavam em coleções que incluiam cópias de Dares. No final do século XII, a *Ylias of Dares Phrygius* de Joseph de Exeter traduziu e adaptou Dares e Dictys, assim como outras fontes, para hexâmetros latinos. No final do século XIV, Chaucer nomeia Dares e Dictys como escritores que ajudam a "sustentar" a estória de Troia no seu *House of fame* (Livro II, linhas, 1464-1472); ele cita Dares no *The book*

15 *Middle English*: Inglês Médio é o nome dado pela linguística histórica para as diversas formas da língua inglesa faladas entre a Conquista normanda da Inglaterra, em 1066, e o final do século XV.

of the duchess (Livro II, linhas 1067-1071) e no seu grande poema troiano *Troilus e Criseyde* (Livro V, linhas 1765-1071).

A narrativa da Guerra de Troia, estabelecida por Dictys e Dares e transmitida por meio de suas adaptações por Benoît e Guido delle Colonne, inspirou dois dos mais significativos textos literários do século XIV: *Il Filostrato* de Boccaccio (*circa* 1340) e *Troilus and Criseyde* de Chaucer (*circa* 1386). No seu poema italiano, Boccaccio faz a Guerra de Troia ser o pano de fundo para o caso de amor entre Troilo e Criseida, uma trama secundária que apareceu primeiro no *Roman de Troie*. Chauce traduz e adapta *Il Filostrato* para Inglês Médio no seu *Troilus*, que iria, por sua vez, influenciar as narrativas troianas de escritores como Lydgate, Caxton e Shakespeare. Mediante muitas traduções e adaptações, as crônicas de Dares e Dictys ajudaram a moldar a literatura, a historiografia e o discurso político inglês por mil anos após o seu primeiro aparecimento.

A tradução de R. M. Frazer e a academia contemporânea

Quando *The Trojan War: the chronicles of Dictys of Crete and Dares the Phrygian* de R. M. Frazer foi publicada em 1966, a edição oferecia a primeira tradução inglesa de ambos os textos. Frazer usou como seus textos-fonte o *Dictys Cretensis Ephemeridos belli Troiani libri* de Werner Eisenhut (1958) e *Daretis Phrygii de excidio Troiae historia* de Ferdinand Meister (1873). Na sua resenha da presente tradução, Gildas Roberts comenta que “a tradução para o inglês de Frazer lisonjeia o deplorável latim de Dares”.

No final do século XIX, filologistas alemães publicaram estudos sobre o *De excidio* e o *Ephemeris*, mas críticos de língua inglesa ficaram intrigados com por que Dares e Dictys receberam tanta atenção. Descrevendo Dares como um exemplo de fraude literária da Antiguidade Tardia, Alfred Gudeman escreveu em 1894 que o *De excidio* “fica sem rival no absurdo ridículo de sua informação e na ingênua credulidade que seu autor presume de seus leitores”.[16] Em um dos primeiros grandes estudos americanos desses textos,

16 Ver Alfred Gudeman, “Literary frauds among the Romans”, *Transactions of the American Philological Association*, v. 25, 1894, p. 152.

uma dissertação publicada em 1906, Nathaniel Griffin reconheceu a popularidade de Dares e Dictys na Idade Média apesar da "falta total de mérito literário intrínseco".[17]

Alguns anos depois, Griffin chamou a atenção de acadêmicos para a descoberta de um fragmento de papiro que confirmava que o texto de Dictys tinha sido originalmente escrito em grego ("The Greek Dictys"). Uma relutante aceitação da importância de Dares e Dictys começou nos últimos 50 anos a se transformar em genuíno interesse. Em um artigo apresentado na Medieval Academy em 1964, Robert Lumiansky corajosamente defendeu os méritos literários de Dares e Dictys, alegando que o *De excidio* de Dares era "uma narrativa completamente eficaz"[18] e que "a avaliação regular do comportamento humano" de Dictys no seu comentário moral ajudava a explicar a popularidade de *Ephemeris*. Na década de 1990, Stefan Merkle publicou uma série de ensaios que considera Dares e Dictys no seu contexto histórico. Durante esse mesmo período, Francis Ingledew e James Simpson publicaram ensaios no *Speculum*, nos quais analisam os modos clássico e medieval da historiografia troiana. Em *Chaucer and the tradition of the "Roman Antique"*, Barbara Nolan analisa a adaptação de Benoît de Dares e Dictys, e sua influência em Chaucer. Frederic Clark escreve sobre a reputação de Dares na Europa medieval e no início da Europa moderna. Devido ao sucesso de bilheteria do filme hollywodiano *Troy* de 2004, Jon Solomon rastreia os relatos díspares da Guerra de Troia, da era clássica até o século XX.

A tradução de R. M. Frazer torna as narrativas de Dares e Dictys acessíveis aos leitores da língua inglesa, permitindo-os explorar a inventividade desses textos. Dares e Dictys participam da longa tradição de apresentar ficções elaboradas como a "verdade" da Guerra de Troia, porém sua falta de autenticidade não deve diminuir seu valor. Dictys e Dares reimaginam a história de Troia de modo a ajudar a nova geração a fazer sentido do seu próprio lugar na história, e suas obras desempenham um papel importante no desenvolvimento de histórias nacionais e literaturas durante a Idade Mé-

---

17 Ver Nathaniel E. Griffin, *Dares and Dictys: an introduction to the story of medieval versions of the Troy story*. Dissertação de PhD, Johns Hopkins University (Baltimore, MD: Furst, 1906), p. 6.

18 Ver Robert M. Lumiansky, "Dares' *Historia* and Dictys' *Ephemeris*: a critical comment", em *Studies in language, literature, and culture of the Middle Ages and later*, ed. E. Bagby Atwood e Archibald A. Hill, Austin: University of Texas Press, 1969, p. 205.

TRÁCIA
QUERSONESO
SAMOTRÁCIA
MÍSIA
ABIDOS
LEMNOS
Sigeu
Troia/Ílion
ÉPIRO
TENEDOS
TRÔADE
MOLÓSSIA
MAGNÉSIA
Mar Egeu
TESSÁLIA
LESBOS
FÍTIA
EUBÉIA
LÍD
ETÓLIA
FÓCIA
Ítaca
Delfos
Áulide
Cálcida
ÁTICA
CAFAREU
CEFALÔNIA
Corinto
Atenas
ÉLIDA
Micenas
Salamina
Tirinto
Argos
Península de Argos
PELOPONESO
Pilos
MESSÊNIA
Esparta
SANTORINI
Creta
Ma
N
O
L
S
0
50
km

30° L
Ponto Euxino
PAFLAGÔNIA
40° N
FRÍGIA
IA
CILÍCIA
LÍCIA
FENÍCIA
Sídon
Tiro
rrâneo

dia e a Renascença europeias. Novas bolsas de estudo nas áreas de história, literatura e estudos medievais apenas começaram a explorar as complexidades e as singularidades desses textos únicos. Essa tradução será uma importante ferramenta na continuação do estudo e apreciação de Dictys e Dares, campeões da Guerra de Troia.

Timothy D. Arner
Grinnell College

Referências

Barnicle, M. E. (Ed.). *The Seege or Batayle of Troye.* Early English Text Society Original Series 172. London: Oxford University Press, 1927.

Benoît de Saint-Maure. *Le Roman de Troie.* 6 vols. Edited by Léopold Constans. Paris: Firmin Didot, 1904-12.

______. *The Roman de Troie.* Translated by Glyn S. Burgess and Douglas Kelly. Cambridge, UK: D. S. Brewer, 2017·

Benson, C. David. *The History of Troy in Middle English Literature: Guido delle Colonne's Historia Destructionis Troiae in Medieval England.* Cambridge, UK: D. S. Brewer, 1980.

Boccaccio, Giovanni. *Il Filostrato.* Edited by Vincenzo Pernicone. Translated by Robert P. Roberts and Anna Bruni Seldis. New York: Garland, 1986.

Bradley, Dennis R. "Troy Revisted." *Hermes* 119, 1991, p. 232-246.

Caxton, William. *The Recuyell of the Historyes of Troye.* Edited by Oskar Sommer. London: David Nutt, 1894.

Chaucer, Geoffrey. *The Riverside Chaucer.* 3rd ed. Boston: Houghton Mifflin, 1987.

Clark, Frederic. "Authenticity, Antiquity, and Authority: Dares Phrygius in Early Modem Europe." *Journal of the History of Ideas* 72, 2011, p. 183-207.

______. "Reading the 'First Pagan Historiographer': Dares Phrygius and Medieval Genealogy." *Viator* 41, 2010, p. 203-226.

Desmond, Marilyn. "Trojan Itineraries and the Matter of Troy." In *The Oxford History of Classical Reception in English Literature, Volume I (800-1558)*, edited by Rita Copeland, Oxford: Oxford University Press, 2016, p. 251-268.

Farrow, James G. "Aeneas and Rome: Pseudepigraphia and Politics." *Classical Journal* 87, 1992, p. 339-359.

Frazer, R. M. *The Trojan War: The Chronicles of Dictys of Crete and Dares the Phrygian*. Bloomington: Indiana University Press, 1966.

Griffin, Nathaniel E. *Dares and Dictys: An Introduction to the Story of Medieval Versions of the Troy Story*. PhD diss., Johns Hopkins University. Baltimore, MD: Furst, 1906.

______. "The Greek Dictys." *American Journal of Philology* 29, 1908, p. 329-335.

______. Un-Homeric Elements in the Medieval Story of Troy." *Journal of English and Germanic Philology* 7, 1907-1908, p. 32-52.

Gudeman, Alfred. "Literary Frauds among the Romans." *Transactions of the American Philological Association* 25, 1894, p. 140-164.

Guido delle Colonne. *Historia destructionis Troiae*. Edited by Nathaniel Edward Griffin. Cambridge, MA: N.p., 1936.

______. *Historia destructionis Troiae*. Translated by Mary Elizabeth Meek. Bloomington: Indiana University Press, 1974.

Hansen, Wil1iam. "Strategies of Authentication in Ancient Popular Literature." In *The Ancient Novel and Beyond*, edited by Stelios Panayotakis, Maaike Zimmerman, and Wytse Keulen, Leiden: Brill, 2003, p. 301-314.

Homer. *The Iliad*. Translated by Richmond Lattimore. Chicago: University of Chicago Press, 1951.

Ingledew, Francis. "The Book of Troy and the Genealogical Construction of History: The Case of Geoffrey of Monmouth's *Historia regum Britanniae*." *Speculum* 69, 1994, p. 665-704.

Joseph of Exeter. *The Iliad of Dares Phrygius*. Translated by A. G. Rigg. Toronto: Centre for Medieval Studies, 2005. http://medieval.utoronto.ca/ylias/.

Lumiansky, Robert M. "Dares' *Historia* and Dictys' *Ephemeris*: A Critical Comment." In *Studies in Language, Literature, and Culture of the Middle Ages and Later*, edited by E. Bagby Atwood and Archibald A. Hill. Austin: University of Texas Press, 1969, p. 200-209.

Lydgate, Joho. *Troy Book*. 4 vols. Edited by Henry Bergen. Early English Text Society ES 97, 103, 106, 126. London: Kegan Paul, Trench, Trubner & Co., 1906-35.

Merkle, Stefan. "News from the Past: Dictys and Dares on the Trojan War." In *Latin Fiction: The Latin Novel in Context*, edited by Heinz Hofmann. New York: Routledge, 1999, p. 155-166.

______. "Telling the True Story of the Trojan War: The Eyewitness Account of Dictys of Crete." In *The Search for the Ancient Novel*, edited by James Tatum, Baltimore, MD: Johns Hopkins University Press, 1994, p. 183-196.

______. "The Truth and Nothing but the Truth: Dictys and Dares." In *The Novel in the Ancient World*, edited by Gareth Schmeling, 563-80. Leiden: Brill, 1996.

Nolan, Barbara. *Chaucer and the Tradition of the "RomanAntique"*. Cambridge, UK: Cambridge University Press, 1992.

Panton, George A., and David Donaldson (Eds.). *The "Gest hystoriale" of the Destruction of Troy: An Alliterative Romance Translated from Guido de Colonna's "Hystoria Traiana."* Early English Text Society Original Series 39, 56. London: N. Trübner, 1869-74.

Roberts, Gildas. "Review: *The Trojan War: The Chronicles of Dictys of Crete and Dares the Phrygian* by R. M. Frazer, Jr." *Classical Journal* 62, 1967, p. 282.

Root, R. K. "Chaucer's Dares." *Modem Philology* 15, 1918, p. 1-22.

Shakespeare, William. *Troilus and Cressida*. The Arden Shakespeare, 3rd Series, rev. ed. Edited by David Bevington. London: Bloomsbury, 2015.

Simpson, James. "The Other Book of Troy: Guido delle Colonne's *Historia destructionis Troiae* in Fourteenth- and Fifteenth-Century England." *Speculum* 73, 1998, p. 391-423.

Solomon, Jon. "The Vacillations of the Trojan Myth: Popularization and Classicization, Variation and Codification." *International Journal of the Classical Tradition* 14, 2007, p. 482-534.

Spenser, Edmund. *The Faerie Queene*. Edited by A. C. Hamilton. 2nd rev. ed. Harlow: Pearson Longman, 2007.

Strohm, Paul. "Storie, Spelle, Geste, Romaunce, Tragedie: Generic Distinctions in the Middle English Troy Narratives." *Speculum* 46, 1971, p. 348-359.

Virgil. *Eclogues, Georgics, Aeneid*. Translated by H. R. Fairclough and G. P. Goold. Loeb Classical Library, vols. 63 and 64. Cambridge, MA: Harvard University Press. 1916, 1999.

Wulfing, J. Ernst (Ed.). *The Laud Troy Book*. Early English Text Society. London: Kegan Paul, Trench, Trubner & Co., 1902.

Edições

Eisenhut, Werner, ed. *Dictys Cretensis Ephemeridos belli Troiani libri: A Lucio Septimio ex Graeco in latinam sermonem translati; accidit papyrus Oictyis Graeci ad Tebtunium inventa*. Leipzig: Teubner, 1958.

Meister, Ferdinand Otto, ed. *Daretis Phrygii de excidio Troiae historia*. Leipzig: Teubner, 1873.

Introdução de R. M. Frazer Jr.

A estória medieval de Troia

As obras de Dictys e Dares são curtas narrativas em prosa sobre a Guerra de Troia. Apesar de provavelmente terem sido compostas em suas formas originais gregas no começo do século I d.C., elas alegam antedatar Homero. Supostamente seus autores realmente lutaram em Troia e fizeram relatos da Guerra em primeira mão. A obra mais longa e completa é a de Dictys, e a única a descrever como os gregos voltaram para suas terras natais.

Vários escritores do período Bizantino basearam seus relatos da Guerra de Troia no original de Dictys, mas há pouca influência de Dares detectada na literatura grega subsequente. A razão para isso foi que Dictys escreveu do ponto de vista grego e Dares, do ponto de vista dos troianos.[1]

Os textos gregos desses autores não sobreviveram, com exceção de um pequeno fragmento de Dictys. Porém, eles foram traduzidos no início da Idade Média, quase completamente, para o latim; e é assim que os conhecemos.

Os textos de Dictys e Dares em latim exerceram uma enorme influência na estória medieval de Troia. Porém, agora, Dares era mais popular do que Dictys, porque o Ocidente de língua latina herdou dos romanos um viés

---

1 Os seguintes escritores bizantinos basearam suas estórias da Guerra de Troia no relato do grego cretense Dictys: Joannes Malalas (século VI), Joannes Antiochenos (século VII) e Georgias Kedrenos (século XI). Veja Nathaniel Edward Griffin, *Dares and Dictys, an introduction to the study of the medieval versions of the story of Troy*, Baltimore, 1907, p. 34-108. Sobre a influência do original de Dares em Malalas, veja a nossa Introdução, p. 46.

pró-troiano, pois os romanos alegavam descender dos troianos. Por volta de 1160 d.C., Benoît de Sainte-Maure baseou o seu *Le roman de Troie* nos nossos autores. Sua principal fonte foi Dares, mas ele também utilizou Dictys, especialmente no final da obra, onde o texto de Dares era incompleto.

A mais famosa estória contida no *Roman* é a de Troilo e Briseida,[2] que provavelmente o próprio Benoît criou a partir de algumas passagens desconectas de Dares. A contribuição de Dares ao romance de Troilo pode ser resumida da seguinte maneira:[3] em primeiro lugar, ele descreveu a aparência dos personagens principais — Troilo, Briseida e Diomedes.[4] Em segundo lugar, ele menciona que Troilo, em uma de suas lutas, fere Diomedes.[5] E, por último, ele relata que Calcas, o sacerdote troiano, encontra com Aquiles em Delfos e se junta aos gregos por ordem do oráculo.[6]

O poema de Benoît teve muitas traduções e imitações, portanto, foi amplamente responsável pela difusão dos relatos de Dictys e Dares através da Europa Ocidental. O adaptador mais influente de Benoît foi o juiz siciliano do século XIII, Guido delle Colonne, que escreveu o seu *Historia destructionis Troiae* em prosa latina.[7] Guido cita Dictys e Dares como suas fontes e quase não menciona Benoît. Contudo, foi provado que a *Historia*, na maior parte, é uma paráfrase resumida do *Roman*.[8] Ele mostra uma estória abreviada, e um tanto alterada, de Troilo e Briseida.[9]

No *Roman* (portanto, na *Historia*), a estória de Troilo tem que ser montada usando diferentes passagens. Uma versão unificada foi primeiramente criada por Boccaccio no seu *Il Filostrato* ("Aquele Prostrado por Amor"). A fonte primária de Boccaccio foi Benoît; provavelmente ele também deve alguns

2 Ver Glossário Briseida.

3 Esse resumo foi feito por Karl Young, *The origin and development of the story of Troilo and Criseyde*, Chaucer Soc., 2. ser., n. 40 (Londres, 1908 [para 1904]), p. 2. Young, p. 2, n. 2, contrasta o relato de Dictys da seguinte maneira: Hipodâmia, e não Briseida, é a filha de Brises; não existem equivalentes aos perfis de Dares; Troilo, que só é mencionado numa passagem sobre a sua morte, não está nunca conectado com o frequentemente mencionado Diomedes; Calcas é um sacerdote grego.

4 Esses perfis são dados em Dares 12 (Troilo) e 13 (Briseida e Diomedes).

5 Dares 31.

6 Dares 15.

7 A obra de Guido foi amplamente adaptada, por exemplo, por John Lydgate no seu livro *Troy*. Ver Wilhelm Greif, *Die Mittelalterlichen Bearbeitungen der Trojanersage*, Marburg, 1886, p. 64-70.

8 Guido mostra algum conhecimento direto do Dares também. Ver Greif, p. 57-64.

9 Ver R. M. Lumiansky, "The story of Troilo and Briseida according to Benoît and Guido", *Speculum*, XXIX, 4, out. 1954, p. 727-733.

toques a Guido.[10] O *Il Filostrato* expande a versão original; ele descreve como Troilo se enamorou de Criseida[11] (pois agora a heroína muda de nome)[12], [13] e como ele a conquista, e também adiciona o personagem de Pândaro.[14]

A descrição de Troilo se apaixonando e a adição de um mensageiro foram sem dúvida influenciadas por outra estória do *Roman*, que contava como Aquiles se apaixonou pelos encantos de Polixena. Algumas das semelhanças surpreendentes entre esse episódio de Troilo como relatado por Boccaccio e o episódio de Aquiles como relatado por Benoît são as seguintes:[15] (1) Ambos os homens ficam apaixonados dentro de um templo, durante uma cerimônia anual. (2) Ambos, no começo, têm atitudes distantes em relação às mulheres que eles veem na cerimônia. E (3) ambos, tendo retornado para suas casas, sofrem as dores do amor e finalmente pedem que amigos leais atuem como intermediários. Apesar de Benoît alegar seguir apenas Dares nisso, ele parece ter usado Dictys também.[16]

Boccaccio, suplementado por Benoît e provavelmente por Guido, foi a fonte principal de *Troilo and Criseyde* de Chaucer.[17] Aproximadamente um terço das linhas no poema de Chaucer são adaptações de *Il Filostrato*.[18] Mesmo assim, a obra em inglês é muito mais longa e muito mais complexa do que seu modelo italiano. Chaucer transformou os personagens de Boccaccio em seres mais ricos e interessantes, e salpicou com seu humor suave a tristeza predominante.

---

10 Young, p. 12.

11 Ver Glossário Criseida.

12 A mudança de nome para Briseida é talvez devido a uma confusão com o seu pai, o vidente Calcas, com o sacerdote de Apolo, Crises, o pai de Criseida (na *Ilíada*). Boccaccio pode ter sido influenciado a fazer essa mudança pela *Florita* de Armannino, que usa "Criseida" em vez de "Briseida", que foi escrito um pouco antes de *Il Filostrato*. Ver a introdução de Griffin, *The Filostrato of Giovanni Boccaccio*, trad. Nathaniel Edward Griffin e Arthur Beckwith Myrick, Philadelphia, 1929, p. 26, n. 1.

13 Briseida é filha de Brises, e se chama Hipodâmia. Criseida é filha de Crises e se chama Astínome (Dictys livro 2, 18). (N. do T.)

14 Pândaro parece não ter nenhuma conexão, além do mesmo nome, com o Pandarus de Lycia mencionado em Dictys, Dares e na *Ilíada*. Griffin, na Introdução, p. 41-42, acha que Boccaccio usou esse nome em particular só por causa de sua etimologia imaginária: Pãndaro é aquele que "dá tudo" para Troilo.

15 Young, p. 36-55, lista essas semelhanças além de muitas outras.

16 Compare Dictys 3.2-3 e Dares 27.

17 Young, p. 139.

18 Young, p. 105.

Duas outras importantes obras em inglês que continuam a tradição da estória medieval de Troia são o *Testament of Cresseid* de Robert Henryson e *Troilo and Cressida* de Shakespeare. O poema de Henryson é uma continuação do poema de Chaucer; ele conta como Cresseid vai de mal a pior e acaba sua vida como uma mendiga leprosa. A peça de Shakespeare mostra a influência de Chaucer e de Henryson; mas foi sobretudo baseada no *Recuyell of the historyes of Troye* de William Caxton, uma tradução inglesa da tradução francesa de Guido.[19]

A tradição anti-homérica

Dictys e Dares frequentemente contradizem Homero, apesar do fato de ele ter sido a fonte primária de muito do que eles relatam. Eles prometem dar um relato mais preciso que o de Homero.

Ambos os escritores alegam, como sabemos, ter vivido no tempo da Guerra de Troia, ao passo que Homero viveu muito depois. Um, se autointitulando Dictys (um desconhecido até então), afirma que ele é subordinado a Idomeneu, o governante de Creta; o outro se intitula Dares, o frígio (talvez para ser identificado com o sacerdote de Hefesto, mencionado pela primeira vez na *Ilíada* 5.9), um subordinado do troiano Antenor. Portanto, se podemos acreditar nos nossos autores (que frequentemente discordam entre si), eles são a fonte primária dos eventos que descrevem, e Homero, sempre que não concorda com eles, está errado. O pró-troiano Dares tende a ser mais anti-homérico do que Dictys, talvez por causa da (falsa) crença de que Homero favoreceu os gregos.

Dictys e Dares foram influenciados por duas críticas feitas contra Homero desde tempos muito antigos. Em primeiro lugar, Homero foi criticado por mostrar deuses como ladrões e adúlteros, e por mostrá-los combatendo com mortais. Nossos autores, por outro lado, apresentam os deuses sem defeitos humanos e totalmente dignos de adoração. Além disso, eles não usam nenhum dos artifícios típicos da poesia épica, e eles tendem a descrever ocorrências

---

19 O tradutor francês de Guido foi Raoul le Fèvre. Ver Alice Walker (Ed.), *Troilo and Cressida* de Shakespeare, Cambridge, England, 1957, p. xxxviii-xlvi.

sobrenaturais em termos racionais. Às vezes, Dictys abertamente zomba do relato tradicional oferecendo ao leitor uma escolha entre as explicações racionais e as supernaturais.[20]

Em segundo lugar, Homero foi acusado de favorecer certos heróis. Por exemplo, por que ele ignora completamente Palamedes e menciona Troilo apenas uma vez? Nossos autores anti-homéricos enfatizam esses e outros personagens desprezados por Homero. Dares, sobretudo, faz isso, pois no seu relato Palamedes e Troilo desempenham um papel mais proeminente do que na versão de Dictys. Polixena é outro personagem que nunca é mencionado por Homero: Aquiles não se apaixona por ela na *Ilíada* como faz em Dictys e Dares.

O Aquiles de Homero é a personificação do ideal heroico no qual as virtudes da coragem máscula e honra pessoal são mais valorizadas do que vida longa e conforto. O oposto desse ideal é representado por Páris que, enamorado por Helena, sacrifica o bem do seu país para satisfazer sua luxúria. Logo após Homero, o ideal heroico começou a ser denegrido; e finalmente, como nas obras dos nossos autores, desapareceu por completo. O grande Aquiles se iguala a Páris. No relato tradicional, um Aquiles heroico encontra seu fim enquanto ataca ferozmente a cidade de Troia.[21] Em Dictys e Dares, um Aquiles apaixonado cai numa emboscada e é morto no Templo de Apolo Timbreu,[22] uma zona neutra, onde ele foi para barganhar com o inimigo a mão de Polixena.[23]

A Idade Média foi ainda mais anti-homérica do que a Antiguidade Tardia. Na Europa Ocidental, o conhecimento de grego, e portanto de Homero, morreu. Escritores medievais, como vimos, basearam seus relatos em Dictys e Dares; promovendo as tendências anti-homéricas que acharam nessas fontes, eles criaram o romance de Troilo e Criseida.[24]

---

20 Ver Dictys 1.19 e 6.10.

21 *Aethiopis*, fragmento 1 em *Hesiod, the Homeric hymns, and Homerica*, por Hugh G. Evelyn-White (Ed.) na série Loeb, Londres e Cambridge, Mass., 1936, p. 507-509.

22 Thymbra era uma cidade na Trôade, perto de Troia. O segundo dos seis portões de Troia foi nomeado em sua homenagem, de acordo com John Lydgate. Thymbra também foi o local de um grande templo e santuário de Apolo. O deus era conhecido lá como Apolo Timbreus, um epíteto localizador. (N. do T.)

23 Dictys 4.10-11 e Dares 34.

24 Ver N. E. Griffin, "Un-Homeric elements in the story of Troy", *The Journal of English and Germanic Philology*, VII, 1907-1908, p. 32-52.

A crença na veracidade dos relatos de Dictys e Dares sobreviveu à Renascença do Conhecimento. Apenas no começo do século XVIII foi que Jacob Perizonius, de uma vez por todas, provou que os nossos autores eram falsificações.[25]

Dictys

Todos os manuscritos de Dictys foram escritos em latim medieval. Eles podem ser divididos em dois grupos, cada um com uma introdução diferente. Os manuscritos de um grupo são introduzidos por um Prefácio, os do outro grupo são introduzidos por uma Carta.[26]

O autor da Carta alega três coisas: (1) ele é o tradutor latino de um original grego de Dictys; (2) ele fez uma tradução livre, não literal; e (3) ele reproduziu completamente os cinco primeiros livros do original, mas condensou os últimos livros em um só.[27]

Por muito tempo, vários estudiosos não conseguiam acreditar que um Dictys em grego jamais tenha existido. Finalmente, porém, no inverno de 1899-1900, um fragmento de papiro em grego correspondendo estreitamente a um pedaço do nosso texto em latim foi achado no verso de declarações de rendimentos fiscais do ano 206 d.C.[28] Portanto, o nosso Dictys latino, o qual sabemos que foi composto muito depois do fragmento de papiro em grego, provou ser a tradução de um original grego. Ademais, o fragmento de papiro nos ajudou a provar que esta é uma tradução livre, e que o último livro é um resumo.

A seguinte comparação da mesma passagem (Dictys 4.9) no fragmento de papiro em grego e na tradução latina claramente ilustra a maior riqueza deste último.

25 Griffin, "Un-Homeric elements", p. 37.

26 Werner Eisenhut (Ed.). *Dictys Cretensis Ephemeridos Belli Troiani Libri, Teubner, Leipzig, 1958*, p. xii (*praefatio*).

27 Essas alegações são discutidas por Nathaniel E. Griffin, "The Greek Dictys", *American Journal of Philology*, XXIX, 1908, p. 331.

28 *The Tebtunis papyri*, Grenfell-Hunt-Goodspeed (Ed.), Parte II, Londres, 1907, p. 9 ff. O fragmento-Dictys é também editado por Eisenhut, p. 134-139. O fragmento cobre Dictys 4.8 (final) — 4.15 (meio).

πενθος δε ου μικρον τοις εν Ιλιω εγενετο
Τροιλου απολομενου. ην γαρ ετι νεος και
γενναιος κι [ωραιος].[29]

Troiani tollunt gemitus et clamore lugubri
Troili casum miserandum in modum deflent
recordati aetatem eius admodum immaturam
qui in primis pueritiae annis cum verecundia
ac probitate, tum praecipue forma corporis
amabilis atque acceptus popularibus adolescebat.[30]

Além disso, mesmo antes da descoberta do fragmento de papiro, era certo que o Dictys latino não poderia ser uma tradução literal do original grego, pois o seu estilo é muito influenciado pela literatura latina antiga. O tradutor imitou Plauto, Terêncio, Cícero, Tito Lívio, César, Cornélio Nepos, Virgílio e especialmente Salústio.[31] A influência de Salústio foi detectada em mais de 350 lugares.[32] Por exemplo, na passagem citada, *acceptus popularibus*, para o qual não existe equivalente em grego, provavelmente é derivada do *tam acceptum popularibus* salustiano.[33]

Apesar de o Dictys latino ser uma tradução livre, parece que a maior parte representa fielmente o essencial do original. A liberdade do tradutor consistiu em embelezar os "ossos" do grego, frequentemente usando frases pertinentes de autores latinos antigos. Mesmo assim, sua própria obra é excepcionalmente seca e direta.

A riqueza da tradução na passagem anterior do Livro 4 do Dictys latino também tende a confirmar a alegação do autor da Carta de ter traduzido os

---

29 Que pode ser traduzido como: "Um grande pesar acometeu os troianos quando Troilo morreu, pois ele ainda era jovem e nobre e belo." Os colchetes indicam um branco no papiro; a palavra ωραιος foi obtida de Malalas, um escritor bizantino cuja estória de Troia depende do grego Dictys, e com base na tradução latina, *forma corporis*. Ver Griffin, *AJP*, p. 331, n. 2.

30 Veja o nosso texto (a última frase de Dictys 4.9) para a tradução.

31 Hermann Dunger, "Dictys-Septimius: Über die unsprüngliche Abfassung und die Quellen der Ephemeris Belli Troiani", *Programm des Vitzhumschens Gymnasiums*, Dresden, 1878, p. 7.

32 Henrich Pratje, *Quaestiones Sallustianae as Lucium Septimium et Sulpicium Severum Gai Sallusti Crispi imitatores spectantes*, Göttingen, 1874.

33 Griffin, *AJP*, p. 331, que cita Pratje, p. 10. A referência a Salústio é *Bellum Jugurthinum* 7.1.

cinco primeiros livros sem resumir, pois o resto do texto latino nos Livros 1 a 5 parece igualmente rico, como essa passagem.

Por outro lado, em comparação com os Livros 1 a 5, o Livro 6 (com o qual termina o Dictys latino) parece bem comprimido; ele tenta resumir toda a estória do retorno dos gregos após a Guerra de Troia. Além disso, o escritor bizantino Malalas, cuja obra derivou do Dictys grego, dá uma descrição maior e mais detalhada dos retornos (*nostoi*) do que o Dictys latino.[34]

Nós também sabemos, de outras duas fontes bizantinas, que o Dictys grego continha nove livros.[35] Portanto, podemos concluir que os primeiros cinco livros do nosso texto latino são uma reprodução bastante fiel dos cinco primeiros livros do original grego, mas que o Livro 6 do nosso texto é uma condensação dos últimos quatro livros do grego.

Dado que o autor da Carta corretamente descreveu a composição do nosso Dictys latino, temos razão para acreditar que foi ele quem a compôs. O cabeçalho da Carta o nomeia Lucius Septimius; infelizmente, isso é tudo que sabemos dele.

Podemos datar a composição da Carta, e da tradução do Dictys latino, no século IV d.C. Em primeiro lugar, considerações de linguagem e estilo apontam para esse período. Em segundo lugar, a palavra *consularis* que é usada na Carta, se referindo a Rutilius Rufus, para significar "governador de uma província" só adquiriu esse significado no reino de Constantino (323-337 d.C.).[36]

O Quintus Aradius Rufinus para quem a Carta é endereçada é provavelmente identificado como um Aradius Rufinus que foi um comandante do leste em 363 d.C. Existe, porém, outra identificação possível, pois também sabemos de um Quintus Aradius Rufinus que foi um prefeito de Roma no século IV d.C., mas alguns anos antes do reino de Constantino.[37]

Tanto a Carta quanto o Prefácio (que introduz o outro grupo de manuscritos latinos) descrevem como o texto grego de Dictys foi originalmente

---

[34] Malalas, *Chronographia* 5. Ver Griffin, *AJP*, p. 334-335.

[35] Essas fontes são Eudokia e Suda. Ver nota 7 da Carta e nota 3 do Prefácio.

[36] Léopold Constans (Ed.). *Le Roman de Troie par Benoît de Sainte-Maure*, vol. VI, Société des Anciens Textes Français, Paris, 1912, p. 196-197.

[37] Constans, p. 196-197.

composto e como foi eventualmente descoberto. Contudo, eles não relatam exatamente a mesma coisa. Por exemplo, no Prefácio um terremoto destrói o túmulo de Dictys, e pastores levam o manuscrito para Eupraxides; ao passo que na Carta o túmulo desmorona devido à idade, e os pastores levam o manuscrito para Praxis.[38]

N. E. Griffin deu a seguinte explicação para essas duas introduções: o nosso Prefácio latino representa o Prefácio grego original escrito pelo autor do Dictys grego; sua autenticidade é indicada pelo fato de dar leituras "mais específicas e circunstanciais", como o nome de Eupraxides em vez de Praxis. O autor da Carta é, como ele diz, o tradutor latino do Dictys grego; o Prefácio grego, que ele deve ter lido em algum lugar, estava faltando do manuscrito grego que ele usou, então achou necessário reproduzir a informação do Prefácio na sua Carta, e por isso sua Carta difere tanto do Prefácio.[39]

Portanto, provavelmente depois que nosso Dictys latino (junto com sua Carta introdutória) foi composto, outro tradutor deve ter traduzido o Prefácio grego para o latim. Talvez ele tenha lido a Carta mas preferiu o Prefácio como o original e, portanto, uma introdução mais verídica.

Se, como parece provável, o autor do Dictys original escreveu o Prefácio como uma introdução de sua obra (portanto, dois homens separados por mil anos), podemos datar o original para após 66 d.C. — "o décimo terceiro ano do reino de Nero" —, quando o Prefácio alega ter sido descoberto. Além disso, nós sabemos, com base na evidência paleográfica, que o fragmento de papiro grego foi escrito antes de 250 d.C.[40] Portanto, o original Dictys deve ter sido composto entre 66 d.C. e 250 d.C. Griffin defende uma data logo após o reino de Nero; ele assinala que "variações ocasionais no fragmento do que supomos ser as memórias do Dictys original" (ou seja, onde o fragmento omite detalhes contidos tanto no Dictys latino quanto em Malalas) tendem a apoiar essa visão.[41]

O nome "Dictys" é provavelmente derivado de "Dicte", o nome da famosa montanha de Creta; "Dictaean" é um sinônimo de "cretense". Nosso

---

38 Outras discrepâncias são assinaladas nas notas da Carta de Dictys.

39 Nathaniel E. Griffin, *Dares and Dictys*, Baltimore, 1907, p. 118-120.

40 *Papyri*, p. 10.

41 Griffin, *AJP*, p. 335.

autor ao longo de seu trabalho mostra um viés positivo em relação aos cretenses: por exemplo, Idomeneu, o comandante dos cretenses, é aquele a quem Odisseu conta as suas aventuras. Portanto, podemos supor que nosso autor era provavelmente um cretense. A julgar pela sua obra, ele parece ter o típico caráter cretense descrito no seguinte texto do Novo Testamento do século I d.C.: "Um deles, até mesmo um profeta deles, disse, os cretenses são sempre mentirosos, bestas ruins, ventres preguiçosos. Esse testemunho é verídico."[42]

O título da obra do nosso autor, em latim, é *Ephemeris Belli Troiani (Um Diário da Guerra de Troia)*. A palavra *ephemeris* é emprestada do grego, e deve ter estado no original grego. Significa "diário" ou "revista", e é muito usada no sentido de um registro militar. Do mesmo modo, o escritor grego Plutarco se refere ao *Commentarii* de Caesar como *Ephemerides*.[43] A *Gallic War* de Caesar é um registro militar escrito numa prosa simples por um homem que tomou parte nos eventos que ele descreve; e isso é exatamente o que o *Trojan War* de Dictys se propõe a ser.

Dares

Dares chega até nós apenas na versão medieval latina. Esse Dares latino é introduzido por uma Carta cujo autor alega ser o tradutor latino do original Dares grego, e que ele fez uma tradução precisa. Como nenhum fragmento de papiro do original grego ainda foi achado, precisamos testar essas alegações de outras maneiras.

Schissel von Fleschenberg deu duas razões principais para acreditar que um texto grego de Dares tenha existido.[44] Em primeiro lugar, nosso texto latino, para as descrições dos heróis e heroínas nas Seções 12 e 13, depende da mesma fonte que o escritor bizantino Malalas, que não sabia latim. Em segundo lugar, a influência de um original grego pode ser detectada no texto da tradução latina. Além disso, existem referências a Dares que vêm desde

42 Titus 1.12-13 (versão King James).
43 *Caesar* de Plutarco 22. Ver Eisenhut, p. vi (*praefatio*).
44 Otmar Schissel von Fleschenberg, *Dares Studien*, Halle ander-Salle, 1908, p. 84-85.

Ptolomeu Chenos[45] no século I d.C., provavelmente logo após o texto de Dares ter sido composto.[46]

Portanto, podemos garantir que o autor da Carta é, como ele diz, o tradutor de uma obra original grega. Porém, sua outra alegação de ter feito uma tradução literal não pode ser totalmente verídica. Schissel von Fleschenberg descreveu o nosso Dares latino como uma compilação consistindo das seguintes partes:[47] (1) uma história dos eventos antes da Guerra de Troia (Seções 1 — 10) que o tradutor-compilador tomou de fontes latinas e colocou como prefácio de sua obra; (2) os restos, na tradução latina, de um prefácio original grego podem ser achados na Carta e nas Seções 12 (começo) e 44; e (3) a tradução do Dares grego (seções 11-43).

As Seções 1 a 10 descrevem eventos que começaram antes da Guerra de Troia, como a aventura dos argonautas. Isso em si mesmo é suficiente para suspeitarmos que nunca tenha pertencido ao Dares original. O caso contra eles é provado conclusivamente pelo fato de que são derivados de fonte latina, e não grega. Eles traem sua origem latina com erros que nenhum grego faria: por exemplo, Pelias é chamado de rei do Peloponese! As Seções 5 a 10 são baseadas na obra do autor latino Dracôncio.[48]

Essas adições pelo tradutor-compilador nos permitem datar a composição do Dares latino no começo do século VI d.C. Dracôncio, no começo desse século, fornece a frase *terminus post quem*. A frase *terminus ante quem* é definida numa obra latina, composta 50 anos após Dracôncio, que é baseada nas Seções 1 a 3 do nosso texto.[49]

O cabeçalho da Carta — "Cornelius Nepos manda saudações a Sallustius Crispus" — pode ter sido adicionado em tempos medievais posteriores. Se não, o autor está pretendendo ter feito a sua obra no final do século I a.C., quando Cornélio Nepos e Salústio viveram. Não parece improvável que ele tenha adotado essa ideia do Prefácio grego original, que narrou como o

---

45 Ptolemy Chennos foi um gramático de Alexandria durante os reinos de Trajano e de Adriano. (N. do T.)

46 A referência a Ptolomeu Chenos se acha em *Bibliotheca* de Photius, cod. 190, p. 147 (Bekker).

47 Schissel von Fleschenberg, p. 84-157.

48 *Romulea* 8 de Dracontius. Ver Schissel von Fleschenberg, p. 169.

49 *Mythographus Vaticanus Primus* 24. Ver Schissel von Fleschenberg, p. 169.

estudioso romano Nepos descobriu a obra de Dares em Atenas. Portanto, temos uma Carta e um Prefácio para Dares cuja relação é muito similar ao da Carta e Prefácio que introduz Dictys.

A Carta-Dares é, de fato, mais parecida com um prefácio do que com uma carta.[50] Parece ser dirigida ao público em geral e não a uma pessoa em particular, pois o autor fala de seus "leitores", os quais ele exorta julgar o mérito da obra de Dares. E ele também não termina, como é usual em cartas, com nenhum *vale*; em vez disso, somos apenas instados a começar a leitura de Dares.

A Carta mostra sinais de que depende de um Prefácio grego original pela semelhança de seu conteúdo com dois outros lugares no nosso texto que falam de Dares na terceira pessoa e dá informação de um personagem anterior. (Um repórter testemunhal, como Dictys ao se referir a si mesmo, fala na primeira pessoa.) Esses lugares são Seção 12 (começo) e 44, e formam, respectivamente, uma introdução e uma conclusão da obra principal nas Seções 12 a 43. O primeiro texto narra como Dares, o frígio, que escreveu essa estória, serviu como militar até a captura de Troia, e como ele viu os principais personagens durante as tréguas ou enquanto lutavam. O segundo texto narra como Dares, o frígio, ficou em Troia como fiel seguidor de Antenor, e como a *Acta Diurna* que Dares escreveu dá o número de baixas de ambos os lados.

A conexão com Antenor, que é comparável com a conexão de Dictys com Idomeneu, explica como Dares foi capaz de sobreviver à Guerra, e, portanto, escrever sua história. Antenor ajudou os gregos a pôr fim à Guerra, e eles, agradecidos, deixaram Dares e seus seguidores ilesos.

A expressão latina *acta diurna* é a tradução do *ephemeris* grego, portanto, *Ephemeris* (Diário) deve ter constado do título original de Dares e de Dictys. A Carta reforça essa conclusão com a afirmação de que "a história foi escrita, como o título indica, pela própria mão de Dares", pois a palavra *ephemeris*, assim como a nossa palavra diário, implica o autor.[51]

O título atual, em latim, é *De Excidio Troiae Historia* (*A Queda de Troia, uma história*). Provavelmente foi adicionado mais tarde por alguém influenciado

---

50 Schissel von Fleschenberg, p. 84-96.

51 Schissel von Fleschenberg, p. 89-90.

pela primeira sentença da Carta que fala "da história que Dares, o frígio, escreveu sobre os gregos e os troianos."[52]

A obra de Dares, conforme as Seções 11 a 43, é muito mais curta do que a de Dictys (Livros 1 a 5) que cobre praticamente o mesmo material. A questão é, portanto, se nossa tradução latina abreviou o original grego. A resposta para essa pergunta, na ausência de algum fragmento de papiro, não pode ser dada com certeza. Schissel von Fleschenberg argumenta, com base na unidade artística da tradução latina, que nosso texto oferece, com algumas exceções,[53] uma reprodução confiável do original. Ele divide a obra de Dares em uma introdução (Seções 11-18) e a própria *ephemeris* (Seções 19-43). Ele acha que a introdução com suas descrições do caráter dos personagens principais, com sua previsão do resultado da Guerra por meio de um oráculo, e a descrição da breve guerra com Teutras[54] como uma espécie de prelúdio ao evento principal, mostra paralelos com os romances gregos, como *Ephesian tale* de Xenophon de Éfeso; e a própria *ephemeris* revela sua composição ordenada nas referências cronológicas no começo de quase todas as suas seções.

Sabemos tão pouco do autor de Dares quanto do autor de Dictys. Porém, a julgar pelos comentários sobre Atenas e os atenienses na Carta e pelo viés pró-ateniense da sua obra, ele era um ateniense.[55] Ele faz os líderes atenienses desempenharem papéis maiores do que em Homero; e o seu Palamedes — que nunca aparece em Homero e que os atenienses preferiam a Odisseu — assume o papel do raramente mencionado Odisseu e, por um momento, substitui Agamemnon como comandante-chefe dos gregos.

A tradução

A prosa latina de Dictys é simples e razoavelmente boa. Por outro lado, a de Dares é muito ruim; como diz Gilbert Highet, "de uma simplicidade extrema

52 Schissel von Fleschenberg, p. 89-90.

53 Schissel von Fleschenberg, p. 160-169. Para as exceções, ver notas 9, 10, 11, 12, 13, 17 e 31 de Dares.

54 Ver Glossário Teutras.

55 Schissel von Fleschenberg, p. 91.

e beirando a estupidez".[56] Minhas traduções para o inglês são simples, mas não tão simples, eu espero, e nem beirando a estupidez. Eu tentei traduzir precisamente, mas não palavra por palavra, e nem mesmo frase por frase. Sentenças, na minha tradução, nem sempre correspondem exatamente, em forma ou extensão, às do texto latino. Às vezes, eu usei o nome próprio no lugar do pronome; ou até substituindo um nome próprio alternativo, como "Neoptolomeu" por "Pirro". Portanto, procurei dar clareza, legibilidade e também precisão ao texto.

Os textos latinos usados para a minha tradução são a edição de Dictys[57] de 1958, de Werner Eisenhut, e a edição do Dares[58] de 1873, de Ferdinand Meister.

Que eu saiba, não existe nenhuma tradução completa anterior, de Dictys, para o inglês. Porém, existe a tradução dos três primeiros livros numa tese não publicada de William Huie Hess.[59]

As únicas traduções anteriores, de Dares, para o inglês que consegui localizar são ambas baseadas em textos latinos inferiores. O primeiro texto foi feito por Thomas Paynell em 1553.[60] O segundo texto foi feito por Margaret Schlauch em 1928; ela usou a edição Delphin de 1825 como base.[61]

---

56 Gilbert Highet, *The classical tradition: Greek and Roman influences on Western literature*, 3. ed. com correções, Oxford, 1953, p. 51.

57 *Ephemeridos Belli Troiani Libri.*

58 *Daretis Phrygii De Excidio Troiae Historia*, ed. Ferdinand Meister, Teubner, Leipzig, 1873.

59 Tese não publicada (Univ. do Texas, 1959) por William Huie Hess, "Dictys the Cretan, Journal of the Trojan War, a translation".

60 Dares Phrygius, *The faythfull and true storye of the Destruction of Troy*, trad. Thomas Paynell, Londres, 1553. Essa tradução não foi vista por ninguém; de acordo com Clarissa P. Farrar e Austin P. Evans, *Bibliography of English translations from medieval sources*, Columbia Univ. Press, 1946, p. 148, ela "parece existir apenas como cópia única na Biblioteca Bodleian".

61 Dares Phrygius, *The history of the Fall of Troy*, trad. Margaret Schlauch, em *Medieval narrative, a book of translations*, Nova York, 1928, p. 247-279. A edição da Delphin é *Dictys Cretensis et Dares Phrygius De Bello Trojano ex editione Samuelis Artopoei*, pub. com notas de acadêmicos anteriores por A. J. Valpy, Londres, 1825. Essa edição, como o título indica, é baseada na de Samuel Artopoeus, Estrasburgo, 1691.

Um diário da Guerra de Troia por Dictys de Creta

Traduzido do grego para o latim por Lucius Septimius

Carta de Lucius Septimius[1]

Lucius Septimius envia saudações para Quintus Aradius Rufinus.

Dictys de Creta, que lutou ao lado de Idomeneu[2] na Guerra de Troia, escreveu o seu *Diário da Guerra de Troia*[3] no alfabeto fenício. Esse alfabeto foi difundido por toda a Grécia por Cadmo e Agenor.[4]

Depois de muitos séculos, o túmulo de Dictys em Knossos (antiga sede do rei de Creta)[5] desmoronou, e pastores passando pela ruína tropeçaram numa pequena caixa cuidadosamente envolta em estanho. Pensando que fosse um tesouro, eles a abriram, mas trazida à luz, em vez de ouro ou algum outro tipo de riqueza, eles descobriram livros em *philyra*.[6] Com suas esperanças frustradas, eles levaram o seu achado a Práxis, o senhor local. Práxis mandou transliterar os livros para o alfabeto grego (séculos mais tarde, a língua já era o grego) e os presenteou ao imperador romano Nero, que o recompensou regiamente.[7]

Quando esses pequenos livros chegaram, por acaso, às minhas mãos, eu, um estudante da história verídica, fui tomado pelo desejo de fazer uma

---

1 Esta carta introdutória foi escrita por Lucius Septimius, séculos após a morte de Dictys.

2 Idomeneu, rei de Creta, filho de Deucalion, neto do rei Minos.

3 *Ephemeris Belli Troiani* é o nome latino desse manuscrito, e significa *Diário da Guerra de Troia*.

4 Agenor, rei fenício de Tiro (atual Líbano).

5 Para os leitores romanos, em 67 d.C., a capital da província de Creta e de Cyrena era Gortina, do outro lado da ilha de Creta.

6 O uso da palavra grega *φηλυρα*, *philyra*, que segundo o dicionário greco-francês Bailly (p. 2.083) significa "espécie de película sob a casca da tília, usada para fazer papel", é uma indicação de que existiu um manuscrito grego anterior ao texto latino. Ver Glossário Phylira.

7 A descoberta do *Ephemeris* é mencionada na Suda (séc. X) e em Johanes Malala (séc. V).

tradução livre para o latim; eu senti que não tinha nenhum talento para tal, mas queria ocupar meu tempo ocioso. Eu preservei, sem resumir, os cinco primeiros volumes que relatam os acontecimentos da Guerra, mas reduzi em um volume os outros que relatam a volta dos gregos para casa. Portanto, meu Rufinus, eu os mandei para você. Julgue meu trabalho de acordo com seu mérito, e ao ler Dictys...[8]

8 O manuscrito está mutilado nesse ponto, mas faltava pouca coisa.

Prólogo

Dictys, um nativo de Creta da cidade de Knossos e contemporâneo dos átridas,[9] sabia a língua e o alfabeto fenícios, que Cadmo[10] trouxe para Acaia.[11] Ele acompanhou Idomeneu (filho de Deucalion[12]) e Meriones[13] (filho de Molus), que lideraram o exército cretense contra Ílion.[14] Eles o escolheram para escrever a história dessa campanha.

Compôs, então, sobre *philyra* e usando o alfabeto fenício, nove volumes sobre toda a guerra.

Era um homem velho quando retornou a Creta. No seu leito de morte, ele deu instruções para que seus rolos fossem enterrados com ele. De acordo com seus desejos, eles puseram os rolos de tília numa pequena caixa de estanho e a esconderam no seu túmulo.

Séculos se passaram. No 13º ano do reinado de Nero, um terremoto atingiu Knossos e, no curso de sua devastação, abriu vários túmulos, entre os quais a tumba de Dictys, de tal modo que, quando as pessoas passavam, viam a pequena caixa. E, então, pastores a roubaram da tumba pensando que

---

9 Os átridas eram Agamemnon e Menelau. Porém, segundo Dictys, Agamemnon e Menelau eram filhos de Érope com Plístene, e foram criados por Atreus como filhos. Ver Dictys 1.1.

10 Cadmo (2000 a.C.), príncipe fenício, filho de Agenor (rei de Tiro, atual Líbano) e Teléfassa; foi o fundador e primeiro rei de Tebas (situada na Beócia, ao norte de Atenas, Grécia). Foi o primeiro herói grego, junto com Perseu e Belerofonte. Cadmo era irmão de Fênix, Clix e Europa. Ele introduziu o alfabeto fenício aos gregos, que o adaptaram para formar o alfabeto grego.

11 Acaia é a província romana da Grécia. Ver Glossário Aqueus.

12 Ver Glossário Deucalion.

13 Ver Glossário Meriones.

14 Ílion é o nome que aparece no manuscrito em latim, e se refere a Troia.

fosse um tesouro. Mas, quando a abriram, acharam os rolos de tília inscritos com caracteres desconhecidos para eles, e os levaram para o seu senhor. O senhor deles, cujo nome era Eupraxides, reconheceu os caracteres, e presenteou os rolos para Rutilius Rufus, que na época era governador da ilha de Creta. Como Rufus achou que continham alguns segredos, ele, junto com o próprio Eupraxides, os levou para Nero.[15]

Nero recebeu os rolos e, vendo que eram escritos no alfabeto fenício, mandou vir os seus filologistas fenícios para decifrar o que estava escrito. Quando isso foi feito, Nero percebeu que eram relatos de um antigo herói que esteve em Ílion e mandou traduzi-los para o grego; portanto, um texto mais preciso da Guerra de Troia foi dado a conhecer a todos. Então, ele ofereceu presentes e a cidadania romana para Eupraxides, e o mandou de volta para casa.

A Biblioteca Grega, segundo as ordens de Nero, comprou essa história que Dictys escreveu, cujo conteúdo é apresentado em ordem no texto que segue.

---

15 Nero reinou de 54 d.C. a 68 d.C. Portanto, ele recebeu os rolos de tília em 67 d.C.

Livro 1

[Descendentes do rei Catreu[16] vão a Creta receber sua herança]

[1] Todos os reis que eram descendentes de Minos I,[17] filho de Zeus, e que reinavam sobre a Grécia, se reuniram em Creta para dividir a fortuna de Catreu. Catreu, filho de Minos II,[18] quando deixou seu último testamento e vontade, concedeu todo o seu ouro e prata, e até seus rebanhos, para seus netos, nascidos de suas filhas. Tudo era para ser igualmente repartido entre eles, exceto o comando de suas cidades e terras. Essas ele outorgou a Idomeneu,[19] o filho de Deucalion, e Meriones, o filho de Molus.

Entre os que vieram para Creta estavam Palamedes[20] e Oeax, os filhos de Clímene[21] e Nauplius.[22]

Menelau[23] e seu irmão mais velho Agamemnon,[24] os filhos de Érope e Plístene,[25] também vieram receber o seu quinhão. (Eles tinham uma irmã,

16 Ver Glossário Catreu.

17 Minos I foi o primeiro rei de Creta, filho de Zeus com a princesa fenícia Europa. Teria nascido em cerca de 1445 a.C. e reinado de 1406 a.C. até 1204 a.C. Ver Glossário Minos I.

18 Catreu era filho de Minos II (Pseudo-Apolodoro 3.1.2). Ver Glossário Minos II.

19 Ver Glossário Idomeneu.

20 Ver Glossário Palamedes.

21 Ver Glossário Clímene.

22 Náuplio era rei de Eubeia. Ver Glossário Náuplio. Ver Glossário Palamedes.

23 Ver Glossário Menelau.

24 Ver Glossário Agamemnon.

25 Agamemnon e Menelau eram filhos de Plístene com Érope, em *Catálogo de mulheres* de Hesíodo (fragmento 69, p. 203, ed. Evelyn-White). Atreus os adotou como filhos ao se casar com Érope. Ver Glossário Pélops. Ver Glossário Plístene.

Anaxibia, que na época estava casada com Nestor.) As pessoas achavam que o pai deles era Atreus,[26] porque, quando o verdadeiro pai deles, Plístene,[27] morreu jovem sem ainda ter feito um nome para si, Atreus, com pena de seu infortúnio, se casou com a viúva Érope,[28] e os educou como príncipes.

Na divisão do espólio de Catreu, de acordo com a hierarquia, todos receberam uma herança polpuda.

[2] Todos os descendentes de Europa (ela era cultuada em Creta com os mais elaborados rituais), ao saber que os herdeiros de Atreus[29] haviam desembarcado, correram para dar as boas-vindas. Acompanhando-os ao templo, eles os homenagearam prodigamente com elegantes banquetes, oferecendo, de acordo com seus costumes ancestrais, muitas vítimas sacrificiais. Então, dia após dia, os reis da Grécia se deliciaram com os festejos. Eles ficaram, contudo, ainda mais impressionados com o templo de Europa, de tão magnífica que era a beleza de sua estrutura, de tão ricos seus ornamentos. Examinando todos esses maravilhosos aspectos, eles se lembraram de como o pai de Europa, Fênix,[30] e nobres damas trouxeram de Sídon[31] essa ou aquela coisa.

[Alexandre rapta Helena, envio de uma embaixada grega a Troia]

[3] Ao mesmo tempo, a casa de Menelau[32] em Esparta acolhia Alexandre, o frígio,[33] o filho de Príamo, que chegou com Eneias e outros de seus parentes. Alexandre,[34] se aproveitando da ausência de Menelau, cometeu um crime

---

26 Ver Glossário Pélops.

27 Plístene, governante de Micenas. Ver Glossário Pélops.

28 Érope, filha de Catreu e mãe de Agamemnon e Menelau. Ver Glossário Érope.

29 Os herdeiros de Atreus, Agamemnon e Menelau, eram filhos de Érope. Na época, Agamemnon era rei de Micenas e Menelau era rei de Esparta.

30 Ver Glossário Fênix, rei de Tiro.

31 Sídon, cidade na Fenícia, atual costa do Líbano.

32 Menelau, rei de Esparta, irmão mais novo de Agamemnon.

33 Dictys sempre usa "Alexandre" em vez de "Páris"; e "frígio" é sinônimo de "troiano".

34 Chegando na Grécia, Alexandre teria ficado em Esparta por nove dias, antes de Menelau partir para Creta. No décimo dia, Menelau partiu para Creta para os obséquios de Crateu, seu avô materno. Então, Alexandre persuadiu Helena a fugir com ele (Pseudo-Apolod. *epit.* 3,3).

hediondo. Apaixonando-se desesperadamente por Helena,[35] a mais linda mulher da Grécia, ele a levou, junto com muita riqueza, e também Etra e Clímene, que sendo parentes de Menelau, atendiam Helena.

O relato desse crime chegou a Creta;[36] mas rumores, como costuma acontecer, se espalharam pela ilha, piorando o que Alexandre fez. As pessoas até falavam que a casa do rei Menelau tinha sido invadida e o seu reino conquistado.

[4] Ao receber essa notícia, Menelau ficou extremamente abalado com o rapto de sua mulher, porém, ainda mais perturbado com o fato de que os parentes que mencionamos anteriormente o prejudicaram.[37]

Palamedes[38] notou que o rei, desesperado de cólera e de justa indignação, tinha perdido toda capacidade de raciocinar. Portanto, ele aprontou todos os navios e os levou para a costa equipados com toda a palamenta. Embarcando o mais que pôde da herança de Menelau, o quanto o tempo permitiu dentro das circunstâncias, e oferecendo sua solidariedade de maneira breve, mas adequada, ele fez o rei embarcar. E então, os ventos estando favoráveis, eles chegaram a Esparta em poucos dias.

Agamemnon, Nestor,[39] e todos os governantes da Grécia que eram descendentes de Pélops,[40] tendo ouvido as notícias, já tinham se reunido em Esparta. Ao saber da chegada de Menelau, todos eles se reuniram. Apesar da atrocidade do feito os levar à indignação e ao desejo de vingar a ofensa, eles decidiram primeiro enviar embaixadores a Troia. Palamedes, Odisseu e Menelau foram escolhidos para ir até lá reclamar do crime, e exigir a volta de Helena e das riquezas que foram levadas.

35 Ver Glossário Helena.

36 No *Cypria* (fragmento 1, p. 491, ed. Evelyn-White), é Iris que traz a notícia.

37 De acordo com Malalas (*Chronografia* 5.118-119), Etra persuadiu Helena a ceder para Alexandre.

38 Palamedes é filho de Clímene (irmã de Érope) e príncipe de Eubeia. Portanto, primo-irmão de Menelau (filho de Érope). Ver Glossário Palamedes.

39 Nestor, o legendário sábio rei de Pilos no Peloponeso.

40 Pélops era filho de Tântalo. Ver Glossário Pélops.

[Na Fenícia, Alexandre pilha os sidônios; em Troia, Palamedes defende o retorno de Helena]

[5] Estes, chegando a Troia em poucos dias, não acharam Alexandre; pois quando ele saiu de Esparta, com pressa e sem pensar no tempo, encontrou ventos desfavoráveis, que o forçaram para Chipre. Depois de obter alguns navios, ele foi para a Fenícia, onde o rei dos sidônios o recebeu amavelmente. Mas, à noite, ele traiçoeiramente assassinou o rei e, destilando de novo aquela fúria criminosa que mostrara em Esparta, pilhou o palácio.[41] Ele descaradamente ordenou que seus homens levassem tudo que mostrasse magnificência real e carregassem nos navios. Porém, os sidônios que escaparam à destruição geral fizeram um grande alarde, e então, se armando da melhor maneira possível, correram para os navios; pois Alexandre já tinha tomado tudo o que queria e agora se apressava a navegar. Seguiu-se um combate sangrento, com muitas perdas para ambos os lados. Por um lado, os sidônios lutavam ferozmente pelo seu rei assassinado, e, por outro, os troianos tentavam com todas as forças manter o butim que tinham conseguido. Dois de seus navios foram incendiados; mas finalmente, depois de uma luta terrível, eles conseguiram soltar os outros navios. E então, vencendo os inimigos pelo cansaço, eles escaparam.

[6] Enquanto isso, em Troia, um dos embaixadores, Palamedes (conhecido como um conselheiro experiente e diplomata habilidoso), persuadiu Príamo a deixá-lo falar em uma sessão do conselho. Primeiro, ele lamentou a ofensa de Alexandre, ressaltando a quebra dos pactos de hospitalidade. Depois, ele alertou sobre o terrível conflito que poderia ser gerado entre Grécia e Troia por causa desse ato, citando, entre outros exemplos, o feudo entre Ilo e Pélops,[42] que por motivos semelhantes colocou seus países em guerra. E, por fim, comparando as vicissitudes da guerra com as bençãos da paz, ele disse que sabia que a maioria dos troianos repudiava esse bárbaro crime; por

41 Não apenas riquezas, mas também escravas. Ver *Ilíada* 6, 343-344: "*...beautiful robes...the work of Sidonian women. Magnificent Paris brought those women back himself from Sidon, ...*"

42 Ilo era irmão do jovem príncipe troiano Ganimede, que foi raptado por Tântalo, rei da Lídia, pai de Pélops. Ilo liderou um exército contra Pélops e o escorraçou da Lídia. Ver Pausanias *Descrição da Grécia* 2.2.24. Pélops foi parar no Peloponeso, região ao qual deu o nome. Ver Glossário Pélops.

isso, os autores dessa injustiça, abandonados por todos, receberiam o castigo pelos seus atos ímpios.

Palamedes quis terminar seu discurso, mas Príamo o interrompeu e disse: "Peço que vá mais devagar, Palamedes. Parece-me injusto atacar um homem que está ausente, que se estivesse presente poderia refutar as acusações criminosas que você faz contra ele." Portanto, Príamo mandou adiar a questão até a chegada de Alexandre. Ele notou que todos os presentes no conselho ficaram comovidos com o discurso de Palamedes; apesar de estarem em silêncio, eles mostravam em suas faces que condenavam as coisas que Alexandre fez, capturados pela extraordinária oratória do príncipe grego na qual misturava decisão e compaixão.

Então o conselho se dispersou.[43] Mas Antenor,[44] anfitrião hospitaleiro e um homem que, acima de tudo, amava o bem e a verdade, ofereceu hospitalidade aos embaixadores, que a aceitaram de boa vontade.

[Retorno de Alexandre, revolta popular contra Príamo, reunião do Conselho dos Anciões]

[7] Poucos dias depois, Alexandre chegou com os companheiros mencionados anteriormente, trazendo consigo Helena. Com a sua chegada, as pessoas expressaram seu desprezo pelo que ele tinha feito: alguns amaldiçoaram o maligno precedente que ele estabeleceu; outros lamentaram a injustiça sofrida por Menelau. E finalmente, indignados e irados, eles começaram uma revolta.[45]

---

43 Esta oposição entre os filhos de Príamo e o conselho dos anciãos troianos não existe nos relatos de Homero. Como os filhos de Príamo são atraídos pelas riquezas e pelas mulheres trazidas por Páris, estão menos dispostos a seguir os conselhos dos anciãos.

44 Antenor aparece aqui pela primeira vez, e imediatamente é caracterizado pela sabedoria e moderação, também no que diz respeito às demandas dos gregos. Ver Glossário Antenor. Essa diplomacia também causou a sua fama de traidor dos troianos, contada por Dictys. Dares apresenta Antenor como o embaixador enviado por Príamo para obter a restituição de Hesíone (que tinha sido raptada por Hércules e Telamon), porém sem sucesso. Ver Glossário Hesíone.

45 Em Dictys, o povo troiano é desde o início contrário à guerra. Porém, em Dares (8), o povo troiano é a favor da guerra, com exceção de Panto, filho de Euforbo, que tinha ouvido de seu pai que, se Alexandre trouxesse uma esposa da Grécia, seria o fim dos troianos.

Príamo, alarmado com essa reviravolta, chamou seus filhos e perguntou qual caminho recomendavam. Eles responderam unanimemente que Helena não deveria ser devolvida em hipótese alguma. Eles achavam, sem dúvida, que se isso fosse feito, eles perderiam a imensa riqueza que veio com ela. Além disso, eles se apaixonaram pelas lindas mulheres[46] que vieram com Helena, e já tinham decidido se casar com esta ou aquela. Sendo bárbaros na linguagem e nos costumes, e sem paciência para pesar suas ações ou para pedir conselhos, eles foram arrastados pela ganância por pilhagem e luxúria.

[8] Deixando seus filhos, Príamo reuniu os conselheiros, e participando o que seus filhos decidiram, perguntou a opinião de cada membro. Mas antes que alguém manifestasse sua opinião, como era o costume, os príncipes irromperam o conselho — isso nunca tinha acontecido antes — e ameaçaram todos, sem exceção, se decidissem contra a vontade deles.

Enquanto isso, o povo amaldiçoava e lamentava o crime que Alexandre tinha cometido e também contra outros atos semelhantes. Isso fez com que Alexandre, imprudente por causa de sua luxúria, temendo que o povo se insurgisse contra ele, se cercasse de seus irmãos de armas e atacasse a multidão, matando vários. Muitos outros foram salvos pela intervenção dos nobres que estavam no conselho liderados por Antenor.[47] Assim, o povo voltou para suas casas, frustrado quanto a seus objetivos e desprezado.

[Helena revela sua genealogia e se recusa a retornar a Esparta]

[9] No dia seguinte, o rei Príamo, por insistência de Hécuba, foi falar com Helena. Saudando-a cordialmente, ele disse esperar que ela estivesse se sentindo bem e perguntou quem era ela e qual era a sua família.

Ela respondeu que era mais parente de Alexandre, e mais próxima de Príamo e Hécuba, do que dos filhos de Plístene.[48] Ela declinou toda a lista

46 Malala (5,3,83) menciona cinco aias de Helena trazidas para Troia.

47 Apesar de Antenor parecer apoiar o povo de Ílion, na verdade, ele conduz uma oposição aos príncipes, filhos de Príamo.

48 Agamemnon e Menelau são filhos de Plístene, posteriormente adotados por Atreus. Ver Glossário Agamemnon.

de seus antepassados. Danaus[49] e Agenor[50] eram os progenitores, respectivamente, da linhagem de Príamo e dela.[51] A filha de Danaus era Hesíone,[52] que com Atlas pariu Electra; Electra com Júpiter pariu Dardano;[53] e de Dardano descendeu Tros,[54] e, na ordem de sucessão, os outros reis de Troia. Quanto a Agenor, ele teve Taigete; e ela com Jupiter pariu Lacedemon; Lacedemon teve Amiclas, e ele teve Argalus, o pai de Ébalo; e é sabido que Ébalo era o pai de Tíndaro,[55] e ele, ao que parece, era o pai dela. Ela também recitou a relação da família de sua mãe com Hécuba, pois o filho de Agenor, Fênix, era o antepassado de Leda, e também do pai de Hécuba, Dimas.

Depois de revelar toda a sua genealogia, ela caiu em prantos e implorou para não ser devolvida. Agora que os troianos a fizeram se sentir bem-vinda, e que ela confiava neles, não podiam ser desleais. Tudo o que Alexandre tomou da casa de Menelau pertencia a ela; nada mais foi levado.

Não ficou claro por que ela preferiu cuidar de seus interesses dessa maneira. Seria por causa de seu desenfreado amor por Alexandre, ou por medo da punição que seu marido exigiria pela deserção?

[10] Quando Hécuba soube da vontade de Helena e da relação entre as famílias, ela a abraçou e fez de tudo para evitar que fosse devolvida. Porém, a essa altura, Príamo e a maioria dos príncipes diziam que não iam mais protelar a resposta aos embaixadores, nem resistir à vontade do povo. Apenas Deífobo[56] apoiou Hécuba, pois o seu julgamento, assim como o de Alexandre, estava corrompido pela sua luxúria por Helena. Contudo, Hécuba persistiu em interceder a favor de Helena junto a Príamo e a todos os seus filhos. Como foi impossível arrancá-la dos braços de Helena, finalmente decidiram fazer a vontade dela. Portanto, pela sua influência como mãe e esposa, ela comprometeu o bem de seu país.

---

49 Ver Glossário Danaus.

50 Ver Glossário Agenor.

51 Danaus e Agenor eram parentes distantes. Ver Glossário Líbia. Ver Glossário Danaus.

52 O texto, que fala aqui de "Plesione", foi corrigido para "Hesíone", para concordar com Dictys 4.22, onde a mesma genealogia é dada. Ver Glossário Hesíone.

53 Ver Glossário Dardano.

54 Ver Glossário Tros.

55 Ver Glossário Tíndaro.

56 Ver Glossário Deífobo.

No dia seguinte, Menelau, acompanhado dos outros embaixadores, veio à assembleia exigir o retorno de sua esposa e as riquezas que Alexandre tinha levado.

Então, Príamo, de pé no meio dos príncipes e pedindo silêncio, disse que Helena, que apareceu em público para esse fim, devia ter o direito de decidir. Segundo eles, a resposta dela foi que ela navegou para lá por vontade própria, pois seu casamento com Menelau não lhe convinha. Então os príncipes, exultantes, saíram da assembleia com Helena.

[Odisseu ameaça os troianos; os príncipes tramam matar os embaixadores gregos]

[11] Quando eles se foram, Odisseu, apesar de saber que nada que dissesse ia fazer alguma diferença, argumentou hipoteticamente. Ele repassou tudo o que Alexandre fez e jurou que os gregos em breve vingariam esse crime. Em seguida, Menelau, com o semblante irritado e carrancudo, fez ameaças de destruição e saiu do conselho.

Quando os filhos de Príamo souberam do que se passou, eles secretamente juraram fazer uma emboscada mortal aos embaixadores. Eles acreditavam, com toda razão, que os embaixadores, tendo falhado na sua missão, iriam retornar à Grécia e exigir uma guerra total contra Troia. Porém, Antenor, cujo caráter piedoso nós mencionamos anteriormente, frustrou a trama. Indo a Príamo, ele reclamou da conspiração: os filhos de Príamo não estavam apenas tramando contra os embaixadores, mas também contra ele, e isso ele não ia aceitar. Logo depois ele avisou os embaixadores. Portanto, toda precaução foi tomada; ele deu a eles uma escolta e, na primeira oportunidade, os mandou para casa ilesos.

[Na Grécia, os descendentes de Pélops juram trazer Helena de volta]

[12] Enquanto isso acontecia em Troia, notícias do rapto se espalharam pela Grécia. Todos os descendentes de Pélops se reuniram e prestaram juramentos mútuos. Se Helena não fosse devolvida com tudo que Alexandre levou, eles juravam guerrear contra Príamo.

Os embaixadores, tendo retornado a Esparta, relataram a decisão de Helena e descreveram as palavras e os feitos hostis de Príamo e de seus filhos contra eles. Mas elogiaram muitíssimo Antenor, pela boa-fé demonstrada. Os membros do conselho grego, tendo ouvido esse relato, decidiram se preparar para a guerra em suas diferentes regiões e reinos. Eles escolheram Argos,[57] reino de Diomedes,[58] como um bom lugar para se reunir e fazer os planos para a guerra.

[Primeira reunião dos gregos em Argos]

[13] Na hora aprazada, Ájax, o filho de Telamon,[59] que era conhecido não só por sua coragem, mas também por sua força, foi o primeiro a chegar, acompanhado de Teucro, seu irmão. Logo depois, Idomeneu e Meriones, que eram muito amigos.

(Eu fui com esses. O que aconteceu antes em Troia, a que tentei ser o mais preciso possível, Odisseu foi a minha fonte. O relato que segue, baseado nas minhas próprias observações, atenderá aos mais altos padrões críticos.)

Nestor também veio a Argos, acompanhado de Antíloco[60] e Trasímede,[61] seus filhos com Anaxíbia. Depois, Peneleu[62] veio com seus primos Clonio[63] e Arcesilau; e esses foram seguidos de dois outros líderes dos boécios, Protenor[64] e Leito.[65] Esquédio e Epístrofo[66] vieram da Fócia;[67] Ascálafo e Ialmeno,[68]

---

57 Segundo Heródoto em *História*, tudo começou séculos antes quando os fenícios raptaram Io, princesa de Argos. Isso provocou a ira dos gregos, que raptaram Europa, princesa fenícia.

58 Ver Glossário Diomedes. Ver Glossário Tideu.

59 Telamon, irmão mais velho de Peleu e amigo de Hércules. Portanto, tio de Aquiles. Ájax e Teucro eram primos-irmãos de Aquiles. Ver Glossário Telamon. Ver Glossário Ájax Telamon.

60 Ver Glossário Antíloco.

61 Ver Glossário Trasímede.

62 Ver Glossário Peneleu.

63 Ver Glossário Clonio.

64 Ver Glossário Protenor.

65 Ver Glossário Leito.

66 Ver Glossário Esquédio. Ver Glossário Epístrofo.

67 Fócia é a região entre a Beócia e a Etólia, e contém o monte Parnasso e a cidade de Delfos, com o oráculo da Pítia.

68 Ver Glossário Ascálafo. Ver Glossário Ialmeno.

de Orcômeno. Então, Diores[69] e Meges,[70] filho de Fileu,[71] chegaram; depois, Toas,[72] o filho de Andremon; Eurípilo,[73] o filho de Euemão, de Ormenion;[74] e depois Leonteu.[75]

[14] Depois chegou Aquiles,[76] o filho de Peleu [77]e Tétis (dizem que Tétis era a filha de Quíron[78]). Aquiles estava nos seus primeiros anos de maturidade, um jovem nobre e belo. Tão grande era a sua paixão pela guerra que ele já era conhecido como o campeão mais corajoso vivo. Todavia, temos que admitir, seu caráter mostrava uma certa persistência imprudente, uma certa impaciência selvagem. Ele estava acompanhado por Pátroclo,[79] seu melhor amigo, e Fênix,[80] seu guardião e professor.

Também chegou Tlepólemo,[81] o filho de Hércules;[82] e depois dele, Fídipo[83] e Antifo,[84] os netos de Hércules, portando lindas armaduras. Depois deles, vieram Protesilau,[85] o filho de Íficles, e seu irmão Podarces.[86] Eumelo[87] de Feras também estava lá. (Admetus, o pai de Eumelo, uma vez prolongou a própria vida fazendo sua esposa morrer por ele.)[88] Podalírio[89] e Macaon[90] vieram da Trica; eles, sendo filhos de Esculápio, foram chamados para ser-

69 Diores é o líder do contingente de Elis.
70 Ver Glossário Diores e Meges.
71 Ver Glossário Fileu.
72 Ver Glossário Toas.
73 Ver Glossário Eurípilo.
74 Ormenion é uma cidade na Tessália.
75 Ver Glossário Leonteu.
76 Aquiles e Ájax eram primos, pois seus pais (respectivamente, Peleu e Telamon) eram irmãos. Ver Glossário Aquiles.
77 Ver Glossário Peleu.
78 Ver Glossário Quíron.
79 Ver Glossário Pátroclo.
80 Ver Glossário Fênix.
81 Ver Glossário Tlepólemo.
82 Ver Glossário Hércules.
83 Ver Glossário Fídipo.
84 Ver Glossário Antifo.
85 Ver Glossário Protesilau.
86 Ver Glossário Podarces.
87 Ver Glossário Eumelo.
88 A esposa de Admeto era Alceste. Ver *Alcestis* de Eurípides.
89 Ver Glossário Podalírio.
90 Ver Glossário Macaon.

virem como médicos. Então veio Filoctetes,[91] o filho de Peante,[92] trazendo o maravilhoso arco e flecha de Hércules, com quem ele tinha servido anteriormente. (Como recompensa por seus serviços, Hércules, quando partiu ao encontro dos deuses, deu suas armas para ele.)[93] Então chegou o belo Nireu.[94] Menesteu[95] veio de Atenas; Ájax, o filho de Ileu,[96] de Lócria; Anfíloco,[97] o filho de Anfiarau,[98] e Estênelo,[99] o filho de Capaneu,[100] de Argos, e com eles veio Euríalo,[101] o filho de Mecisteu[102]; Tersandro,[103] o filho de Polínice,[104] veio da Etólia; e, por último, Demofoonte[105] e Acamas.[106] Todos esses eram descendentes de Pélops. E foram seguidos por numerosos outros, vindo de várias regiões; alguns eram prepostos de reis, e outros, os próprios governantes. Porém, me parece inútil dar a lista de todos eles.

[Calcas, profeta grego, faz sacrifícios e todos juram destruir Troia]

[15] Quando se reuniram em Argos, Diomedes[107] recebeu todos com hospitalidade e os fez se sentirem em casa. Agamemnon[108] distribuiu uma enorme quantidade de ouro que tinha trazido de Micenas e, portanto, aumentou a vontade deles de guerrear. Eles então decidiram unanimemente selar a sua aliança da seguinte maneira:

---

91 Ver Glossário Filotectes.
92 Peante é o rei de Melibeia, foi um dos argonautas, e seu melhor arqueiro.
93 Ver *As traquínias* de Sófocles.
94 Ver Glossário Nireu.
95 Ver Glossário Menesteu.
96 Ver Glossário Ájax Ileu. Ver Glossário Ileu.
97 Ver Glossário Anfíloco.
98 Ver Glossário Anfiarau.
99 Ver Glossário Estênelo.
100 Ver Glossário Capaneu.
101 Ver Glossário Euríalo.
102 Ver Glossário Mecisteu.
103 Ver Glossário Tersandro.
104 Ver Glossário Polínice.
105 Ver Glossário Demofoonte.
106 Ver Glossário Acamas.
107 Ver Glossário Diomedes.
108 Agamemnon, rei de Micenas.

Calcas,[109] o profeta, filho de Téstor, tendo ordenado que um javali fosse trazido para o meio deles, o cortou ao meio e colocou-o no sentido Leste-Oeste. Então, ordenou que todos desembainhassem suas espadas e as enterrassem na vítima. Portanto, banhando suas lâminas no sangue do javali, e completando outros rituais de praxe, eles se aliaram na guerra contra Príamo. Eles juraram lutar até que Troia e todo o reino de Príamo fossem completamente destruídos. Depois de fazer esse juramento e de se purificarem com abluções, eles sacrificaram muitas vítimas para Ares e Concórdia,[110] pedindo a ajuda desses deuses.

[Agamemnon é escolhido comandante-em-chefe da expedição]

[16] Então, decidiram nomear um comandante-em-chefe no templo de Hera.[111] Consequentemente, todos tendo recebido uma cédula de voto, escreveram em alfabeto fenício[112] o nome do homem que eles pensavam que seria o melhor líder. Agamemnon foi escolhido e então, com a calorosa aprovação de todos, assumiu o comando de todas as forças. Ele merecia essa posição por duas razões: primeiro, ele era irmão do homem pelo qual estavam lutando; e, segundo, ele era considerado o mais rico e mais poderoso rei da Grécia. Num segundo momento, eles nomearam Aquiles,[113] Ájax e Fênix como líderes dos navios; e deram a Palamedes, Diomedes e Odisseu o comando conjunto da infantaria de terra, de modo que alternassem entre eles as funções rotineiras do dia e as sentinelas da noite. Tendo feito esses arranjos, cada um retornou ao seu reino para preparar os recursos e os meios para a guerra.

O entusiasmo pela guerra inflamou toda a Grécia durante o período seguinte. Dentro de dois anos tudo estava pronto; armamentos para defesa e

109 Primeira aparição de Calcas, o grande adivinho originário de Argos. Ver Glossário Calcas.

110 Concórdia pode se referir à palavra grega *ομόνοια* (*omónoia*: concórdia, harmonia; Bailly, p. 1.378).

111 No tempo de Lucius Septimius (67d.C.) esse templo em Argos era dedicado a Hera. Porém, na época da guerra de Troia (1050 a.C.), esse templo era dedicado a uma deusa fenícia. Como vimos, os deuses homéricos não existiam na Era Micênica.

112 O alfabeto fenício foi introduzido na Grécia por Cadmo. Ver Glossário Cadmo.

113 Segundo Pseudo-Apolodoro (*Ep*, 3,16), Aquiles tinha 15 anos.

ataque, cavalos e navios. Os homens tinham acelerado os trabalhos, alguns agindo com entusiasmo natural, outros para rivalizar a glória que seus companheiros estavam obtendo. Eles achavam, muito compreensivelmente, que o trabalho mais importante era a construção de uma grande armada; os muitos milhares de soldados, quando chegassem de toda parte, não se atrasariam por falta de embarcação.

[Catálogo dos navios]

[17] Assim, ao final de dois anos, todos os reis tinham navios equipados variando em número de acordo com sua riqueza e o poder de seu reino,[114] e os enviaram para Áulide[115] na Beócia; esse era o lugar que escolheram. Agamemnon trouxe uma armada de 100 navios de Micenas, além de outros 60 fabricados em várias cidades sob seu poder; ele colocou Agapenor[116] no comando. Nestor[117] enviou uma armada de 90 navios. Menelau de Esparta enviou 60 navios de toda Lacedemônia; Menesteu, 50 de Atenas; Elefenor,[118] 40 de Eubeia; Ájax, o filho de Telamon, enviou 12 de Salamina; Diomedes, 80 de Argos; Ascálafo e Ialmeno,[119] 30 de Orchomenus; Ájax, o filho de Ileu, 40; Arcesilau,[120] Protenor, Peneleu, Leito e Clonio, 50 de toda a Beócia; Esquédio e Epístrofo,[121] 40 de Fócia; Tálpio[122] e Diores, junto com Anfímaco[123] e Polixeno,[124] 40 de Elis e outras cidades da região; Toas, 40 da Etólia; Meges,[125] 40 de Dulicium e das ilhas de Equinadas; Idomeneu e Meriones, 80 de toda

---

114 A lista, com poucas exceções, corresponde ao catálogo dos navios da *Ilíada* de Homero (2, p. 494-795).

115 Áulide (Aulis) na Beócia, em frente a Calcidas, era o porto no qual se reuniram os guerreiros gregos antes da expedição. Escavações arqueológicas identificaram ali o santuário de Ártemis.

116 Ver Glossário Agapenor.

117 Ver Glossário Nestor.

118 Ver Glossário Elefenor.

119 Ver Glossário Ialmeno.

120 Ver Glossário Arcesilau.

121 Ver Glossário Epístrofo.

122 Ver Glossário Tálpio.

123 Ver Glossário Anfímaco.

124 Ver Glossário Polixeno.

125 Ver Glossário Meges.

Creta; Odisseu,[126] 12 de Ítaca; Protoo,[127] 40 de Magnésia; Tlepolemus, 9 de Rhodes e das ilhas adjacentes; Eumelo, 11 de Feras; Aquiles, 50 de Argos Pelásgica;[128] Nireu, três de Sime; Podarces e Protesilau, 40 de Filaca e outros lugares controlados por eles; Podalírio e Macaon, 30; Filoctetes, 7 de Metona e outras cidades; Eurípilo, 40 de Ormenion; Guneu,[129] 22 de Perrébia;[130] Leonteu e Polipoetes,[131] 40 de suas regiões; Fídipo e Antifo, 30 das ilhas de Cos e Cárpatos; Tersandro (o filho de Polínice, mencionado anteriormente), 50 de Tebas; Calcas, 20 de Acarnânia; Mopso, 20 de Cólofon; e Epeu,[132] 30 das ilhas Cíclades.[133]

Eles carregaram os navios com grande quantidade de grãos e outros mantimentos necessários. Agamemnon tinha, é claro, ordenado isso, de modo que essa imensa força militar não fosse constrangida por falta de mantimentos.

[18] Além dessa enorme armada, havia muitos cavalos e carros de guerra, segundo a tradição de cada local. Porém a infantaria superava em muito a cavalaria, pela seguinte razão: por toda Grécia, devido à falta de pasto, a criação de cavalos era proibida. Também havia muitos especialistas em navegação, necessários para manter e operar os navios.

Durante esse tempo, nós não conseguimos persuadir — nem com recompensa, nem por influência de Phalis,[134] rei dos sidônios — Sarpedon,[135] o lício, a se unir à nossa expedição contra os troianos. Príamo, oferecendo presentes melhores (que depois foram dobrados), conseguiu seu apoio para os troianos.

126 Ver Glossário Odisseu.
127 Ver Glossário Protoo.
128 Argos Pelásgica é uma região da Tessália. Deriva de Peleu, pai de Aquiles e rei da Ftia.
129 Ver Glossário Guneu.
130 Perrébia é uma região ao norte da Tessália, e faz fronteira com a Macedônia.
131 Ver Glossário Polipoetes.
132 Ver Glossário Epeu.
133 Cíclades são as ilhas que formam um círculo em volta da ilha sagrada de Delos no norte do mar Egeu.
134 O texto aqui está corrompido. Esse Phalis provavelmente é o fenício Phalas, de Dictys 4.4. Talvez parente do rei de Sídon assassinado por Páris.
135 Sarpedon é líder dos lícios, que com o primo Glauco lutava junto com os troianos. Foi morto por Pátroclo, quando este vestia a armadura de Aquiles (*Iliad.* 16, 635-637). Lícia é uma região da Anatólia, ao sul de Troia, Lídia e Cária, quase em frente à ilha de Rodes. Ver Glossário Sarpedon. Ver Glossário Glauco.

Demorou cinco anos para que todos os navios (que, como descrevemos anteriormente, vieram das diversas regiões da Grécia) fossem equipados e aprontados. Porém, quando nada, exceto a ausência dos soldados, nos impedia de navegar, todos os líderes, ao mesmo tempo, como se tivesse sido dado um sinal, se reuniram em Áulide.

[Ira de Ártemis e epidemia entre os soldados gregos]

[19] Enquanto todos se apressavam para partir, Agamemnon (como dissemos, foi escolhido unanimemente para ser o comandante-em-chefe), tendo se afastado do acampamento, notou uma cabra pastando perto do bosque de Ártemis e, alheio às normas do culto em vigor naquele lugar, a abateu com a sua lança.[136] Logo depois, seja por ira divina, seja por contaminação atmosférica,[137] uma peste começou a grassar. Dia após dia, se alastrou com cada vez mais violência, destruindo aos milhares ao passar indiscriminadamente por rebanhos e exército, matando tudo pelo caminho, sem sinais de fraquejar, mortes sem fim.

Uma mulher, inspirada pela divindade, revelou aos líderes preocupados com a situação que Ártemis, indignada com a morte da cabra, muito querida, exigia do exército uma punição pelo sacrilégio, e que não ia ceder até que o autor desse terrível crime tivesse feito completa expiação sacrificando sua filha mais velha. Quando essa solução chegou ao exército, todos os líderes vieram a Agamemnon. Implorando e depois ameaçando, eles exigiram que ele remediasse esse enorme flagelo. Mas como ele obstinada e absolutamente recusou, eles o insultaram e finalmente o retiraram do comando.

E para que esse imenso exército não ficasse sem líder e sem disciplina militar, eles escolheram Palamedes[138] como comandante-em-chefe, depois dele Diomedes e Ájax, filho de Telamon, e em seguida Idomeneu; de modo que o comando foi dividido entre esses quatro.

---

136 Na *Ilíada*, o episódio do sacrifício não é mencionado pois acontece em Áulide, antes de chegarem a Troia. Ver última obra de Eurípides, *Ifigênia em Áulide*.

137 Aqui é interessante ressaltar a igual representação da crença tradicional e da explicação racional.

138 O fato de Palamedes suceder Agamemnon é significativo. Vai influenciar eventos posteriores.

[Odisseu forja uma carta para atrair Ifigênia]

[20] Nesse ínterim, a peste continuava a grassar, até que Odisseu, simulando indignação com a obstinação de Agamemnon e fingindo voltar para o seu reino, concebeu uma solução inusitada para a grande desgraça. Em segredo, foi para Micenas levando uma carta para Clitemnestra forjada em nome de Agamemnon. O teor da carta era esse: Aquiles se recusava a navegar para Troia se não se casasse com a filha mais velha deles, Ifigênia, a qual tinha sido prometida a ele; portanto, ele devia mandar Ifigênia para Áulide, junto com o dote, o mais rápido possível. Além de levar a carta, Odisseu disse muitas outras coisas para fortalecer a crença de Clitemnestra no seu conteúdo. Então, ela querendo reaver a sua irmã Helena e, mais ainda, casar sua filha com um homem tão famoso, de bom grado confiou Ifigênia a Odisseu. Em poucos dias ele retornou ao acampamento[139] e apareceu inesperadamente com a moça no bosque de Ártemis.

Quando Agamemnon soube do ocorrido, ele quis fugir, seja por causa do seu amor por sua filha, seja por não querer tomar parte num crime tão hediondo. Porém, Nestor soube dos seus planos e, num longo discurso, por meio daquela arte de persuasão na qual ele era o mais agradável e eficaz do que qualquer outro na Grécia, convenceu-o a ficar.

[21] Odisseu, Menelau e Calcas foram encarregados do sacrifício; todos os demais foram colocados à distância. Quando tinham começado a adornar a jovem para o sacrifício, de repente, pasmem, o dia começou a escurecer. Trovões ribombavam e raios relampejavam, a terra e o mar tremiam. Finalmente, um redemoinho de poeira escureceu tudo completamente. Logo depois, chuva e granizo desabaram. Essa perturbação medonha, que não mostrava sinais de melhorar, desbaratou Menelau e os outros oficiais; eles foram pegos entre medo e perplexidade. No começo, estavam amedrontados pela súbita mudança no tempo e acreditavam que isso fosse um sinal de algum deus, mas logo ficaram preocupados com a reação do exército caso

139 Em *Ifigênia in Áulide*, de Eurípides, é o próprio Agamemnon quem escreve a carta (verso 98 ss), e apenas outras três pessoas sabiam do engodo: Calcas, Odisseu e Menelau. Em Dictys, Odisseu é o idealizador do engodo, com a participação de Calcas e Menelau.

eles adiassem o sacrifício.[140] Enquanto estavam decidindo como resolver o dilema, eles ouviram uma voz do bosque dizendo que a divindade repudiava esse sacrifício; a deusa tinha piedade da moça, e que eles não deviam tocar nela; quanto a Agamemnon, depois de sua vitória sobre Troia, sua esposa se encarregaria de sua punição; eles deviam sacrificar o que foi enviado no lugar da moça. Então, os ventos e os raios e toda violência da tempestade começaram a diminuir.

[Aquiles descobre a farsa e impede o sacrifício de Ifigienia]

[22] Enquanto tudo isso estava acontecendo, Aquiles recebeu uma carta pessoal de Clitemnestra e também uma grande quantidade de ouro; nela recomendava a sua filha, e toda a sua casa, a ele. Quando ele leu a carta, percebeu a trama de Odisseu e, deixando tudo de lado, correu para o bosque, gritando para Menelau e os outros oficiais que tirassem as mãos de Ifigênia, senão iria matá-los. Ele os achou ainda em estado de choque; e quando o tempo clareou, ele libertou a jovem. Mas onde estava a coisa, onde estava a coisa que eles foram ordenados a sacrificar? Isso estava gerando perplexidade em todos quando de repente um maravilhoso e belo cervo apareceu destemido na frente do altar. Aceitando esse cervo como vítima enviada, e que agora era oferecida à divindade, eles o domaram e logo o sacrificaram. Com a realização desse sacrifício, a força da peste diminuiu, e o céu ficou claro como no verão. Então Aquiles e três sacerdotes, agindo em completo segredo, confiaram a jovem ao rei dos citas,[141] que estava lá na ocasião.[142]

---

140 A cena reforça a superstição e a fraqueza humana diante dos fenômenos naturais, pelos quais a divindade se manifesta.

141 Os citas (do grego: *Σκύθης*, transl. *Skythēs*) eram um antigo povo iraniano de pastores nômades equestres que por toda a Antiguidade Clássica dominaram a estepe pôntico-cáspia, conhecida à época como Cítia. Cf. *Ifigênia em Táurida*.

142 Em *Cypria* (fragmento 1, p. 495), Ártemis rapta Ifigênia e a leva para a terra dos citas ou táuridas, atual península da Crimeia. Aqui Dictys continua demonstrando a tendência geral de racionalização da *Ephemeris*, suprimindo o papel manifesto dos deuses.

[Com o sacrifício de Ifigênia, Agamemnon volta a ser o comandante, e partem para Troia]

[23] Quando os comandantes notaram que a peste diminuiu, que os ventos estavam favoráveis e que o mar ficou calmo como no verão, eles foram até Agamemnon e, consolando-o pela sua filha, o fizeram de novo comandante-em-chefe. Isso agradou a todo o exército, que o amava, estimando-o como pai e excelente conselheiro. Agamemnon não demonstrou saber o que realmente aconteceu com Ifigênia. Talvez soubesse. Ou talvez, tendo ponderado sobre as reviravoltas do destino, se fortaleceu com a adversidade. De qualquer modo, aceitou o comando, e naquele mesmo dia convidou os líderes para um banquete.

Poucos dias depois, o tempo estando bom para navegar, nossos líderes organizaram o exército e embarcamos nos navios. Muitas coisas de grande valor foram embarcadas, ofertadas pelo povo ao redor de Áulide. O grão de trigo, o vinho, e outros víveres necessários, foram fornecidos por Ânio[143] e suas filhas;[144] estas últimas eram conhecidas como as *Oenotropoi* e sacerdotisas de uma religião sagrada. Então, partimos de Áulide.

---

143 Ânio era um rei de Delos. Ver *Metamorfoses* 13.631-13.673 de Ovídio.

144 As filhas de Ânio, sacerdote de Apolo, tinham recebido de Baco o poder de produzir do solo o azeite de oliva (Elais), o grão de trigo (Espermo), e o vinho (Oino).

Livro 2

[A frota grega tenta desembarcar na Mísia, mas é rechaçada]

[1] Os ventos levaram toda a nossa frota na direção da Mísia,[145] e num dado sinal, rapidamente levamos os navios para a costa, onde, porém, estavam guardas que se opuseram aos nossos homens e impediram o desembarque. Esses guardas tinham sido estacionados ali por Télefo,[146] que naquela época reinava em Mísia, para proteger seu país de inimigos de além-mar. Eles nos proibiram de desembarcar, ou até mesmo de tocar a terra, até poder dizer ao rei deles quem nós éramos. Quando nossos homens não obedeceram a essas ordens e começaram, um por um, a desembarcar, os guardas não cederam e usaram força total para resistir e obstruir. Então, todos os nossos líderes concordaram que força tem que ser rebatida com força e, pegando as armas e desembarcando dos navios, raivosamente chacinaram alguns guardas; e puseram os outros para correr, matando todos os que puderam pegar.

145 Mísia é uma região entre Troas (onde fica a cidade de Ílion) e Bitínia, ao sul do mar de Mármara. Portanto, depois de Ílion. Segundo Pseudo-Apolodoro (*Ep.*, 3,17), os gregos erraram o caminho e atacaram a região de Mísia pensando que fosse a região de Tros, onde fica Ílion. O papiro de Arquíloco (P.Oxy.4708), recentemente decifrado, também descreve que os argivos "atacaram a bela cidade de Teutras, e tiveram que recuar sob ataque... eles pensaram que estavam atacando a cidade de Ílion, de altos portões, mas na verdade tinham os pés em Mísia, região dos trigais".

146 Télefo era filho de Auge (grega de Arcádia, Peloponeso) com Hércules, mas foi adotado por Teutras, rei de Mísia, a quem sucedeu. Ver Glossário Télefo.

[2] Entrementes, os guardas que primeiro escaparam dos gregos foram alertar Télefo sobre a horda, com milhares de inimigos, que atacou o país e, que tendo matado alguns guardas, agora dominava a costa. E cada um dos guardas, na proporção de seu medo,[147] embelezava a estória com algum incidente adicional.

Ao saber das notícias, Télefo, pegando os homens que estavam com ele e os que conseguiu reunir numa emergência, correu para encontrar com os gregos. E imediatamente, cerradas as frentes de ambos os lados, uma grande batalha se seguiu. Eles se massacraram no corpo a corpo, e as mortes de seus companheiros os estimulavam a lutar mais selvagemente. Foi nessa batalha que Tersandro[148] atacou Télefo, e foi morto por ele. Tersandro matou muitos mísios, entre eles um bravo guerreiro, um favorito de Télefo, escolhido para ser um dos seus generais por causa de sua bravura, força e habilidade natural. Desse modo, Tersandro, exaltado com os primeiros sucessos, aspirando a vitória total e se arriscando além de suas forças, foi morto.[149] Então, Diomedes, relembrando a amizade começada pelos seus pais,[150] colocou o corpo ensanguentado de Tersandro no ombro e o levou embora para ser cremado e enterrado de acordo com os costumes.[151]

[3] Mas quando Aquiles e Ájax,[152] filho de Telamon, perceberam que a batalha estava causando muitas baixas do nosso lado, dividiram o exército em duas partes. E exortando as suas tropas de acordo com a ocasião, atacaram mais ferozmente o inimigo, com renovadas forças. Eles próprios estavam na frente do combate, agora perseguindo aqueles que estavam fugindo, agora opondo, como um muro, aqueles que os atacavam. Pois já naquela ocasião, por serem os primeiros ou estarem combatendo entre os primeiros, eles conquistaram para si, entre os nossos homens e entre os inimigos, uma ilustre reputação de bravura.

---

147 O medo é sobretudo por não saberem quem são esses inimigos e o que querem.

148 Tersandro, rei de Tebas (perto de Áulide, na Beócia) e filho de Polínice, mencionado anteriormente.

149 Dictys (embora o herói seja grego) atribui essa morte a uma espécie de *hybris* por parte de Tersandro.

150 O pai de Diomedes, Tideu, ajudou Polínice a juntar um exército para o ataque contra Tebas. Ver *Ilíada*, p. 4.376-4.379..

151 Na Antiguidade, eram costume a cremação dos defuntos e a sepultura das cinzas, ou a conservação dessas em uma ânfora (*Ilíada* 23, p. 243 ss).

152 Em mais de uma ocasião, Ájax e Aquiles lutam juntos. Nos capítulos seguintes, os veremos saqueando as cidades em torno de Ílion, na região de Tros. Na *Ilíada*, essas ações eram protagonizadas apenas por Aquiles.

Enquanto isso, Teutrânio (filho de Teutras e Auge;[153] e meio-irmão de Télefo, pois tinham a mesma mãe),[154] tendo notado que Ájax estava obtendo grande vantagem contra os seus, correu para combatê-lo e lá morreu lutando, derrubado pela lança de Ájax.

Télefo, profundamente abalado com a morte de seu irmão e procurando vingança, atacou o inimigo. Botando para correr os que o opunham, ele obstinadamente perseguiu Odisseu entre as vinhas, quando uma raiz o fez tropeçar. Então, Aquiles, que de longe viu o que aconteceu, jogou a sua lança e atingiu o fêmur esquerdo do rei. Mas Télefo se levantou rapidamente e, extraindo o ferro do corpo, escapou da destruição imediata sob a cobertura de um grupo de homens que vieram salvá-lo.

[4] No final desse dia, ambos os lados estavam exaustos, pois a batalha não teve tréguas, os líderes se juntaram ao combate selvagem. Especialmente, a presença de Télefo desencorajou o nosso moral, pois já estávamos cansados da longa travessia; e Télefo era um homem alto e forte, cujos feitos valorosos rivalizavam com os de seu divino pai, Hércules. Portanto, com o crepúsculo, todos estavam contentes em parar de lutar. Os mísios voltaram para casa e nossos homens para os navios. Muitos foram mortos nessa batalha, mais muitos mais foram feridos: ninguém ou muito poucos saíram ilesos.

No dia seguinte, ambos os lados mandaram embaixadores para fazer uma trégua de modo a enterrar os mortos. Estipulada a trégua, os corpos foram recolhidos, cremados e enterrados.

[O rei Télefo é ferido por Aquiles; descobre parentesco com Tlepólemo, rei de Rodes]

[5] Enquanto isso, Tlepolemo[155] e os irmãos Antifo e Fídipo (que eram filhos de Téssalo e netos de Hércules, como mencionamos) foram informados que

153 Ver Glossário Auge.

154 Télefo, cujo verdadeiro pai era Hércules (de acordo com Pseudo-Apolod. 3.9.1), foi adotado por Teutras quando este se casou com Auge. Compare com Dares 16.

155 Tlepolemo, filho de Hércules e Astidameia, é o comandante dos soldados de Rodes, e segundo Pseudo-Apolodoro (2,7,6), participa da expedição com nove navios; será morto por Sarpedon, comandante dos lícios, depois de um embate violento.

Télefo era o governador da Mísia. Confiando na proteção que esse parentesco garantia, foram até ele e revelaram quem eram e com quem tinham navegado. Finalmente, depois de uma longa conversa, os nossos o acusaram amargamente sobre a maneira hostil com que opôs o seu próprio povo, ressaltando que Agamemnon e Menelau, que tinham reunido esse exército, eram descendentes de Pélops e, portanto, relacionados com ele.[156] Em seguida, contaram a ele os crimes de Alexandre contra a casa de Menelau e sobre o rapto de Helena. Portanto, eles concluíram que Télefo deveria ajudar os gregos por causa de seu relacionamento com eles, e especialmente por causa da violação das leis do hóspede-anfitrião feita por Alexandre; além disso, o pai de Télefo, Hércules, também ajudou os gregos com aqueles numerosos trabalhos, cujos monumentos existem por toda Grécia.[157]

Télefo, apesar de sentir muita dor devido ao seu ferimento, respondeu aos seus apelos com cortesia. O que aconteceu, ele disse, não foi culpa dele, mas dos gregos. Ele não sabia que os que chegaram eram amigos próximos e parentes queridos. Eles deveriam ter enviado embaixadores para anunciar sua chegada, e ele teria ido e se encontrado com eles, teria dado as boas-vindas e os feito se sentir em casa; eles teriam sido seus hóspedes e ele lhes teria dado presentes quando quisessem partir. Quanto à expedição contra Príamo, ele se recusava a tomar parte; ele era impedido pelos laços mais estreitos de parentesco, sua esposa Astíoque, a mãe de seu filho Eurípilo, era uma das filhas de Príamo.

Então, ele rapidamente ordenou que seu povo parasse de se preparar para a guerra, e garantiu aos nossos homens o direito de desembarcar livremente. Tlepolemus e os outros embaixadores foram colocados sob os cuidados de Eurípilo; e então, sua missão estando completada, eles voltaram aos navios para relatar a Agamemnon e aos outros nobres sobre a paz e o acordo com Télefo.

[6] Ao ouvir essas notícias, nós paramos de bom grado nossos preparativos para a guerra; e, por decisão da assembleia, Aquiles e Ájax foram até Télefo. Vendo que ele sentia muitas dores, eles tentaram consolá-lo e o instaram a

---

156 A mãe de Hércules, Alcmene, era neta de Perseu. E Télefo é filho de Hércules com Auge.

157 Os argumentos de persuasão são a ligação de parentesco, o vínculo de hospitalidade e o fato de que os gregos dedicaram muitos monumentos a Hércules, o pai do rei Télefo, e, portanto, o tinham honrado.

suportá-las corajosamente. Télefo, quando a dor o permitia falar, acusou os gregos de não terem enviado um mensageiro para anunciar a sua chegada. Então, ele perguntou quantos dos nossos homens eram descendentes de Pélops, quem eram esses descendentes. Tendo sido informado, ele insistiu que esses descendentes deviam vir vê-lo. Com isso, nossos homens, tendo prometido fazer o que ele pediu, voltaram e informaram os outros do seu pedido.

Assim, todos os descendentes de Pélops, com a exceção de Agamemnon e Menelau, se reuniram e foram até Télefo. Ele ficou muito agradecido e alegre de vê-los e os recebeu cordialmente com muitos presentes. E mais, ele demonstrou sua bondade enviando grãos e amplos suprimentos para todos os homens que ficaram nos navios. Porém, percebendo que Agamemnon e Menelau estavam ausentes, ele implorou que Odisseu fosse chamá-los. Assim eles vieram e trocaram presentes, como os costumes reais exigiam; e chamaram Macaon e Podalírio, os filhos de Esculápio, para tratar da ferida. Estes últimos se apressaram a descobrir uma cura e a oferecer um tratamento adequado para o ferimento.

[A frota grega retorna à Beócia]

[7] Quando fomos impedidos de levantar âncora por vários dias e o mar estava ficando cada vez mais agitado por ventos adversos, fomos perguntar a Télefo qual a melhor época para velejar da Mísia para Troia. No começo da primavera, ele disse; nenhuma outra época era boa. Portanto, por unanimidade, retornamos para a Beócia.[158] Lá colocamos nossos navios em dique seco, e dispersamos para passar o inverno nos nossos diferentes reinos.

Durante esse tempo de ócio, houve tempo para Agamemnon culpar seu irmão Menelau por trair Ifigênia,[159] pois ele acreditava que Menelau fosse o autor e a causa de seu luto.

158 Provavelmente voltaram para Áulide, na Beócia, onde Ifigênia foi sacrificada.

159 Odisseu, no parágrafo nono, explicando como se passaram as coisas, o tranquilizará.

[Troia descobre a coligação grega e se prepara para atacar primeiro]

[8] Entrementes, os troianos souberam da coligação de todos os gregos graças aos bárbaros citas,[160] que faziam o escambo de seus bens com os povos que viviam acima e abaixo de ambos os lados de Helesponto.[161] Medo e tristeza se espalharam por Troia. Todos aqueles que desde o começo desaprovaram os crimes de Alexandre declaravam que a Grécia foi prejudicada, e que todos os troianos, por causa dos pecados de uns poucos, iam direto para a destruição. Para enfrentar essa ameaça ao seu país, Alexandre e seus malévolos conselheiros mandaram homens, cuidadosamente escolhidos de cada grupo, para angariar forças nas regiões vizinhas, e os ordenou retornar o mais rápido possível com a missão cumprida. Portanto, os filhos de Príamo apressaram os preparativos de modo que, quando o exército estivesse pronto, eles fossem os primeiros a velejar e levar a guerra para o território grego.

[Os gregos descobrem os planos dos troianos]

[9] Enquanto isso, Diomedes, tendo sido informado do que acontecia em Troia, rapidamente viajou pela Grécia; encontrou com todos os nossos líderes e contou para eles o plano dos troianos. Precisamos, ele clamou, juntar os suprimentos e equipamentos e navegar o quanto antes.

Assim, nos reunimos em Argos. Porém, lá, Agamemnon enfureceu Aquiles ao se recusar a navegar. Ele ainda estava de luto com a perda de sua filha. Finalmente, Odisseu contou a ele o que realmente tinha acontecido com Ifigênia, e isso lhe restituiu o seu vigor e a sua dignidade de rei.

Todos estavam presentes em Argos, e ninguém negligenciou seus deveres militares. Mas sobretudo Ájax, o filho de Telamon, junto com Aquiles e Diomedes, demostrou mais preocupação e zelo em se preparar para a guerra; e eles supervisionaram a construção de navios extras para fazer cabeça de

---

160 Os citas eram um povo que vivia na costa norte do mar Negro e praticavam a navegação e o comércio.

161 Helesponto, atualmente Dardanelos, é um estreito que liga o mar Egeu ao mar de Mármara.

praia no território troiano, construindo em poucos dias 50 navios desse tipo, completos em todos os sentidos.

Oito anos tinham se passado desde os primeiros preparativos para a guerra, e agora começava o nono ano.[162]

[Começa o nono ano da guerra]

[10] E quando os navios estavam prontos, o mar calmo, e nada nos impedia de navegar, nós contratamos os citas para serem os nossos guias.[163] Eles tinham aportado em Argos para fazer o escambo de suas mercadorias.

Entrementes, Télefo se apressou a velejar para Argos para procurar alívio do ferimento que recebeu quando lutou contra nossos homens. Tendo sofrido por um longo período e não tendo encontrado remédio, ele foi ao oráculo de Apolo,[164] e de lá foi instruído a consultar Aquiles e os filhos de Esculápio. Ele contou do oráculo para todos os nossos líderes, que se perguntavam por que ele tinha vindo, e implorou que eles — que eram seus amigos — não recusassem o remédio profetizado. Ao ouvirem o seu apelo. Aquiles, Macaon e Podalírio trataram seu ferimento, e logo provaram que o oráculo estava certo.

Depois de oferecer muitos sacrifícios e invocar a ajuda dos deuses a nossa empreitada, nós fomos para Áulide, levando os navios mencionados anteriormente.

E em Áulide nos apressamos a navegar. Télefo, grato por causa de sua cura, se ofereceu como guia. Portanto, embarcamos nos navios e, encontrando ventos favoráveis, chegamos a Troia[165] alguns dias depois.

---

162 Diomedes dá o alarme, e os gregos voltam a se preparar para a guerra, após oito anos de pausa.

163 Essa seção fornece dois guias diferentes para os gregos: os citos e Télefo. E mais, a parte sobre Télefo parece inconsistente com seções anteriores. Anteriormente, Télefo se recusou a ajudar os gregos por causa de seu parentesco com Príamo (Dictys 2.5); e Macaon e Podalírio já tinham feito o seu curativo (Dictys 2.6).

164 Ver Glossário Apolo.

165 Eles aportaram na região chamada Trôade, daí a designação de troianos.

[Chega o exército lício comandado por Sarpedon]

[11] Enquanto isso, o lício Sarpedon,[166] filho de Xanthus[167] e Laodamia, ouvindo o chamado dos frequentes embaixadores de Príamo, trouxe um enorme exército para Troia. Vendo de longe que nossa grande armada estava desembarcando, ele entendeu a situação e, alertando suas forças, correu para impedir o desembarque. Logo depois, os filhos de Príamo souberam do que estava acontecendo e, pegando em armas, correram para ajudar Sarpedon. Desse modo, fomos atacados por todos os lados. No princípio, não pudemos desembarcar, nem nos armar, sem sermos mortos, a confusão geral fazendo com que qualquer ação nossa fracassasse. Porém, finalmente, alguns, apesar da terrível pressão, conseguiram se armar e, se agrupando, contra-atacaram ferozmente. Nessa batalha, Protesilau,[168] cujo navio tinha sido o primeiro a desembarcar, caiu entre os que combatiam na frente, atingido pelo dardo de Eneias. Dois filhos de Príamo também foram mortos.[169] De fato, nenhum lado saiu ileso.

[Aquiles e seu primo Ájax Telamon demonstram grande coragem em batalha]

[12] Aquiles e Ájax, o filho de Telamon, lutaram com grande glória, sua coragem sustentando e aumentando a confiança de nossos homens. Eles instilaram medo no inimigo, e alguns, ousando atacá-los, logo bateram em retirada, e todos finalmente fugiram. Então, estando livres por enquanto do ataque inimigo, pudemos aproximar nossos navios e colocá-los em ordem, com segurança.

---

166 A Lícia se situa bem ao sul, entre a Cária, Pisídia e a Panfília, quase em frente de Rodes. Ver Glossário Sarpedon.

167 Sarpendon é o líder dos lícios, aliado dos troianos, e na *Ilíada* ele é filho de Zeus, não de Xanthus (rio da região da Lícia). Ele é morto por Pátroclo, e uma luta violenta é desencadeada em torno de seu corpo.

168 Protesilau, filho de Íficles e Astíoque, era de Fílace, cidade na Tessália. Esse episódio é narrado na *Ilíada* e em *Cypria*.

169 Uma lista completa dos filhos de Príamo, cerca de 50, consta em Pseudo-Apolod. *Bibl.* 3,12,5; mas é na *Ilíada* que o próprio Príamo os enumera: 19 com Hécuba, sua esposa, e os outros com concubinas. Ver Glossário Príamo.

Então, escolhemos Aquiles e Ájax, filho de Telamon, pois eram os mais corajosos, para guardar os navios e o exército, colocando-os nas extremidades do nosso acampamento para proteger os flancos. Quando todos estavam instalados, Télefo voltou para casa. Nosso exército estava agradecido por ele nos ter guiado até Troia.

Logo em seguida, estando os nossos homens empenhados em sepultar Protesilau e não temendo hostilidades nessas circunstâncias, Cicno,[170] cujo reino não era longe de Troia, sabendo da nossa chegada, traiçoeira e insidiosamente atacou os gregos e os forçou a fugir desordenadamente. Mas logo o resto dos nossos homens, aqueles que não estavam encarregados do funeral, souberam do que estava acontecendo e vieram em socorro. Entre eles estava Aquiles que os confrontou e matou Cicno junto com muitos outros; portanto, os que tinham fugido ficaram aliviados.

[Ataque dos gregos às cidades vizinhas de Troia]

[13] Porém, ataques frequentes do inimigo causaram pesadas baixas do nosso lado e perturbaram profundamente nossos líderes. Portanto, a primeira coisa que decidimos fazer foi atacar as cidades ao redor de Troia com parte do nosso exército e provocar uma devastação geral. Começamos com o reino de Cicno e saqueamos os campos em torno. Porém, quando nós invadimos a capital dos neandrenses, onde diziam estar os filhos de Cicno, e começamos a queimar a cidade sem encontrar resistência, o povo implorou piedade. Chorando, eles rezavam de joelhos, por tudo que era humano ou divino, pedindo que sua cidade fosse poupada. Eles alegavam que não eram culpados pelos atos perversos de seu maligno rei; eles eram inocentes e que depois da morte de seu rei ficaram do nosso lado. Então, nos apiedamos deles e, com isso, salvaram sua cidade. Exigimos, porém, que entregassem os filhos do rei, Cobis e Corianus, junto com a irmã deles, Glauce. Então, entregamos a garota para Ájax, além de sua parte no butim, como uma merecida recompensa por seus atos. Logo depois, os neandrenses vieram ao

---

170 Na literatura bizantina, Cicno é parente de Príamo e aliado dos troianos, rei dos neandros. Ele ataca os gregos no meio da noite com um grande contingente. Ver Glossário Cicno.

nosso campo para tentar a paz; eles prometeram ser nossos aliados e fazer tudo o que ordenássemos.

Quando essa campanha terminou, invadimos Cila e a conquistamos. Porém, evitamos tocar em Carene, apesar de ser perto. Assim, mostramos a nossa gratidão para com a fiel amizade dos neandrenses, que eram soberanos em Carene.

[Palamedes oferece sacrifícios no Templo de Apolo Smintiano; Alexandre ataca; Filotectes é mordido por uma cobra]

[14] Ao mesmo tempo, um oráculo do deus Apolo em Delfos nos foi informado. Nós precisamos, ele dizia, escolher Palamedes para oferecer um sacrifício ao Apolo Smintiano; todos nós temos que conceder essa honra a Palamedes.[171] Muitos ficaram felizes em obedecer a esse oráculo, lembrando do zelo e da dedicação de Palamedes com o exército; mas provocou ressentimento em muitos comandantes. Contudo, independentemente de nossos sentimentos, fizemos o que foi ordenado, e Palamedes sacrificou 100 vítimas[172] em nome de todo o exército. Crises, o sacerdote de Apolo nessa região,[173] presidiu a oferenda.

Enquanto isso, Alexandre, sendo informado do que acontecia, reuniu um grupo de homens armados e tentaram impedir o sacrifício.[174] Mas antes que pudessem chegar ao templo, os dois Ájax mataram muitos homens desse grupo e os puseram para correr.

Crises (que, como dissemos, era o sacerdote do Apolo Smintiano) temia ataques de ambos os exércitos e fingia favorecer ambos os lados.

171 Palamedes é filho de Náuplio e Climene. Faz sua primeira aparição em *Cypria*, onde desmascara a falsa loucura de Odisseu. Em nosso texto, ele aparece como um homem muito amado pelos soldados, e o consideram mais digno do comando supremo do que Agamemnon. Não é por acaso que Palamedes foi escolhido para ofertar o sacrifício e isso provoca ressentimento. Isso fará com que Odisseu e Diomedes ajam contra ele.

172 O sacrifício de 100 vítimas se chama hecatombe.

173 O Templo dedicado a Apolo nesta região é chamado de Apolo Smintiano. Crises é seu sacerdote. Ver Glossário Crises.

174 Não sabemos por que Alexandre quis impedir o sacrifício. Seu ataque é traiçoeiro, semelhante a outros ataques *bárbaros*.

Durante o sacrifício, Filoctetes, que estava em pé perto do altar, foi inesperadamente mordido por uma serpente. Todos que viram o que aconteceu deram um grito, e Odisseu, acorrendo, mata a serpente. Logo em seguida, mandamos Filoctetes, com alguns poucos homens, para ser curado do veneno em Lemnos, porque os habitantes dessa ilha, que era sagrada para Hefesto, alegavam que seus sacerdotes costumavam curar esses casos.

[Diomedes e Odisseu, por inveja, tramam a morte de Palamedes]

[15] Enquanto isso, Diomedes e Odisseu elaboraram um plano para matar Palamedes.[175] (É característico da natureza humana ceder ao ressentimento e à inveja; ninguém se deixa facilmente ser superado por alguém melhor.)[176] Portanto, esses dois, fingindo ter achado ouro em um poço, persuadiram Palamedes — eles disseram que queriam dividir o tesouro com ele — a descer primeiro. Ele não suspeitou de nada; então, quando não tinha ninguém ao redor, eles o desceram por uma corda, e então, tacando pedras que pegaram ao redor, rapidamente o mataram. Portanto, Palamedes, o melhor homem e o favorito do exército, aquele cujo conselho e coragem nunca falharam, morreu de um modo indigno, traiçoeiramente morto por homens canalhas. Alguns suspeitavam que Agamemnon estava por dentro dessa trama, pois Palamedes era muito popular com os soldados, e a maioria o queria como rei e diziam abertamente que ele deveria ser o comandante-em-chefe. Depois de queimar o corpo, uma cerimônia onde todos os gregos, como em um funeral público, participaram, as cinzas foram colocadas numa urna de ouro.

---

175 Dictys difere de outros relatos de como Palamedes foi morto. Por exemplo, em *Cypria* (fragmento 19, p. 505), Palamedes é afogado — ele tinha saído para pescar — por Diomedes e Odisseu.

176 Essa é uma das poucas vezes em que Dictys faz um julgamento moral no interior do texto: a inveja motiva o assassinato de Palamedes. Isso terá consequências no *nostoi* dos gregos: seu retorno será dificultado pelo rei Náuplio, pai de Palamedes.

[Aquiles ataca as cidades vizinhas de Troia; Astínome e Hipodâmia são sequestradas]

[16] Entrementes, Aquiles suspeitou que os estados adjacentes a Troia eram aliados troianos e, por assim dizer, um arsenal troiano. Portanto, pegando alguns navios, ele atacou Lesbos e facilmente a tomaram de assalto. Tendo assassinado Forbas, o rei da ilha, que tinha cometido vários atos de hostilidade contra nós, ele raptou Diomedeia, a filha de Forbas, junto com muita riqueza. Então, como todos os seus soldados pediam, ele atacou as ricas cidades de Scyro e Hierápolis[177] com todas as suas forças; e estas ele facilmente destruiu em poucos dias. Aonde ele fosse, o país era completamente pacificado e saqueado, e tudo caía no caos; qualquer coisa que pudesse ajudar Troia era depredada ou devastada. Os povos vizinhos, sabendo do que estava ocorrendo, acorreram a ele para oferecer paz e lhe prometeram metade da colheita se, em troca, deixasse os seus campos intocados. Assim, Aquiles fechou tratados com esses e trocaram promessas de paz.

Após completar sua campanha, Aquiles retornou ao acampamento, um glorioso vencedor trazendo muitas riquezas. Ao mesmo tempo, o rei dos citas, tendo sido avisado que os nossos homens retornaram, veio e trouxe muitos presentes.

[17] Mas Aquiles não estava nem um pouco contente com o que tinha feito. Portanto, ele atacou os cilícios e, em poucos dias, tomou Lirnessos[178] de assalto. Tendo assassinado Étion, o rei de Lirnessos, ele encheu seus navios com muitas riquezas e raptou Astínome, a filha de Crises e, à época, esposa de Étion.[179]

Em seguida, Aquiles correu para tomar de assalto Pedasos, uma cidade do povo leleges. Quando Brises, o rei dos leleges, viu a ferocidade do nosso ataque, ele entendeu que não tinha como resistir ao inimigo ou defender seu povo adequadamente. Desesperado entre fugir e se salvar, ele voltou ao

---

177 Hierápolis é uma importante cidade da Frígia.

178 Lirnessos é uma cidade da Dardânia, habitada pelos cilícios.

179 Étion, rei dos cilícios, é o pai de Andrômaca, esposa de Hector. O episódio é contado pela própria Andrômaca (*Ilíada* 6, p. 491-509): Aquiles mata o rei Étion, queimando-o na própria armadura, e mata os sete filhos dele lá presentes. Inclusive mata, após receber régio resgate, a mãe de Andrômaca. Ver Glossário Étion.

seu palácio e, enquanto todos estavam ocupados lutando, se enforcou. Logo após, a cidade foi tomada; muitas pessoas foram mortas, e Hipodâmia, a filha de Brises, foi raptada.[180]

[Ájax Telamon ataca os trácios e recebe Polidoro, filho de Príamo como rendição]

[18] Entrementes, Ájax, o filho de Telemon, fez um ataque devastador contra os trácios de Quersoneso.[181] Quando o rei dessa região, Polimestor,[182] soube das proezas de Ájax na guerra, não confiando nas próprias forças, procurou os termos de rendição. Primeiro, ele enviou o filho de Príamo, Polidoro, como promessa de paz. (Príamo, agindo em completo segredo, tinha enviado seu filho, logo após o nascimento, para Polimestor criar.)[183] Em seguida, ele enviou ouro e outros presentes, suficientes para satisfazer as demandas do inimigo. Depois, ele prometeu um ano de suprimento de grãos para todo o exército e encheu os navios mercantes que Ájax tinha trazido para esse fim. Finalmente, quando ele rejeitou, com muitas imprecações, sua aliança com Príamo contra nós, seu apelo para paz foi considerado aceitável.

Depois de completar essa campanha, Ájax se desvia para o país dos frígios. Ele os ataca e assassina o seu governante Teutras[184] em combate corpo a corpo. Em poucos dias, ele invade, incendeia a cidade e leva uma grande quantidade de butim, incluindo Tecmessa, a filha do rei.

[Retorno de Ájax e Aquiles com butim e prisioneiros]

[19] Então, Aquiles e Ájax, vindo de direções diferentes, retornaram ao acampamento ao mesmo tempo, como se tivessem combinado. Tendo saqueado

180 Astínome é chamada de Criseida por ser filha de Crise, e Hipodâmia é chamada de Briseida por ser filha de Brises. Na divisão do butim, Astínome fica para Agamemnon, e Hipodâmia fica com Aquiles. Ver Glossário Astínome. Ver Glossário Hipodâmia.

181 Quersoneso (em grego, *χέρσος* significa terra firme) é a atual península de Galípoli.

182 Polimestor era casado com a filha mais velha de Príamo, Ilíone. Ver Glossário Polimestor.

183 Ver Glossário Polidoro.

184 Não confundir com o rei Teutras, padrasto de Télefo.

muitas cidades e devastado vastas regiões, eles ganharam grande renome para si. Quando os arautos reuniram todos os soldados e comandantes num só lugar, os dois heróis entraram na multidão — não juntos, mas um de cada vez — e mostraram, para todos verem, os resultados de suas diligências e esforços. Vendo o que eles tinham trazido, nós gritamos seus louvores e os coroamos, no meio do exército, com ramos de oliveiras.

Decidindo como melhor dividir o butim, nós seguimos os conselhos de Nestor e Idomeneu,[185] os mais criteriosos dos homens. Primeiro, do butim que Aquiles trouxe, Astínome (a esposa de Étion e filha de Crises, como dissemos) foi dada, por decisão unânime, para Agamemnon devido ao seu alto cargo. Quanto a Aquiles, ele ficou com Diomedeia e com Hipodâmia, a filha de Brises. Teria sido cruel separar as duas garotas, pois eram da mesma idade e de educação similar; além disso, elas tinham se jogado aos pés de Aquiles e implorado a ele de não serem separadas. O resto do butim de Aquiles foi distribuído entre os homens de acordo com o mérito.

Na sequência, Ájax pediu que Odisseu e Diomedes trouxessem o seu butim. Agamemnon recebeu tanto ouro e prata quanto seu cargo demandava. Quanto ao próprio Ájax, ele ficou com Tecmessa, a filha de Teutras, uma justa recompensa por seus valorosos feitos. O resto de suas coisas foi equitativamente dividido, e os grãos foram distribuídos pelo exército.

[Segunda embaixada grega; tentativa de trocar Polidoro por Helena]

[20] Quando Ájax terminou de distribuir o butim, ele falou do tratado que fez com Polimestor, e que Polidoro (filho de Príamo) lhe tinha sido entregue. Portanto, todos concordaram que Odisseu e Diomedes deviam ir até Príamo e, em troca de devolver Polidoro, recuperar Helena junto com todas as coisas que tinham sido levadas com ela. Enquanto Odisseu e Diomedes se preparavam para sair, Menelau — pois era responsável pela

185 Idomeneu era rei de Creta, filho de Deucalion e neto de Minos II, estava entre os pretendentes de Helena, é comandante do contingente cretense.

situação — também se juntou à missão. Então, esses foram para Troia, levando consigo Polidoro.[186]

Quando os troianos perceberam que se aproximavam homens de grande renome, todos os conselheiros, ou seja, aqueles que costumavam compor a assembleia, se reuniram rapidamente. Príamo, porém, ficou em casa com seus filhos.

Na assembleia do conselho, Menelau, na presença dos outros gregos, disse que vinha pela segunda vez e pela mesma razão. Ele afirmou que já tinha passado por muitas adversidades, ele e sua casa, e que agora lamentava com grande pesar o estado de privação da filha pela ausência da mãe; e tudo por causa de alguém que já foi amigo e hóspede,[187] e não por culpa própria.[188]

Vendo a profundidade de sua tristeza, os líderes troianos choraram, e concordaram com tudo o que ele disse, como se eles também fossem responsáveis pelos seus infortúnios.

[Discurso de Odisseu na assembleia]

[21] Depois, Odisseu se levantou no meio deles e fez o seguinte discurso: "Príncipes troianos, vocês sabem muito bem que os gregos não costumam começar nada intempestivamente ou sem a devida ponderação. Desde épocas ancestrais, planejamos e trabalhamos para que a glória, e não a culpa, estivesse em tudo que fizéssemos. Permitam-me, sem entrar em detalhes, rever a situação anterior, quando estive com vocês. Assim que Alexandre atacou e insultou os gregos, nós não caímos na tentação e corremos para as armas. Essa, com certeza, é a maneira usual de sentimentos exacerbados procurarem alívio. Em vez disso, como bem lembram, nosso conselho nos enviou, junto com Menelau, como embaixadores para tentar reaver Helena.

186 Essa segunda embaixada (Dictys 2.20-26) é mencionada por Homero (*Ilíada* 3, p. 248-250): Odisseu faz o discurso principal, e o troiano Antímaco pede a morte de Menelau (compare *Ilíada* 11, p. 160-164). Na primeira embaixada, Palamedes fez o discurso principal. Ver Dictys 1.4 (final), 6 e 10 (meio) — 11.

187 Páris era hóspede de Menelau em Esparta, quando este foi chamado a Creta para receber a herança do avô Crateu, rei de Creta.

188 A filha de Menelau com Helena é Hermíone (Dictys 6.4). Segundo Pseudo-Apolodoro (*Ep.* 3,3), Hermíone foi abandonada pela sua mãe aos nove anos de idade.

Mas não tivemos sucesso com Príamo e seus filhos, nada além de palavras arrogantes e ameaçadoras e insídias escondidas. Portanto, com o fracasso de nossa missão, seria esperado que deveríamos pegar em armas e obter pela força o que foi negado por meios pacíficos. Para tal, nós reunimos um exército com muitos líderes excelentes e famosos. Mas nem assim estamos determinados a ir à guerra. Em vez disso, seguindo nosso usual costume e habitual moderação, nós viemos de novo implorar pela mesma causa. Troianos, o resto está em suas mãos. Não vamos pensar menos de vocês por corrigir suas mal aconselhadas ações anteriores. Considerem apenas o que é sábio, e tomem uma decisão sensata."

[22] "Eu imploro, pelos deuses imortais, que ponderem o que pode acontecer se tomarem uma decisão errada. O efeito será um desastre que se espalhará feito a peste pelo mundo. Depois disso, quando alguém entrar numa importante negociação, ele não vai, ao relembrar os crimes de Alexandre, ter razão em suspeitar e temer uma fraude? Amigo vai temer amigo. Quem abrirá sua casa até para seu próprio irmão? Finalmente, se tomarem uma decisão errada — e certamente espero que não tomem —, vocês vão destruir toda a base de contrato e compreensão mútua entre bárbaros e gregos. Portanto, Príncipes troianos, façam o que é bom e certo, sejam realmente amigos e justos. Mandem os gregos para casa com tudo o que foi roubado deles. Não esperem que os nossos dois reinos, apesar de sua amizade, realmente entrem em conflito.

Ao considerar tais coisas, por Hércules, tenho pena do seu doloroso destino. Apesar de vocês serem inocentes e sem culpa, mesmo assim têm que se curvar à luxúria de uns poucos; e então o crime de um homem vai provocar a punição de todos. Certamente já sabem que os gregos atacaram as cidades vizinhas que são aliadas suas e estão planejando, dia após dia, fazer novos ataques. Nosso sucesso é demonstrado pela captura de Polidoro. Devolveremos Polidoro ileso quando Helena, finalmente, for devolvida junto com tudo o que foi roubado. Se isso não acontecer, a guerra imediata é necessária; guerra contínua, até um lado sair completamente vitorioso. Ou todos os líderes gregos morrem (e qualquer um deles poderia causar a destruição de sua cidade) ou, como espero, Ílion será capturada e queimada, e vocês serão, para os seus descendentes, feitos de exemplo de impiedade punida. Portanto, eu imploro, eu suplico, tenham visão de futuro, enquanto o assunto ainda está nas suas mãos."

[O conselho concorda com Odisseu; Antenor discursa; Antímaco fica a favor de Alexandre]

[23] Quando Odisseu acabou de falar, houve um grande silêncio. Todos, como acontece com frequência, esperaram alguém falar, alguém melhor do que ele. Finalmente, esse silêncio foi quebrado por Panto,[189] que disse em voz alta: “Odisseu, você está se dirigindo a pessoas que não podem fazer o que querem. Nós somos incapazes de remediar essa situação.”

E, em seguida, Antenor disse: “Como somos homens sábios e prudentes, concordamos com tudo o que você disse; e se tivéssemos o poder, poderíamos aconselhar conformemente. Mas, como vê, outros têm o poder, para os quais a ganância pessoal conta mais do que o interesse público.”

Assim que acabou de falar, Antenor fez entrar em ordem todos os líderes que tinham lutado por Ílion, seja por amizade com Príamo ou como mercenários.

Quando esses foram apresentados, Odisseu fez um segundo discurso, e chamou a todos de iníquos. Eles não eram diferentes de Alexandre, pois abandonaram a bondade e a honestidade para segui-lo. Nem podiam ignorar que se aprovassem esse terrível crime, eles estariam dando um mau exemplo que, se disseminando especialmente entre os povos vizinhos, serviria como modelo para atos similares e até mais graves.

Todos, em silêncio, ponderavam o quão terrível seriam as consequências desse hediondo crime, e sentindo aversão por um tal exemplo, ficaram indignados. Então, finda a votação, segundo o costume, a assembleia decidiu unanimemente que Menelau foi indignamente ofendido. Só Antímaco,[190] se opondo a todos, votou a favor de Alexandre. Imediatamente, eles escolheram dois homens para contar a Príamo o que aconteceu. E eles, além do que foi deliberado, também informaram sobre Polidoro.

---

189 Panto era grego, e na época era sacerdote do Templo de Apolo. Ver Glossário Panto.

190 Ver Glossário Antímaco.

[Antenor discute com Antímaco]

[24] Príamo, muito consternado com a notícia sobre o filho, desmaiou diante de todos assim que soube do ocorrido. Logo reanimado pelos presentes, ele gradualmente se levantou; e querendo ir até a assembleia, foi impedido pelos príncipes. Eles, deixando o próprio pai, irromperam na assembleia, no momento que Antímaco, entre as muitas ofensas lançadas contra os gregos, queria fazer Menelau de refém até Polidoro ser devolvido: um mesmo destino para ambos. Ouvindo isso, Antenor reagiu calando a todos, pois como não se toma uma decisão dessa monta, se opôs fortemente. Ele e Antímaco discutiram asperamente, e por fim passaram às vias de fato. Finalmente, todos os presentes expulsaram Antímaco, proclamando-o turbulento e sedicioso.

[Panto exorta Heitor a devolver Helena; Heitor sugere entregar Polixena ou Cassandra]

[25] Assim que os filhos de Príamo entraram, Panto conclamou Heitor (este era de fato considerado, entre os príncipes, um homem bom pela sua sabedoria e coragem) a pacificamente restituir Helena de imediato, visto que os embaixadores vieram pegá-la; Alexandre já teve tempo suficiente para satisfazer qualquer amor que tivesse por Helena. Os reis gregos, é bom lembrar, estavam em solo troiano e já tinham saqueado inúmeras cidades amigas de Ílion. E mais ainda, essas vitórias fizeram com que Polimestor prontamente cometesse o horrível crime de entregar Polidoro para os gregos. Os troianos deveriam aprender com esse exemplo e temer que regiões vizinhas também traíssem Ílion. Um ataque desses seria desastroso: laços de boa-fé seriam quebrados, a traição reinaria em todo lugar, antigos pactos seriam ignorados. Portanto, a assembleia deveria ver as coisas como elas são, não mais atrasar os embaixadores, e restituir Helena. Esse ato de boa vontade estreitaria os vínculos de amizade entre gregos e troianos.[191] Ao ouvir isso, Heitor se entristeceu ao lembrar do feito criminoso do irmão e chorou. Todavia, achava que Helena não deveria ser entregue, pois ela lhe tinha suplicado, e ele se

191 O discurso de Panto é longo e veemente. Fica claro que o autor quer ressaltar a agitação de Panto e seu desejo de convencer Heitor a todo custo.

empenhado em protegê-la. Se, no entanto, os embaixadores enumerassem os itens que foram levados com Helena, seriam todos restituídos. E no lugar de Helena seria dado a Menelau, Cassandra ou Polixena, a moça que preferissem, junto com magnífico dote.[192]

[Menelau fica irado; Eneias cita os raptos de Io, Europa, Ganimedes e Medeia para não devolver Helena]

[26] Menelau ficou terrivelmente irado com essas palavras: "Por Hércules, estarei sendo tratado admiravelmente bem se, após ter minha esposa roubada, for forçado a casar de novo segundo a vontade dos meus inimigos." Eneias respondeu: "Mas nem isso te será concedido já que eu e outros parentes e amigos de Alexandre, nos opomos. De fato, somos e sempre seremos os que defendem a casa e o reino de Príamo. A perda de Polidoro não deixaria Príamo sem filhos, pois ele tem muitos. Aliás, um rapto dessa espécie só é permitido aos gregos? Os gregos de Creta, como sabem, raptaram Europa da cidade de Sídon, e Ganimedes do nosso reino. E que dizer de Medeia? Não sabiam que ela foi raptada da cidade de Cólquida[193] para a cidade de Iolcus?[194] Sem esquecer o primeiro rapto dos gregos, quando Io foi sequestrada da cidade de Sídon e levada para Argos.[195] Até aqui agimos com vocês por meio de palavras, mas se não fugirem logo deste lugar com toda a sua frota, em breve provarão o valor e a coragem troiana, já que temos muitos jovens peritos em guerra, e a cada dia novos aliados aparecem."[196] Depois que ele terminou de falar, Odisseu falou calmamente: "Por Hércules, então não precisam adiar as hostilidades. Que deem o sinal para a guerra, já que vocês foram os primeiros a cometerem a injustiça, que sejam também os primeiros a iniciar a guerra. Nós, uma vez atacados, agiremos de acordo." Após essa troca de provocações, os embaixadores

192 Heitor está consciente da ação cometida pelo seu irmão, e sabe que a melhor solução é a de Panto, mas não pode trair uma decisão de família.

193 Cólquida é uma cidade no mar Negro, às margens do rio Fásis, onde os argonautas, com Jasão, foram roubar o Velocino dourado e raptaram Medeia.

194 Iolcus é uma cidade na Tessália, Grécia.

195 Heródoto relata uma história diferente. Os fenícios raptaram Io de Argos e a levaram para Sídon.

196 Ao contrário de Heitor, Eneias incita os troianos à guerra, inverte a questão e lista os mais famosos sequestros da Antiguidade, todos realizados por gregos, como se já tivessem justificativas suficientes, e esta guerra não seria apenas por Helena.

deixaram a assembleia e saíram de Ílion. Assim que o povo troiano soube como Eneias respondeu aos gregos, começou um tumulto: por causa de Eneias, pela sua falta de diplomacia ao intervir na assembleia, toda a casa de Príamo estava fadada à ruína, por causa dele o reino de Príamo era detestado.

[Polidoro é morto diante das muralhas de Troia]

[27] A embaixada, retornando ao acampamento, relatou a todos os comandantes as palavras e atos dos troianos contra eles. Então, ficou decidido matar Polidoro diante da muralha de modo que os troianos pudessem assistir. Sem mais atrasos, ele foi levado para o meio e apedrejado até a morte, como punição pelo crime fraterno. E imediatamente um dos arautos foi enviado para anunciar aos habitantes de Ílion que poderiam pegar o corpo para o funeral. Ideu veio e, com a ajuda de alguns escravos do rei, levou Polidoro, sujo e dilacerado pelas pedras, de volta para sua mãe Hécuba. Entrementes, Ájax, filho de Telamon, para que as cidades vizinhas não tivessem paz, assaltando ferozmente Pitia e Zelia, as conquistou, e não contente com isso, saqueia com admirável velocidade Gargarum, Arisba, Gergeta, Scepsis e Larissa. Depois, avisado pelos habitantes da região de que no monte Ida havia muitos rebanhos de todo tipo, e por insistência dos soldados que estavam com ele, subiu com toda a tropa na montanha, e após matar os pastores, leva uma grande quantidade de bestas. Então, sem achar oposição, pois todos fugiam dele quando passava, quando achou oportuno, voltou para o acampamento com um enorme butim.

[Crises tenta resgatar sua filha de Agamemnon]

[28][197] Ao mesmo tempo, Crises, que como dissemos era sacerdote de Apolo Smintiano,[198] sabendo que sua filha Astínome estava com Agamemnon, foi

197 As seções 2.28 – 4.1 cobrem os eventos relatados na *Ilíada*.

198 Homero apresenta Apolo como um personagem concreto, e sua intervenção como um dado evidente. Para Dictys, o deus não existe em si e por si, mas apenas no interno da ótica humana; na ótica de Crises e dos aqueus, que se impressionam com o aparato com que o sacerdote se apresenta e com os rumores locais. Ver Glossário Apolo. Ver Glossário Aqueus.

até os navios cheio de confiança na sacralidade de um deus tão grandioso. Trazia consigo a estátua do deus Apolo, e alguns ornamentos do templo, a fim de mais facilmente inspirar respeito nos soberanos, lembrando-lhes que a divindade estava presente. Então, tendo ofertado muito ouro e prata, implorou resgatar a filha, suplicando-lhes de honrar a presença do deus, o qual veio junto pois era o seu sacerdote. E mais ainda, como ele tinha recentemente oficiado o nosso sacrifício, ele estava sendo odiosa e perfidamente perseguido por Alexandre e seus parentes. Depois que souberam dessas coisas, todos decidiram restituir a filha ao sacerdote, sem aceitar nenhum resgate, já que ele era digno de respeito pela amizade e fidelidade demonstrada nos nossos confrontos e sobretudo devido à sacralidade de Apolo. De fato, com base em muitas provas e no que diziam os habitantes do local, já tínhamos decidido obedecer ao seu deus em tudo.

[Agamemnon se recusa a devolver Astínome; revolta dos outros generais]

[29] Quando Agamemnon viu o que estava acontecendo, se opôs à opinião geral.[199] Então, com o rosto sombrio, ameaçando-o de morte caso não fosse embora, mandou o velho sair do acampamento. O sacerdote, aterrorizado e com medo do irreparável, foi embora sem conseguir nada. Depois que a assembleia foi dissolvida, cada um dos comandantes foi até Agamemnon e o provocou com repetidos insultos. Pelo amor de uma prisioneira, Agamemnon os tinha desprezado e — o que era ainda mais indigno — desprezado um deus de tamanha importância. Logo depois foram embora, lançando maldições e lembrando Palamedes, que tinha sido muito querido pelo exército, e que Odisseu e Diomedes tinham matado à traição e por ordem de Agamemnon. Além disso, Aquiles, na frente de todos, também insultava tanto Agamemnon quanto Menelau.

---

199 As primeiras linhas da *Ilíada* relatam justamente a recusa de Agamemnon de devolver a filha do sacerdote. Daí a peste que consumiu o acampamento, conjurada pelo sacerdote.

[A peste grassa no acampamento grego; Aquiles insta Calcas a revelar o motivo]

[30] Crises, depois de sofrer o ultraje de Agamemnon, voltou para casa. Dias depois, uma terrível peste grassou pelo acampamento. Se isso foi devido à ira de Apolo, como todos pensavam, ou por algum outro motivo, ficou incerto. A doença atacou primeiro os rebanhos, e à medida que foi se espalhando, atacou também os homens.[200] Muitíssimos homens morreram; e uma vez que a doença enfraquecia os corpos, eles pereciam de uma morte atroz. Nenhum dos comandantes foi atingido por essa peste, mas a cada dia morriam cada vez mais soldados. Portanto, os comandantes, cada um temendo por si, se reuniram e ordenaram que Calcas (já dissemos que ele conhece o futuro) revelasse a causa de tanto mal. Ele afirmou saber a causa dessa peste, mas não podia revelá-la, pois temia incorrer na ira de um dos reis. Imediatamente, Aquiles forçou todos os reis a afirmarem, sob o sagrado manto de um juramento, que não se irritariam com a revelação. Então, Calcas, sentindo que todos estavam dispostos favoravelmente, revelou que a ira de Apolo era a causa da peste. Apolo, disse ele, estava furioso pelo modo com que seu sacerdote foi tratado, e agora exigia reparação do exército. Então, instado por Aquiles, revelou que o remédio era a restituição da moça.

[Agamemnon se recusa a ceder; Aquiles pede a morte de Agamemnon]

[31] Agamemnon, prevendo o que ia acontecer, não disse nada, se retirou da reunião e ordenou que seus homens se preparassem para a guerra. Quando Aquiles se apercebeu disso, trespassado de indignação e ao mesmo tempo com o perigo que o exército, exausto como estava, corria, ordenou que os corpos daqueles mortos pela peste fossem reunidos e expostos diante da assembleia para que todos vissem. Os reis e os líderes ficaram tocados com aquele espetáculo, e se declararam contra Agamemnon, guiados e encorajados

200 Dictys atenua a intervenção dos deuses: animais e homens são atingidos pela doença, e não pelos dardos de Apolo (*Ilíada* 1, 50-61).

por Aquiles, este inclusive propondo sua morte caso não cedesse. Quando Agamemnon foi informado disso, manteve sua resolução e se recusou a ceder. Não ficou claro se sua obstinação era devida ao seu caráter inflexível ou ao seu amor pela moça.

[Os troianos atacam ao saber da peste entre os gregos]

[32] Os troianos, vendo de cima da muralha as muitas piras com os nossos mortos, também foram informados que os homens que sobraram estavam fracos com a peste. Portanto, um encorajando o outro, pegaram em armas e saíram pelas portas junto com os seus aliados, e atacaram.[201] O exército troiano se dividiu em dois: Heitor liderando os troianos e Sarpedon liderando os aliados. Então, quando vimos o inimigo diante de nós, nos armamos e nos organizamos em uma única linha de defesa. Aquiles e Antíloco comandavam nosso flanco direito; Ájax, filho de Telamon, e Diomedes comandavam o flanco esquerdo; e o outro Ájax e meu comandante Idomeneu comandavam o centro. Então, os dois exércitos, organizados dessa maneira, avançaram para o ataque. Assim que chegaram perto um do outro, todos levantaram gritos de guerra e se juntaram à batalha. O conflito durou por algum tempo, com baixas de ambos os lados. Os melhores foram Heitor e Sarpedon entre os bárbaros; Diomedes e Menelau entre os gregos. Finalmente, a noite interrompeu o combate. Ambos os lados se retiraram, cremaram e enterraram seus mortos.

[Agamemnon aceita devolver Astínome, mas exige Hipodâmia]

[33] A essa altura, os gregos estabeleceram de comum acordo nomear Aquiles como comandante supremo, cujo empenho por eles nas adversidades parecia extraordinário. Porém, Agamemnon, temeroso de perder o prestigioso título de rei, tomou a palavra na assembleia e disse que estava profundamente preo-

201 Homero não faz menção a esse ataque.

cupado com o bem-estar do exército e que Astínome deveria imediatamente ser devolvida a seu pai, sobretudo se isso nos livrasse da peste. Ele pedia apenas que lhe fosse dado Hipodâmia, a serva de Aquiles, para substituir o presente perdido e a honra que isso representava. Apesar de todos acharem que esse pedido fosse mesquinho e desonroso, isso foi efetivado. Aquiles (o qual tinha recebido esse prêmio como recompensa pelas inúmeras e ilustres ações de guerra) não demonstrou nenhum sentimento, tão grande no coração desse nobre jovem era o seu amor e a sua preocupação pelo nosso exército. Portanto, Agamemnon, tendo contra si a vontade geral, mas sem que ninguém se opusesse abertamente, ordenou — como se todos tivessem concordado — que atendentes fossem pegar Hipodâmia; e eles executaram prontamente a ordem. Entrementes, os gregos encarregam Diomedes e Odisseu de levar Astínome, junto com inúmeras vítimas sacrificiais, ao templo de Apolo. Portanto, após terminado o sacrifício, a força da peste pareceu arrefecer. Menos pessoas caíram doentes, e os doentes melhoraram, como se o deus tivesse mandado o alívio esperado. Assim, em pouco tempo o vigor e a saúde habituais retornaram a todo o exército. Até enviaram a Filoctetes,[202] em Lemnos, uma parte do butim que, trazido por Ájax e Aquiles, tinha sido igualmente repartido entre todos.

[Aquiles se retira do combate, injuriado com a perda de Hipodâmia]

[34] Por outro lado, Aquiles, tendo sido tratado injustamente, decidiu não mais participar das nossas assembleias. Estava cheio de ódio por Agamemnon e decepcionado com os gregos, já que eles silenciaram quando ele foi injustamente privado de Hipodâmia, o prêmio conquistado após muitas vitórias e grandes feitos de bravura. Portanto, se recusava a receber os muitos líderes que vinham vê-lo, e não perdoava nem os amigos, pois o desertaram quando podiam tê-lo defendido contra o ato infame de Agamemnon. Ele preferia ficar na sua tenda com seu melhor amigo Pátroclo, seu sábio mestre Fênix e seu cocheiro-mestre Automedon.[203]

202 Filoctetes foi mordido por uma serpente, foi procurar cura e ficou isolado em Lemnos.
203 Ver Glossário Automedon.

[Revolta no campo troiano]

[35] Entrementes, em Ílion, os aliados e os mercenários que vieram ajudar os troianos começaram a se amotinar; talvez por tédio, talvez por sentirem saudades de casa. Assim que Heitor notou isso, foi forçado a chamar a tropa para o combate. Então, quando foi informado que o momento era favorável e que a tropa estava preparada, ele ordenou o combate. Ele próprio comandou e liderou o caminho.[204]

Aqui parece um bom lugar para listar os reis das forças aliadas (aqueles subordinados a Ílion por meio de tratados) e também as forças mercenárias (aqueles, que vindo de diversas regiões, serviam a casa de Príamo em troca de pagamento). O primeiro a se lançar fora dos portões foi Pândaro,[205] filho de Licaonte, da Lícia; depois Hipotus e Pileu, filhos de Leto, da cidade de Larissa na Pelasgia; Acamas e Piros da Trácia; depois Eufemo,[206] filho de Trezênio, liderando os cicônios; Pilemenes, o paflagônio, que se vangloriava de ser filho de Melius; Odius e Epístrofo, os filhos de Minuus, liderando os alizônios; Sarpedon, filho de Xanthus, liderando os lícios, de Solymun; Nastes e Anfímaco, filhos de Nomion, da Cária; Antifo e Mesthles, filhos de Talamenes, da Meonia; Galucus, filho de Hipolocos, da Lícia, que Sarpedon convocou para compartilhar o comando pois superava seus conterrâneos em sabedoria e bravura no uso das armas; Fórcis e Ascânio da Frígia; Chromius e Ennomus, migdônios, da Mísia; Pirecmes, filho de Axius, da Peonia; Anfio e Adrasto,[207] filhos de Merops, de Adrestia; Asius, filho de Hyrtacus, de Sestos; e também o outro Asius, filho de Dimas e o irmão de Hécuba, da Frígia. Muitos homens eram comandados pelos líderes listados; seus diferentes costumes e diferentes linguagens faziam com que lutassem em desordem e tumulto.

---

204 Pela segunda vez são os troianos que tomam a iniciativa do ataque.

205 Ver Glossário Pândaro.

206 Ver Glossário Eufemo.

207 Ver Glossário Anfio e Adrasto.

[Os dois exércitos se alinham para combate pela primeira vez; Aquiles, ainda indignado pela perda de Hipodâmia, se abstém; não há combate]

[36] Os nossos líderes, quando viram o que estava acontecendo, indo para a planície segundo a praxe militar, organizaram a distribuição com base nas indicações do ateniense Menesteu, que tinha a tarefa de compor as fileiras; se organizaram segundo o povo e o lugar de origem, enquanto Aquiles, com o exército dos mirmidões, não compareceu. Aquiles ainda estava irritado com Agamemnon por tê-lo injustamente privado de Hipodâmia;[208] e estava ainda mais indignado porque, enquanto os outros líderes tinham sido convidados para jantar, apenas ele, em sinal de desprezo, havia sido negligenciado.[209] De qualquer forma, depois que o exército foi arrumado e o inimigo, pela primeira vez, se alinhou contra ele, como nenhum dos lados ousou engajar em combate, os soldados permaneceram nos seus postos por um curto período de tempo, e como de propósito, ambos os lados soaram a retirada.

[Aquiles, ofendido, tenta atacar o acampamento grego, mas desiste; Dolon é morto]

[37] Tendo retornado aos nossos navios, depusemos as armas e nos preparamos para apreciar o jantar como de costume. Quando Aquiles, desejoso de se vingar da ofensa, tentou nos pegar desprevenidos, pois ignorávamos suas intenções. Mas Odisseu, informado pelas sentinelas, exortou e avisou os comandantes, gritando que Aquiles ia atacar: "Eles tinham que se preparar! Eles tinham que se armar!" Foi um grande tumulto, pois todos correram para pegar em armas. Como Aquiles foi precedido pela notícia do seu ataque, e todos estavam armados, seu plano falhou, e ele retornou à sua tenda desistindo da empreitada. Então, nossos líderes, temendo que essa comoção repentina pudesse estimular um ataque dos troianos, mandaram os dois Ájax,

208 Dictys, como dissemos, usa o nome de Hipodâmia, filha de Brises, e não o patronímico Briseida.

209 De acordo com Aristóteles (*Rhetoric*, 2.24[6]), Aquiles ficou indignado com os gregos em Tenedos por não ter sido convidado para jantar.

Diomedes e Odisseu aumentar as sentinelas. Eles assumiram posições onde achavam que o inimigo provavelmente viria, e eles estavam certos.

Heitor, querendo saber a causa dessa agitação,[210] envia Dolon,[211] o filho de Eumedes, para espionar os gregos, com promessas de grandes recompensas. Ele, já perto dos navios reunindo informação, é pego por Diomedes. Diomedes e Odisseu o fizeram dizer tudo e depois o mataram.

[Batalha entre gregos e troianos]

[38] Então, passados alguns dias de inatividade, ambos os exércitos se prepararam para o ataque. Eles dividiram o campo entre Ílion e os navios, e quando tudo estava preparado para a batalha, todos os soldados avançaram cautelosamente. Quando foi dado o sinal, as primeiras fileiras se fecharam e colidiram: os gregos estavam dispostos com critério e cada um seguia o comando de seu general; já os bárbaros se lançavam sem ordem nem disciplina. De resto, nessa batalha morreram muitos homens de ambos os lados. Não houve recuo, todos atacaram e tentavam se rivalizar em bravura. Entre os líderes bárbaros que foram gravemente feridos, e constrangidos a se retirar, estavam Eneias, Sarpedon, Glauco, Heleno, Euforbo[212] e Polidamas; entre os nossos estavam Odisseu, Meriones e Eumelo.

[Menelau avança contra Alexandre; Alexandre foge]

[39] Então Menelau, tendo avistado Alexandre por acaso, se lança com grande ímpeto para alcançá-lo; e Alexandre, evitando-o e não ousando enfrentá-lo, foge. Porém, Heitor, vendo isso à distância, avançou com Deífobo[213] e

210 De acordo com Eurípides (*Rhesus* 41-146), Heitor enviou Dolon (como espião) para descobrir por que os gregos acenderam suas fogueiras e se reuniram, em grande alvoroço, ao redor da tenda de Agamemnon.

211 Ver Glossário Dolon.

212 Ver Glossário Euforbo.

213 Deífobo é filho de Príamo e Hécuba, irmão de Heitor e Alexandre. Ver Glossário Deífobo.

interceptou Alexandre. Eles o repreenderam severamente[214] e finalmente o persuadiram a ficar entre os dois exércitos, e quando todos ficaram quietos, desafiar Menelau para um duelo. Assim, Alexandre foi reconduzido à batalha e se colocou diante da formação, o que era um sinal de provocação. Menelau percebeu isso de longe, e viu que finalmente se oferecia a oportunidade de afrontar seu maior inimigo. Confiante de que Alexandre pagaria com sangue todas as ofensas, se dirigiu a ele cheio de ardor. Os exércitos perceberam os dois correndo ao encontro, sinais foram dados e todos recuaram.

[Duelo entre Menelau e Alexandre; Alexandre é atingido e retirado do combate]

[40] Avançando um contra o outro a passos largos, ambos já estavam dentro do alcance das lanças, quando Alexandre, querendo antecipar-se e atingi-lo primeiro, atirou a lança, e esta bateu no escudo e resvalou. Então, Menelau atirou a sua com grande violência, porém com o mesmo destino, sua lança fincou na terra. Logo, receberam novas lanças e retomaram o duelo. Finalmente, Alexandre caiu atingido na coxa. Menelau, avançou com a espada para consumar sua vingança, porém, traiçoeiramente foi ferido pela flecha oculta de Pândaro.[215] Então, entre os urros de nossos homens, revoltados e indignados com a intervenção dos troianos no duelo (especialmente este duelo entre os dois homens responsáveis pela guerra), um esquadrão de bárbaros acorreu e retirou Alexandre de lá.[216]

[Pândaro é morto por Diomedes; trégua invernal]

[41] Ao mesmo tempo, Pândaro de longe e se aproveitando de nossa hesitação, continuou a flechar muitos dos nossos, até que Diomedes, tocado por essa

---

214 Esta situação é descrita, exceto pela presença de Deífobo, na *Ilíada* 3, 23-57. A covardia de Alexandre é uma característica do seu caráter.

215 *Ferido pela flecha oculta de Pândaro* ("*ex occulto sagitta Pandari vulneratus*"), é um episódio memorável na *Ilíada*, porém na *Ephemerides* de Dictys não passa da iniciativa de um único indivíduo.

216 Dictys não atribui a salvação de Alexandre a nenhum deus.

atrocidade, avançou sobre ele e derrubou o inimigo com a arma. Portanto Pândaro, que matou muitos violando o acordo, pagou com a própria vida pela sua perversidade. Seu corpo, após ter sido retirado do campo de batalha, foi cremado pelos filhos de Príamo, e suas cinzas foram entregues aos seus companheiros para serem levadas para a Lícia e enterradas em sua terra natal. Nesse ínterim, os dois exércitos, dado o sinal para a batalha, retomaram o combate, e lutaram com garra até o pôr do sol. Com o cair da noite, ambos os exércitos se retiraram, colocando sentinelas ao longo da linha de combate. E assim por alguns dias, esperando um momento propício para atacar, um bom número de soldados foi mantido em prontidão. Mas essa oportunidade nunca chegou, pois o inverno se aproximou e as chuvas frequentes encharcavam o campo de batalha. Os bárbaros voltaram para dentro dos muros, e os nossos homens, sem inimigos para lutar, voltaram aos navios e assumiram funções de inverno; e pouco depois, dividindo em dois a porção do campo não adaptada à batalha, eles cultivaram o solo e plantaram grãos, pertinentes a essa época do ano. Entrementes, Ájax Telamon, com seus homens (também alguns homens de Aquiles), avançou sobre a Frígia, devastou com fúria muitas cidades, e pouco depois, carregado de riquezas, retornou ao acampamento.

[Ataque traiçoeiro dos troianos; Heitor avança até os navios; Aquiles ainda se recusa a lutar]

[42] Pouco antes de sua chegada, os bárbaros tentaram um ataque, dado que os nossos homens estavam tranquilos e não esperavam nenhum ato hostil devido à trégua invernal. Heitor, o instigador dessa expedição, os liderou. Ao raiar do dia, fez sair pelo portão uma tropa armada, e a passo duplo se dirigiu aos navios, e nos atacou. Nossas forças, que estavam dispersas e desarmadas, foram pegas de surpresa. A fuga dos que foram atacados primeiro aumentou a confusão dos outros, e os impedia de se armar: muitos homens foram mortos nessa ocasião. Assim que os nossos homens no centro cederam, Heitor avançou até os navios, tocou fogo nas proas com tochas incendiárias, pois ninguém ousava se opor a ele. E esses últimos, pálidos de terror, correram a pedir a ajuda de Aquiles, abraçando seus joelhos; mas, mesmo assim, ele recusou. Como foi repentina a mudança de ânimo em nós e no inimigo.

[Ájax retorna, ataca os troianos e atinge Heitor]

[43] Entrementes, Ájax Telamon, no seu retorno, tendo sabido que Heitor estava atacando os navios, apareceu vestido com sua esplendorosa armadura. Ei-lo, exsudando suor, seu porte massivo derrubando o inimigo, e afastando-os dos navios e fazendo-os retroceder para as muralhas. Quanto mais recuavam, mais Ájax atacava. Heitor, porém, resistiu e foi atingido por uma enorme pedra lançada por Ájax,[217] e caiu desmaiado por terra. Então, de todo lado, inúmeros troianos acorreram, o cobriram e retiraram Heitor da batalha e das mãos de Ájax, levando-o para a cidade; um herói semimorto, uma expedição falida. Por outro lado, Ájax, sendo assim privado de honra e glória, ficou mais selvagem ainda. Levando consigo Diomedes, Idomeneu e o outro Ájax, perseguiu os troianos aterrorizados e dispersos. Ora abatia os fugitivos à distância com lanças ou, quando os agarrava, os massacrava com suas armas. Ninguém naquela parte do campo de batalha escapou sem ferimentos. Glauco, o filho de Hipóloco, Sarpedon e Asteropeu tentaram resistir a fim de barrar os gregos, porém, pouco depois gravemente feridos abandonaram o campo. A falta desses líderes causou a debandada dos bárbaros, que se precipitaram para os portões. A passagem, porém, era muito estreita para o grande número de homens que tentava passar por ela; eles tropeçaram e caíram uns sobre os outros. Ájax e os gregos logo chegaram e inúmeros bárbaros, estando aterrorizados e confusos, foram golpeados e mortos; entre eles, quatro filhos de Príamo: Antifo e Polites, Pamones[218] e Mestor, e o filho de Trezênio, Eufemo, o glorioso líder dos cicones.[219]

[Banquete em honra de Ájax; Epeu conserta os navios]

[44] E assim, a chegada de Ájax fez com que as fortunas da guerra mudassem; os troianos, até então vitoriosos, perderam seus líderes, e foram

---

217 A *Ilíada* também relata a mesma cena (*Ilíada* 14, 437-39).

218 Ver Glossário Pamones.

219 Os cicones eram um povo da Trácia.

forçados a pagar por suas imprudentes agressões. Ao cair da noite, o sinal de retirada foi dado, nossos homens retornaram felizes e vitoriosos aos navios. Agamemnon convidou todos a um banquete em honra de Ájax. O rei o elogiou e, como sinal de honra, lhe ofertou lindos presentes. Os outros comandantes também elogiaram a coragem de Ájax, relembraram suas valorosas ações, como ele tinha capturado e saqueado inúmeras cidades frígias, e como ele tinha lutado com Heitor perto dos navios, e salvado a frota do incêndio. Ninguém duvidava, à época, que por causa de seus excelentes e gloriosos feitos, todas as nossas esperanças de uma campanha vitoriosa estavam com ele.

Em pouco tempo, Epeu consertou os dois navios danificados pelo fogo; apenas as proas foram atingidas. E agora os gregos passavam o tempo tranquilos e sem medo, acreditando que os troianos, após esse ataque frustrado, não ousariam um outro ataque.

[Reso[220] chega com grande exército; Diomedes e Odisseu o assassinam à noite]

[45] Nesse meio-tempo, Reso, filho de Eion, dada a relação de amizade com Príamo, e tendo concordado com uma compensação, chegou com um grande exército. No dia de sua chegada, ele esperou o anoitecer na península[221] em frente a Ílion, adjacente ao seu reino na Trácia; na segunda vigília,[222] ele avançou na planície troiana, espalhou suas tendas e montou acampamento. Mas de longe, Diomedes e Odisseu, que estavam de sentinela naquela região, pensando que fossem espiões troianos a mando de Príamo, colocaram suas armaduras e, movendo-se furtivamente e com grande cuidado, foram investigar o local. Então, depois de matar as sentinelas que estavam cansadas da viagem e dormiam, entraram na tenda do rei Reso e o assassinaram. Não achando oportuno tomar outras iniciativas ousadas, roubaram sua biga e seus ricamente aparelhados cavalos, e voltaram aos

220 Ver Glossário Reso.

221 Quersoneso, atual península de Dardanelos.

222 Todas as vigílias duram três horas. A primeira vigília da noite começava às 18h, portanto, a segunda vigília ia das 21 às 24h.

navios. E cada um passou a noite dormindo em sua tenda. Assim que o dia raiou, se encontraram com os outros comandantes, e os informaram da ousada ação. Diante disso, pensando que os trácios, encolerizados com o assassinato do rei, atacariam, ordenaram que todos se preparassem para a batalha e esperassem o inimigo.

[Após verem seu rei morto os trácios atacam, e são dizimados]

[46] Não muito depois, os trácios acordaram e viram o rei morto em sua tenda com o rosto desfigurado, e viram os traços deixados pela biga. Imediatamente, bandos de homens indisciplinados e desorganizados se precipitaram em direção aos navios. Assim que nossos homens viram os trácios, eles avançaram numa linha sólida, seguindo as ordens dos comandantes. Os dois Ájax lideraram; foram os primeiros a encontrar e matar os inimigos. E nossos outros líderes, em várias posições, mataram os inimigos um a um. Às vezes, vários uniam forças para quebrar o poder de avanço dos atacantes; desse modo, mataram todos, nenhum sobreviveu ao massacre. Assim que os atacantes foram eliminados, nossos homens receberam o sinal de avançar para o acampamento trácio. Os únicos trácios ainda vivos foram aqueles que ficaram guardando o acampamento. Quando viram nossos homens avançando, ficaram aterrorizados e, abandonando tudo, correram para as muralhas. Assim, os nossos saquearam as armas, os cavalos, as riquezas do rei e tudo aquilo que a sorte nos ofereceu.

[Os troianos imploram por uma trégua; Filoctetes chega ao acampamento grego]

[47] Portanto, com Reso e os trácios completamente aniquilados, nossos homens voltaram aos navios vitoriosamente carregados com o saque. Entrementes, os troianos amedrontados, protegidos pelas muralhas, em vão assistiam do alto. Então, os bárbaros, agora enfraquecidos com tantas adversidades, nos enviaram mensageiros implorando por uma trégua. Por conseguinte,

um tratado foi acordado, o qual ambos os lados juraram obedecer fazendo sacrifícios. Nesse ínterim, Crises (sacerdote de Apolo Smintiano, como dissemos antes) veio ao acampamento agradecer aos gregos por terem devolvido sua filha, Astínome; e em troca de tanta honra, sabendo que ela havia sido tratada com respeito, ele a trazia de volta para Agamemnon. Pouco depois, Filoctetes, junto com aqueles que lhe levaram o butim, voltou de Lemnos ainda doente e andando com dificuldade.

[Ájax e Odisseu vão até Aquiles pedir que volte a lutar com os gregos]

[48] Então, os gregos se reuniram em assembleia, e Ájax, filho de Telamon, tendo ido ao centro, explicou que era necessário enviar embaixadores a Aquiles, que reportando as palavras dos comandantes e do exército, lhe pedissem que desistisse de sua ira e retomasse sua posição de honra entre eles. Devemos agir agora, devido à nossa recente vitória e ao tratado favorável que fizemos. Nós estaríamos pedindo a sua ajuda não porque fosse útil, mas para honrá-lo como merecia; nós o queríamos conosco simplesmente por causa de sua grandeza. E mais, Ájax implorou, Agamemnon deveria mostrar sua boa vontade em se reconciliar com Aquiles. Na atual circunstância, lutando desse jeito, essa terrível guerra em terras tão distantes, todos deveriam pensar no bem comum. Quando ele terminou de falar, todos os líderes concordaram unanimemente com o que ele disse e o louvaram aos céus. Ele era, disseram, não apenas mais forte, mas também o mais inteligente. Então, Agamemnon disse que ele já tinha enviado muitas embaixadas tentando reconciliação com Aquiles. Era o que ele mais desejava. Portanto, ele entregou a Ájax (cujo relacionamento com Aquiles poderia ajudar)[223] e a Odisseu a missão de ir até Aquiles em nome de todos eles. Ájax e Odisseu prometeram fazer o possível. E Diomedes se ofereceu para acompanhá-los.

223 Ájax, filho de Telamon, era primo-irmão de Aquiles, pois seus pais (Telamon e Peleu) eram irmãos.

[Agamemnon pede desculpas públicas a Aquiles]

[49] A seguir, Agamemnon ordenou que dois atendentes trouxessem uma vítima sacrificial. Eles trouxeram a vítima e a seguraram suspensa no ar, enquanto ele desembainhou sua espada, a cortou em dois; os pedaços caíram por terra onde todos pudessem ver. Isso feito, ele andou no meio das partes, empunhando a espada coberta de sangue.[224] Foi nessa hora que Pátroclo, ciente de que o conselho estava se reunindo, chegou. Após Agamemnon passar no meio da vítima sacrificial, ele jurou que nunca violou Hipodâmia; e admitiu que errou não por causa de uma paixão ou de um desejo, mas por causa de sua inabilidade em controlar seu temperamento, e isso lhe causou muitos males e o trouxe a esse impasse. Então propôs a seguinte oferta: ele daria a Aquiles uma de suas filhas em casamento, a escolher, e como dote um décimo de todo o seu reino e 50 talentos. Quando os que estavam no conselho ouviram isso, ficaram maravilhados com a generosidade do rei; especialmente Pátroclo, impressionado com a oferta de tamanha riqueza, também estava feliz por Hipodâmia não ter sido violada. Portanto, ele retornou a Aquiles e contou o que tinha acontecido.

[Ájax e Odisseu argumentam com Aquiles]

[50] Aquiles estava considerando a oferta de Agamemnon, tentando decidir o que fazer, quando Ájax e os outros líderes entraram em sua tenda. Ele os acolheu com hospitalidade e ofereceu-lhes assento. Ájax sentou-se ao lado de Aquiles, e quando a hora foi propícia, começou a repreendê-lo e a adverti-lo. Como eram parentes, ele podia falar mais livremente do que os outros. Ele acusou Aquiles de insistir na sua ira, enquanto muitos amigos e parentes — eles, seu povo, estavam em grande perigo — suplicavam agarrados aos seus joelhos. Odisseu foi o próximo a falar. Primeiro disse que tudo aquilo foi culpa dos deuses. Depois relatou sobre o conselho, sobre as promessas de Agamemnon e o juramento que Agamemnon fez. Finalmente, incitou Aquiles

224 Também na *Ilíada* os juramentos são sancionados por um sacrifício específico.

a não desprezar os rogos dos gregos e a não desdenhar esse matrimônio. Ele terminou listando todo o dote oferecido por Agamemnon.

[Aquiles contra-argumenta; Fênix e Pátroclo imploram aos seus pés]

[51] Então, Aquiles, num longo discurso, começou expondo seus feitos e realizações, lembrando a eles o quanto tinha feito pelo bem comum, as cidades que tinha saqueado. Enquanto todos descansavam, ele passou dias e noites zelosamente dedicado à guerra, poupando nem a si, nem a seus soldados; e mais, ele deixou que o butim fosse distribuído por todo o exército. Em troca, ele recebeu a honra especial de ser privado de seu prêmio. Só ele foi tratado com tanto desprezo, tanta desonra, pois lhe foi roubada Hipodâmia, seu prêmio, o símbolo de seu sucesso. Agamemnon não era culpado sozinho. O pior foi que todos os outros líderes gregos, esquecidos de sua generosidade, por terem ficado silentes, ignoraram o fato de ele estar sendo insultado.

Quando Aquiles acabou de falar, Diomedes disse: "Passado é passado, e um homem sábio não remói isso. Por mais que tente, não se pode voltar atrás."

Enquanto isso, Fênix e Pátroclo estavam aos seus pés, abraçando seus joelhos e beijando suas mãos e rosto, implorando para que ele desistisse de sua ira e voltasse ao seu lugar de honra, que fizesse isso, não por esses representantes, mas por todo o exército.

[Aquiles cede, participa do banquete; Hipodâmia é devolvida a ele]

[52] Finalmente, Aquiles cedeu. Ele faria o que pediam. A presença de tal embaixada, os rogos dos amigos e a percepção de que o exército não tinha culpa fizeram com que ele mudasse de ideia.

Assim, pela primeira vez após seu infeliz ataque de ira, por sugestão de Ájax, Aquiles foi a uma reunião do conselho. Agamemnon o saudou como convém a um rei, e os outros líderes estavam felizes em vê-lo de volta.

Agamemnon, pegando Aquiles pela mão, o levou para jantar junto com os outros. Pouco depois, durante o banquete, quando estavam se divertindo, Agamemnon pediu que Pátroclo levasse Hipodâmia para a tenda de Aquiles, junto com as joias que lhe havia presenteado. Essa foi uma ordem que ele obedeceu com prazer.

Durante o inverno, gregos e troianos frequentavam o bosque de Apolo Timbriano.[225] Eles iam, sozinhos ou em grupo, sem nenhum medo do outro.

---

225 O templo de Apolo Timbriano estava localizado em um bosque a leste de Ílion, onde o rio Timbrio desembocava no rio Escamandro. Ver Strabo *Geography* 13.1.35.

Livro 3

[Continuação da trégua de inverno]

[1] Durante todo o inverno, gregos e troianos mantiveram a trégua e evitaram hostilidades. Os gregos aproveitaram o recesso e concentraram suas energias se preparando para a guerra. Eles se reuniam em frente de suas muralhas, com seus vários líderes, e cada um praticava sua especialidade. Um grupo praticava atirar lanças, ou então usava estacas, fabricadas de modo a ter o mesmo peso e altura das lanças. Outros treinavam arremessar a funda ou praticar o arco e flecha. Entre os que se sobressaíam com o arco e flecha estavam Odisseu, Teucro, Meriones, Epeu e Menelau; mas Filoctetes era o melhor: ele tinha o arco e flecha de Hércules, e sempre atingia o alvo com grande perícia. Os troianos e seus aliados, menos disciplinados no regime militar, estavam no ócio. Com frequência, troianos e gregos iam — sem medo de emboscada — fazer sacrifícios no templo de Apolo Timbriano. Simultaneamente, chegou a notícia de que quase todas as cidades da Ásia abandonaram Príamo e renegaram tratados diplomáticos. Essas cidades culpavam Príamo de acobertar Alexandre: ele estava dando um mau exemplo que poderia minar as leis de amizade na região. Inclusive estavam bem cientes de que os gregos tinham ganhado todas as batalhas até agora, e conquistado várias cidades ao redor de Ílion. E, sobretudo, eles odiavam os filhos de Príamo e o reino de Príamo.

[Aquiles se apaixona por Polixena; Heitor exige que Aquiles traia os gregos]

[2] Um dia, quando Hécuba estava rezando para Apolo, perto de Ílion, Aquiles veio ver as cerimônias religiosas com alguns de seus homens. Muitas outras mulheres estavam junto com Hécuba: suas noras, por exemplo, e as esposas dos líderes troianos; algumas delas, por pura devoção a sua rainha, enquanto outras, fingindo serem devotas a ela, vieram rezar para si próprias. Estavam também as filhas de Hécuba, Polixena e Cassandra, ainda solteiras. Elas eram as sacerdotisas de Atenas e Apolo. Recitavam preces agitando seus cabelos revoltos e coroados com ornamentos inusitados e bárbaros; e era Polixena que comandava essa cerimônia. Então Aquiles, vendo Polixena por mero acaso, ficou conquistado pela beleza da moça. Quanto mais tempo permanecia ali, mais profunda era sua paixão. Sem encontrar alívio, ele retornou aos navios, e depois de vários dias de tormento crescente, mandou chamar Automedon, e abriu seu coração para ele. Automedon, ele implorou, deveria ir até Heitor e pleitear seu pedido. Heitor lhe faz saber que lhe concederá a mão de sua irmã se Aquiles trair o exército grego.

[Aquiles cai em si]

[3] Aquiles promete fazer cessar a guerra em troca de Polixena. Então, Heitor exige que Aquiles faça um juramento, ou mate os filhos de Plístene[226] e Ájax.[227] Sem isso não haveria acordo. Ao ouvir isso, Aquiles ficou terrivelmente irado, e berrou que na primeira batalha, tão logo os confrontos recomeçassem, ele iria matar Heitor. Então, vagando desnorteado, com o coração atormentado; às vezes, considerava até onde deveria ir para atender as demandas de Heitor. Mas quando Automedon viu o quanto estava alterado, e que, na medida em que os dias passavam, ele ficava cada vez mais perturbado de desejo, passando as noites fora de sua tenda, ele temeu que Aquiles pudesse se ferir ou ferir os

226 Agamemnon e Menelau, filhos de Plístene com Érope. Após a morte de Plístene, Érope casou-se com Atreus. Agamemnon e Menelau, ainda pequenos, foram adotados por ele.
227 Ájax é primo-irmão de Aquiles.

líderes antes mencionados. Portanto, ele revelou tudo para Pátroclo e Ájax. Estes vigiaram de perto o amigo, sem deixá-lo perceber nada.

Por fim, Aquiles caiu em si. Chamou Agamemnon e Menelau, contou tudo sobre o seu amor por Polixena e suas tratativas com Heitor. Todos tentaram consolá-lo assinalando que a moça em breve seria dele, pois logo a força venceria onde os acordos falharam. O que disseram parecia razoável, já que a queda de Ílion era iminente: todas as cidades da Ásia romperam relações diplomáticas com Príamo e voluntariamente nos ofereceram ajuda e aliança. Nossos líderes responderam educadamente: nossas forças atuais são mais do que suficiente, e não precisamos de auxiliares; embora, com certeza aceitamos a amizade oferecida, e sua boa-fé é bem-vinda. Isso nós dissemos, sem dúvida, porque essa boa-fé não era confiável, essa coragem ainda não tinha sido testada e essa mudança repentina de aliança era feita com segundas intenções.

[Recomeço dos combates]

[4] O inverno acaba e, com o começo da primavera, gregos e troianos estão prontos para a guerra. Eles reuniram suas tropas e, dando o sinal, foram para a planície. Quando chegaram, em formação, perto o suficiente para usar suas lanças, eles urraram o grito de guerra e entraram em combate. A cavalaria, em ambos os lados, segurou o centro e foi a primeira a combater: os reis subiram em suas bigas e entraram no combate, cada um ao lado do cocheiro que ele escolheu para guiar seus cavalos. O primeiro de todos foi Diomedes, que avançando sobre Pirecmem, rei dos peônios, o golpeia no rosto com a lança. Os outros, que pela bravura Pirecmem tinha escolhido como guarda-costas, cerraram fileira e ousaram resistir. Mas Diomedes, se lançando a toda velocidade no meio deles, esmagou alguns com sua biga, e os outros matou com sua lança. Depois Idomeneu,[228] com Meriones guiando os cavalos, derruba de sua biga Acamas, rei dos trácios, e o trespassa com a lança. Quando Heitor, que lutava em outra parte do campo, viu que os ca-

228 Idomeneu, filho de Deucalion; Meriones, neto de Deucalion. Ambos herdaram Creta após a morte do rei Catreu.

valeiros troianos ao centro estavam fugindo, ele veio ajudar, deixando o seu comando nas mãos de guerreiros hábeis, levando consigo Glauco, Deífobo e Polidamas. Sem dúvida, os troianos no centro teriam sido completamente destruídos se Heitor não tivesse impedido nosso avanço e facilitado a retirada deles. Agora nós não poderíamos mais arrasar com eles, a nossa ofensiva foi freada; apesar disso, ficamos firmes e nos recusamos a recuar diante de Heitor e dos outros recém-chegados.

[Aquiles entra na batalha; tem ódio de Heitor]

[5] Logo a notícia da batalha se espalhou pelo exército, e os outros líderes, passando suas posições de comando para subordinados valorosos, correram para o centro. As linhas de batalha, em ambos os lados, estavam cerradas, e a luta recomeçou. Heitor, vendo o grande número de troianos e se sentindo luta seguro, se sentiu encorajado. Então, conclamou seus homens para o combate, bradando em voz alta seus nomes; ele próprio entrou no combate e matou dois corajosos líderes da Élida, Diores e Polixeno.

Assim que Aquiles viu Heitor atacando desse jeito, ele veio em auxílio, seja para socorrer os gregos, seja pela lembrança da recusa de Heitor a propósito de Polixena. Porém, avançando para o meio, matou Pilemenem, rei dos paflagônios, que impedia seu progresso. Este era parente de Príamo através de Fineu, filho de Agenor; pois a filha de Fineu, Olizone, quando chegou à adolescência, foi dada em casamento para Dardano.[229]

[Heitor foge de Aquiles e o fere à traição]

[6] Aquiles continuou seu furioso avanço em direção a Heitor; todavia, como Heitor sabia perfeitamente o quanto Aquiles o odiava, se recusou a ficar onde estava e, montando em sua biga, saiu da batalha. Aquiles o perseguiu até as linhas inimigas e, depois que Heitor abandonou a biga e procurou refúgio em outro lugar, atirou sua lança e golpeou de morte o cocheiro de Heitor.

229 Para o parentesco de Fineu com Príamo, ver Dictys 4.22.

Aquiles ficou terrivelmente irritado ao ver que seu pior inimigo lhe tinha escapado. Depois de extrair sua lança do cocheiro, ele lutou mais violentamente ainda, matando todos pela frente, pisoteando os mortos ao avançar. Os troianos fugiram apavorados, até que Heleno achou um lugar distante e seguro para atirar sua flecha traiçoeira, e consegue atingir a mão de Aquiles. Aquiles foi pego de surpresa. Portanto, o grande campeão dos gregos, aquele que causou a fuga de Heitor, aquele que matou muitos homens e seus líderes, foi forçado a sair da batalha, ferido à traição e de um refúgio escondido.[230]

[Pátroclo mata Sarpedon]

[7] Entrementes, Agamemnon e os dois Ájax, entre a matança geral de oponentes insignificantes, matam vários filhos de Príamo. Agamemnon matou Esaco[231] e Deiopite, também Arquemaco, Laudoco e Filenor. Os Ájax, filhos de Ileu e de Telamon, respectivamente, mataram Milius, Astinus, Doriclos, Hipotus e Hipodamas. Em outra parte do campo, Pátroclo e Sarpedon, da Lícia, se separaram de seus homens e tentavam proteger os flancos de seus respectivos exércitos. Dirigindo as bigas para entre as linhas de batalha, eles se desafiaram para um duelo. Primeiro, atiraram as lanças, mas nenhuma atingiu o alvo. Depois, pulando de suas bigas e desembainhando suas espadas, eles lutaram a maior parte do dia, trocando golpes velozes e furiosos, mas nenhum conseguiu ferir o outro. Finalmente, Pátroclo, percebendo que precisava agir com mais ousadia, agachou atrás de seu escudo e se aproximou ainda mais. Com sua mão direita, ele desferiu um golpe paralisante ao longo dos tendões da perna de Sarpedon e então, pressionando o seu corpo contra o dele — Sarpedon estava fraco e começando a cambalear —, o empurrou e o matou quando caiu.

230 Mais uma vez, os troianos são retratados por Dictys como traiçoeiros e desleais em combate.
231 Ver Glossário Esaco.

[Os troianos se desesperam com a morte de Sarpedon]

[8] Os troianos, vendo o acontecido, gritaram alto e abandonaram sua formação de batalha e, num dado sinal, fizeram um ataque coordenado contra Pátroclo. Eles achavam, sem dúvida, que a morte de Sarpedon era um desastre para o lado deles. Pátroclo, porém, viu o inimigo se aproximar. Protegido pela sua armadura e empunhando a lança que arrancou do solo, resistiu mais ousadamente. Ele matou Gorgition[232] e expulsou Deífobo, irmão de Gorgition, ferindo-o na perna com sua lança. Logo após, Ájax chega e coloca os outros troianos em fuga.

Entrementes, Heitor, que soube do ocorrido, veio em auxílio. Ele enfrentou os líderes troianos e impediu a retirada da maioria dos homens. Ele os fez voltar e retomar, por enquanto, a formação de batalha. Portanto, Heitor, com a sua presença, restaurou os ânimos dos troianos e a batalha se inflamou. As linhas de batalha se enfrentaram, ambos os lados sendo inspirados por líderes maravilhosos. Quando os inimigos se afastam de um lado ou de outro, eles o perseguem, e onde as linhas vacilam, os reforços se apressam. Muitos morrem de ambas as partes, mas a vitória não favorecia ninguém. Quando caiu a noite, depois de um longo e exaustivo dia de intenso combate, os soldados de ambos os lados estavam contentes de parar a batalha.

[Aquiles se recupera do ferimento]

[9] Então, Ílion se encheu de gritos de dor. Todos os troianos, especialmente as mulheres, estavam chorando e lamentando ao redor do corpo de Sarpedon. Eles achavam que nenhum outro desastre, por mais amargo, podia ser comparado a esse, nem mesmo a morte dos filhos de Príamo. Eles acreditavam em Sarpedon. Tinham a esperança de que ele os protegesse. Mas agora suas esperanças foram frustradas. Os gregos, por outro lado, retornando ao acampamento, imediatamente foram ver Aquiles. Depois de perguntarem sobre seu ferimento e serem informados, para sua alegria, de que ele não sofria, eles relataram os feitos corajosos de Pátroclo. Então, antes de retornarem

232 Gorgition e Deífobo são filhos de Príamo.

às suas próprias tendas, eles visitaram e inspecionaram todos os outros que foram feridos. Quando Pátroclo retornou, Aquiles o elogiou e recomendou que a memória do que ele tinha feito naquele dia o incentivasse a lutar mais ferozmente nas batalhas futuras. Deste modo, troianos e gregos passaram a noite. Aos primeiros raios da manhã, recolheram, cremaram e sepultaram seus mortos. Após alguns dias, depois de terem se recuperado da fadiga e dos ferimentos, aprontaram seus exércitos e voltaram ao campo de batalha.

[Os troianos atacam de surpresa. Heitor mata Pátroclo e desrespeita o corpo]

[10] Os bárbaros, de acordo com sua total falta de princípios, recomeçaram os ataques de surpresa. Batalhas organizadas não eram do seu agrado; só traição e confusão interessavam. Eles nos atacaram, atirando suas lanças com bárbaros gritos de guerra. Muitos de nossos homens, sendo pegos de surpresa e desarmados, foram mortos, incluindo Arcesilau, da Beócia, e Esquédio, da Crissia, ambos excelentes líderes. O número de feridos, porém, era muito maior; entre eles, Meges, o rei dos élidas, e Agapenor, rei de Arcádia.

Durante esse terrível embate, Pátroclo, vendo nosso lado perder, tentou virar a maré. Portanto, exortando nossos homens, entrou no combate e atacou ferozmente o inimigo, mais ferozmente do que qualquer outro. Euforbo, porém, o acertou com uma lança. E logo Heitor avançou, e montando no corpo caído, o atingiu com muitos golpes penetrantes, e depois tentou arrastá-lo para fora da batalha. Sem dúvida, de acordo com a total falta de decência humana do seu povo, Heitor queria zombar e mutilar essa vítima de toda maneira.

Quando Ájax, que lutava em outra parte do campo, viu o acontecido, veio rápido; usando sua lança, ele afastou Heitor, que já estava levando o corpo. Entrementes, Menelau, e o outro Ájax estavam atacando Euforbo, e o fizeram pagar com a vida por ter sido a causa da morte de Pátroclo. Quando a noite finalmente chegou e a batalha foi suspensa, um grande número dos nossos homens estava morto, assassinado de maneira traiçoeira e bárbara.

[Aquiles sofre com a morte de Pátroclo]

[11] Agora que os dois exércitos recuaram, nós estávamos livres para relaxar. Nossos líderes foram até Aquiles. Ele estava demonstrando todos os sinais de extrema dor, pois seu rosto estava distorcido de chorar, estava prostrado no chão ou sobre o corpo. Ele comoveu a todos. Até Ájax, que estava perto e tentava consolá-lo, não se segurou e chorou. Todos os nossos líderes lamentaram a morte de Pátroclo e, mais ainda, a maneira terrível pela qual foi mutilado; esse foi o primeiro ato vergonhoso e desumano, algo que os gregos jamais viram. Assim, nossos líderes, com muitas preces, tentaram consolar Aquiles de toda maneira, e finalmente o convenceram de se levantar. Então, tendo lavado o corpo de Pátroclo, eles o cobriram com um manto, tomando especial cuidado em esconder os ferimentos, que só de olhar os faziam chorar.

[Funeral de Pátroclo]

[12] Feito isso, Aquiles ordena que as sentinelas redobrem a atenção, caso o inimigo voltasse a atacar daquela maneira, enquanto estivessem ocupados com o funeral. Consequentemente, as sentinelas, cada uma com sua tarefa, se armaram e mantiveram as fogueiras bem acesas durante toda a noite. Ao nascer do dia, como tínhamos decidido fazer um funeral público, escolhemos cinco líderes, Ialmeno, Ascálafo, Epeu, Meriones e o outro Ájax, para ir ao Monte Ida coletar madeira. Então, construímos uma enorme pira com a madeira que eles trouxeram, com cinco lanças de comprimento e cinco lanças de largura, medidos por Odisseu e Diomedes. Depois que o corpo foi disposto, acendemos a fogueira. Pátroclo estava vestido com os mais esplêndidos e ricos trajes; Hipodâmia e Diomedeia (ele a amava especialmente) cuidaram disso.

[Os troianos tentam novo ataque à traição]

[13] Depois de alguns dias de descanso, nossos comandantes, bem cedo pela manhã, lideraram nosso exército para o campo. Esperamos e esperamos, mas os bárbaros, olhando das muralhas e nos vendo armados, não saíram para

lutar. Portanto, ao entardecer voltamos para os navios. O dia seguinte mal tinha raiado quando os troianos se armaram e se precipitaram dos portões, esperando, como era seu costume, nos pegar de surpresa com um ataque selvagem e repentino. Mas nós estávamos suficientemente preparados para nos proteger e, portanto, suas lanças — as quais lançavam em grande número à medida que avançavam sobre as nossas fortificações — raramente atingiam o alvo. No final do dia, notamos que estavam dando sinais de fadiga e perdendo sua ferocidade. Então, nossos homens que estavam lutando contra o lado esquerdo deles fizeram uma ofensiva e os debandaram. Logo depois, o outro flanco, que já estava fraquejando, foi debandado sem maiores problemas.

[Dois filhos de Príamo são capturados e mortos na pira de Pátroclo]

[14] A maioria correu como covardes desavergonhados; e nós matamos muitos deles; entre eles, os reis de Larissa, Pileu e Hipotus, e o rei de Sestos, Asius, o filho de Hyrtacus. No mesmo dia, Diomedes capturou 12 prisioneiros; Ájax capturou 40. Dois dos prisioneiros, Pisus e Evander, eram filhos de Príamo. As ocorrências do nosso lado foram: Guneu, rei dos quifianos, foi morto e o meu líder Idomeneu foi ferido. Quando os troianos alcançaram suas muralhas e fecharam os portões, nós não mais pudemos persegui-los. Lembrando da afronta que fizeram com o corpo de Pátroclo, nós despimos todos os cadáveres de suas armas e os jogamos no rio. Depois demos todos os prisioneiros para Aquiles, à medida que os fomos capturando. Aquiles, tendo apagado o fogo da pira com vinho, coletou as cinzas em uma urna. Ele tinha a intenção de retorná-las a sua terra natal, ou ser enterrado com elas, seu querido amigo, no mesmo túmulo, se o destino assim o quisesse. Ele ordenou que os prisioneiros, inclusive os filhos de Príamo, fossem levados à pira e mortos perto dela, sem dúvida um sacrifício humano para Pátroclo. Depois os corpos dos príncipes foram jogados aos cães para serem despedaçados. Ele jurou que dormiria ao relento até que se vingasse do homem que lhe causou tão indizível dor.

[Aquiles mata Heitor e arrasta seu corpo pelos campos como vingança pela morte de Pátroclo]

[15] Alguns dias depois, veio a notícia de que Heitor e alguns homens saíram para encontrar Pentesileia,[233] a rainha das Amazonas. Não está claro se ela estava vindo em auxílio de Príamo por dinheiro ou simplesmente por seu amor à guerra; se trata de uma raça belicosa e feroz no confronto com os vizinhos, reconhecida entre os mortais pela beleza de suas armas. Aquiles então levou consigo alguns homens e se apressou a montar uma emboscada. Ele os pegou de surpresa — os troianos estavam tentando atravessar um rio —, os cercou e os matou antes que pudessem esboçar reação. Heitor e todos os que estavam com ele foram mortos; com a única exceção de um dos filhos de Príamo, o qual Aquiles capturou e, após ter cortado as mãos, mandou de volta a Ílion para contar o ocorrido. Aquiles foi levado a esses atos bestiais, primeiro pelo massacre de seu mais odiado inimigo e também pelo seu eterno luto por Pátroclo. Tendo retirado a armadura de Heitor, ele amarrou o corpo, pés juntos, atrás de sua biga, montou e ordenou Automedon, seu cocheiro, que desse aos cavalos rédeas livres. Portanto, ele galopou pelos campos, onde foi facilmente visto arrastando seu inimigo. Um novo e terrível tipo de vingança.

[Os troianos se desesperam com a morte de Heitor]

[16] Em Ílion, os troianos, olhando de suas muralhas, viram a armadura de Heitor, que Aquiles ordenou que os gregos mostrassem aos troianos. E o filho de Príamo, que Aquiles mandou voltar, contou o que aconteceu. Por toda a cidade havia choro e lamentos, enquanto os nossos gritavam insultos. O lamento fúnebre era tão alto que os pássaros pareciam cair dos céus, assustados e confusos. Todos os portões da cidade foram fechados. O reino, vestido de luto, escondia desconsolado sua face. Como sempre acontece nessas situações, pessoas frenéticas correm de um lado para o outro, sem razão aparente. Gritos por toda parte; ou silêncio sepulcral. Muitos troianos

233 Ver Glossário Pentesileia.

estavam perdendo todas as esperanças. Eles pensavam que, ao anoitecer, os gregos, exaltados com a morte de Heitor, atacariam as muralhas e invadiriam a cidade. Alguns acreditavam que o exército trazido por Pentesileia para ajudar Príamo teria agora se juntado a Aquiles; tudo estava adverso e hostil, suas forças estavam alquebradas e destruídas. Não tinham nenhuma esperança pois Heitor estava morto. Somente ele tinha sido capaz de conter as inúmeras hordas e os vários líderes do inimigo. Seu valor em combate era famoso no mundo todo e, no entanto, não era maior do que sua sabedoria.

[Pátroclo é homenageado com Jogos fúnebres]

[17] Entrementes, entre os gregos, Aquiles trouxe o corpo de Heitor para os navios e o mostrou para todos; a tristeza que nós tínhamos sentido pela morte de Pátroclo foi substituída por uma exuberante alegria pelo massacre de um formidável inimigo. Agora não tínhamos nada a temer dos troianos, todos estavam ansiosos pelos Jogos, como era de costume nos funerais, em honra de Pátroclo. Além do mais, os outros povos — que vieram olhar, mas não participar — estavam armados e prontos para o combate caso o inimigo atacasse traiçoeiramente como era seu costume. Então, Aquiles determinou quais seriam os prêmios, as coisas que achava mais valiosas. Quando tudo estava pronto, ele se colocou no meio de todos os reis, um pouco mais alto do que os demais, e pediu que se sentassem. Na primeira competição, a corrida de biga com quatro cavalos, Eumelos foi o vencedor. Ninguém conseguiu ganhar dele. Diomedes ganhou o prêmio na corrida de biga com dois cavalos. Menelau chegou em segundo.

[18] A competição de arco e flecha veio em seguida. Odisseu e Meriones ergueram dois mastros, entre os quais, amarrada nos topos, eles estenderam uma fina corda, onde do meio pendia uma pomba amarrada a um barbante. Este era o alvo. Todos os competidores tentaram em vão, mas apenas Odisseu e Meriones atingiram o alvo. Todos os congratularam, exceto Filoctetes que se gabou de poder fazer melhor: ele cortaria o barbante onde a pomba estava suspensa. Aos reis, maravilhados com a dificuldade de tal ato, ele demonstrou seu talento, acreditando na sua habilidade, mais do que na sorte. O barbante foi atingido e a pomba caiu no chão. Os homens deram um grande grito de

aprovação. Meriones e Odisseu receberam prêmios pela competição, mas Aquiles recompensou em dobro o extraordinário feito de Filoctetes.

[19] Ájax, filho de Ileu, ganhou a corrida de longa distância. Polipoetes chegou em segundo. Macaon ganhou a corrida de duas voltas; Eurípilo, a corrida de uma volta; Tlepolemus, o salto em altura; e Antíloco, o disco. Os prêmios por luta livre não foram distribuídos (houve empate). Ájax quase ganhou de Odisseu, segurando-o pela cintura e jogando-o por terra. Mas Odisseu, ao cair, enredou os pés do seu oponente e tirou seu equilíbrio. Portanto, ambos caíram por terra. O mesmo Ájax, filho de Telamon, levou todos os louros nas lutas de boxe, incluindo a luta com *cestus*.[234] Diomedes ganhou a última competição, a corrida com armadura completa.

Depois que Aquiles distribuiu os prêmios, ele distribuiu presentes; primeiro, o presente que ele achou mais valioso foi para Agamemnon; depois para Nestor, para Idomeneu, para Podalírio e Macaon, e para todos os outros líderes de acordo com seu mérito; e, finalmente, para os companheiros que morreram em batalha, distribuindo presentes para serem levados aos parentes dos mortos, quando fosse possível. Quando os Jogos terminaram e os prêmios foram distribuídos já era noite e todos retornaram para suas tendas.

[Príamo implora pelo corpo de Heitor]

[20] Ao amanhecer, Príamo veio a Aquiles — uma visão miserável, vestido de luto, com o rosto e mãos suplicantes, um rei cujo pesar apagou qualquer traço de majestade ou glória. Com ele veio Andrômaca,[235] igualmente miserável, suas feições distorcidas. Para ajudar o rei em seu pleito, ela trouxe seus filhos, andando na frente dela, dois meninos pequenos, Astíanax (alguns o chamavam Scamandro) e Laodamas. E Polixena também veio, amparando seu pai, que cambaleava sob o peso dos anos e do pesar. Carretas vinham carregadas de ouro e prata e roupas caras. Essa é a imagem do rei e seu séquito, que causou um súbito silêncio nos atônitos troianos olhando de suas muralhas. Nossos reis foram de encontro a Príamo, ansiosos para saber por que estavam ali.

234 O *cestus* era uma espécie de luva de boxe equipada como um soco inglês.
235 Andrômaca é esposa de Heitor. Ver Glossário Andrômaca.

Quando Príamo os viu, caiu por terra e jogou sujeira, e todo tipo de porcaria que encontrou, sobre sua cabeça. Ele implorou que tivessem pena de seus infortúnios, e que pleiteassem seu caso a Aquiles. Sua idade avançada e vida arruinada evocaram a compaixão de Nestor. Odisseu, porém, o amaldiçoou, lembrando como ele falou contra os embaixadores gregos enviados a Ílion antes de a guerra começar. Quando Aquiles soube da chegada de Príamo, ele ordenou que Automedon fosse buscá-lo. Ele aguardou, segurando a urna que continha os ossos de Pátroclo.

[Príamo se humilha diante de Aquiles]

[21] Príamo, junto com nossos líderes, entrou na tenda de Aquiles. Agarrando com as mãos os joelhos de Aquiles, ele disse: "Você não é o culpado por meus infortúnios. Foi algum dos deuses que, em vez de ter pena de mim, me trouxe a ruína no final de minha vida. Agora estou acabrunhado pelo sofrimento, e acabado de desgosto pelos meus filhos. Eles, confiantes em sua juventude e nos recursos do reino, e sempre querendo satisfazer os desejos de seus corações, urdiram, ao contrário de suas expectativas, a destruição deles e minha. Ninguém duvida que a idade avançada seja objeto de desprezo da parte dos jovens.[236] Mesmo assim, se a minha morte puder prevenir que os filhos que sobraram cometam o mesmo crime, eu também me ofereço, se for do seu agrado, à pena de morte. Faça como lhe aprouver. Com um golpe tire a pouca vida que me resta, e todas as tribulações que me fizeram um farrapo humano, um miserável espetáculo entre os homens. Eis-me aqui. Não peço misericórdia. Me faça prisioneiro, se quiser. Nada resta da minha felicidade pregressa; meu reino caiu quando Heitor morreu. Mas se já paguei com meus sofrimentos pessoais, com o sangue de meus filhos, um tributo suficiente a toda a Grécia pelos atos impensados da minha casa, tenha pena de minha provecta idade, pense nos deuses, tenha piedade. Ao menos conceda a esses meninos o corpo, não a vida, de seu pai, Heitor. Lembre-se de seu próprio pai, que se angustia pensando em você, imaginando se está

236 Príamo tenta se isentar de qualquer responsabilidade se mostrando como um velho ignorado por seus filhos.

seguro. Que suas preces sejam atendidas. Que ele possa desfrutar de uma boa velhice, uma bem diferente da minha."

[Andrômaca se humilha diante de Aquiles]

[22] Ao recordar esses acontecimentos, paulatinamente seu ânimo foi definhando, até não mais conseguir falar, e suas pernas cederam. Todos ficaram muito penalizados. Então Andrômaca prostrou os filhos pequenos de Heitor diante de Aquiles. Ela mesma chorando, com uma voz cheia de sofrimento, implorou permissão de apenas olhar o corpo de seu marido. Durante essa lamentável cena, Fênix erguia Príamo, tentando reanimá-lo. Quando o rei se recuperou um pouco, ele falou, ao mesmo tempo se ajoelhando e puxando os cabelos com ambas as mãos: "Onde está aquela justa misericórdia pela qual os gregos são famosos? É negada apenas a Príamo?".

[Aquiles não se comove com as súplicas]

[23] Todos estavam profundamente comovidos. Aquiles, porém, disse que teria sido melhor se, desde o início, ele tivesse coibido seus filhos de cometerem tal crime, sem se tornar, com sua condescendência, cúmplice no delito. Por outro lado, 10 anos atrás ele não estava tão velho a ponto de não ser levado em consideração pelos seus filhos. Sua ganância e luxúria pelos bens alheios os levaram a cometer atos monstruosos: eles não só levaram uma mulher, mas também a riqueza de Atreus[237] e Pélops. Portanto, era absolutamente justo que recebessem essas punições, e até pior. Até agora, os gregos obedeceram às civilizadas leis da guerra e devolveram os corpos dos inimigos para serem enterrados. Mas Heitor agiu contrário a essas leis humanas quando arrastou o corpo de Pátroclo para fora da batalha, com a evidente intenção de abusar e profanar seu cadáver. Agora os troianos devem ser punidos para expiar esse crime. Portanto, no futuro, os gregos e outros povos, lembrando o que aconteceu nesse caso, obedeceriam a lei natural. Os gregos não deixaram

[237] Ver Glossário Érope.

suas casas e crianças para vir lutar essa sangrenta e laboriosa guerra apenas por causa de Helena ou de Menelau. O que eles realmente queriam determinar era quem manda no mundo, nós ou os bárbaros. Porém, o rapto da mulher já era causa suficiente para a invasão: os que são saqueados lamentam as perdas tanto quanto os saqueadores deleitam nos seus ganhos. Dito isso, Aquiles amaldiçoou Helena, jurando que quando Ílion fosse conquistada ele a mataria em público, uma justa punição pelo seu crime. Ele a culpava pelas suas saudades da terra natal e dos seus pais e também pela perda de Pátroclo, seu principal consolo de seu coração saudoso.

[Aquiles é persuadido pelo Conselho a devolver o corpo de Heitor; Polixena se oferece como escrava]

[24] Então, Aquiles se levantou e saiu para consultar os comandantes listados anteriormente. Ele foi persuadido a seguir seu unânime conselho: ele aceitaria os presentes e entregaria o corpo de Heitor. Quando isso ficou decidido, os comandantes voltaram às suas tendas, e ele retornou à sua. Ao entrar na sua tenda, Polixena cai aos seus pés e promete ser sua escrava se ele devolvesse o corpo. Essa visão, e igualmente pensando no pai e no filho, o levou às lágrimas, apesar de todo seu ódio a Príamo e a Ílion devido à morte de Pátroclo. Ele estendeu a mão a Polixena e a ajudou a se levantar; mas primeiro demonstrou preocupação com Príamo, e ordenou Fênix que o confortasse. Porém, quando Príamo se recusou a ser consolado e continuou a se lamentar, Aquiles jurou que se Príamo não trocasse de roupa e jantasse com ele, não honraria as promessas. Então, o rei, temendo recusar e perder o que parecia ter sido concedido, decidiu humildemente se submeter à vontade de Aquiles.

[Aquiles e Príamo jantam juntos]

[25] Depois de sacudir a poeira dos cabelos, ele tomou um banho; ele e seu séquito jantaram com Aquiles. Quando todos estavam saciados, o anfitrião falou: "Agora me conte, Príamo, qual foi a verdadeira razão de ter mantido Helena por tanto tempo, até quando seus esforços militares falhavam e seus

problemas e tribulações se agravavam? Por que não a expulsou, como uma praga de mau presságio? Você sabia que ela havia traído sua terra natal e seus pais e, o que foi mais vergonhoso, seus divinos irmãos.[238] Na verdade, esses irmãos amaldiçoaram seu crime e se recusaram a participar da nossa campanha militar, para que não fossem responsáveis pelo seu retorno. Por que, quando ela veio para Ílion ser uma desgraça para todos, você não a expulsou? Por que não a baniu com maldições? O que disseram os conselheiros de Ílion, cujos filhos morriam todos os dias em batalha? Não se deram conta de que apenas ela era a causa de tantas mortes? Então sua mente está tão distorcida pela vontade dos deuses, que não se possa encontrar alguém, em uma cidade tão grande, que comovido pela sorte da pátria vacilante não quisesse se livrar da ruína comum, suprimindo-a? Eu, de minha parte, em consideração pela sua idade provecta e suas preces, devolverei o cadáver. Nunca serei culpado dos crimes que condeno nos meus inimigos."

[Príamo revela oráculo sobre Alexandre]

[26] Com essas palavras, Príamo começou a chorar de novo. Ele disse que foi à guerra pela vontade dos deuses. Os deuses eram responsáveis pelo bem e pelo mal para cada mortal; enquanto lhe foi permitido ser feliz, o poder de seus inimigos não o atingiu. Ele, que tinha tido 50 filhos com diferentes mulheres, podia ser considerado o mais abençoado de todos os reis, até o nascimento do mais novo, Alexandre. Ele foi incapaz de impedir o futuro, apesar de os deuses terem revelado os eventos que Alexandre causaria. Quando Hécuba estava grávida, ela lhe contou que sonhou com uma tocha que queimou o monte Ida e, em seguida, com a continuação do incêndio, os templos, até que finalmente todo o reino foi consumido, com exceção das casas de Antenor e de Anquises. Os intérpretes disseram que o sonho prenunciava a queda de Ílion. Portanto, decidiram matar a criança ao nascer. Porém, Hécuba, segundo a índole compassiva das mulheres, secretamente o confiou a pastores do monte Ida, para que o levassem. Uma vez adulto, mesmo quando o segredo foi revelado, nem seu mais ferrenho inimigo conseguiria

238 Os irmãos divinos de Helena são Castor e Pólux.

matá-lo — de tão bonito e benfeito! Então, se casou com Enone.[239] Porém, logo foi tomado pelo desejo de viajar para terras e reinos distantes. Helena, raptada nessa viagem, pelo incitamento de alguma divindade, se torna motivo de alegria para todos os troianos, inclusive Príamo. Nem mesmo o pensamento da morte de seus filhos e parentes os persuadiram a rejeitar Helena. Somente Antenor, seu mais sábio conselheiro em tempos de paz e em tempos de guerra, era a favor. No começo, quando Alexandre retornou da Grécia, Antenor até deserdou seu próprio filho, Glauco, por ter ido naquela viagem. Agora Ílion estava sendo destruída e ele, o rei, estava quase morto. De fato, ele preferia morrer, e desistir do peso de ser rei. Estava apenas torturado pelo pensamento de que, quando o seu reino caísse, Hécuba e suas filhas seriam reduzidas a escravas. Que senhores, que humilhações teriam de suportar?

[Príamo entrega os presentes em troca do corpo de Heitor]

[27] Quando Príamo terminou seu discurso, ele ordenou que exibisse tudo aquilo que tinha trazido para resgatar seu filho. Aquiles aceitou todo o ouro e a prata, e algumas vestimentas. Juntou o que sobrou, e deu para Polixena. Depois, entregou o corpo de Heitor a Príamo. O rei, querendo mostrar sua gratidão por poder fazer o funeral ou esperando garantir a segurança de sua filha caso Ílion caísse, caiu aos pés de Aquiles e implorou que ele ficasse com Polixena. O jovem respondeu que ela devia voltar com o pai; eles veriam sobre ela num outro momento, num outro lugar. Portanto, Príamo, recuperou o corpo de Heitor e, montando na sua biga, retornou para Ílion junto com os outros.

239 Ver Glossário Enone.

Livro 4

[Funeral de Heitor]

[1] Depois que os troianos souberam que o rei cumprira sua missão e retornara, junto com os outros, incólume, admiraram e elogiaram a clemência dos gregos. Eles achavam que Príamo jamais obteria o corpo de volta e que os gregos o fariam prisioneiro, dado que os troianos se recusaram a devolver Helena. Quando viram o corpo de Heitor, todos acorreram, inclusive os aliados. Eles choravam, puxavam os cabelos e arranhavam as faces. A cidade estava desesperada. Heitor, cujos feitos na guerra e na paz eram conhecidos em todo o mundo, cuja fama era devida tanto ao seu caráter quanto ao seu espírito guerreiro, estava morto. Eles o enterraram perto do túmulo do rei Ilo.[240] Todos se reuniram ao redor do túmulo: de um lado, as mulheres com Hécuba, e, do outro lado, os homens troianos e seus aliados, e ulularam os lamentos fúnebres. Por 10 dias, do raiar do sol ao ocaso, sem parar, eles lamentaram por Heitor.[241]

---

240 Ver Glossário Ilo II. Ver Glossário Ilo I.

241 A *Ilíada* de Homero termina com o funeral de Heitor. *Dictys cretensis* continua o relato no livro quatro: com a batalha contra a amazonas Pentesileia, a batalha contra o etíope Memnon (sobrinho de Príamo), a morte de Troilo por Aquiles, a morte de Aquiles numa emboscada, a chegada de Eurípilo, aliado de Ílion, a chegada de Neoptólemo, filho de Aquiles, a morte de Eurípilo por Neoptólemo, a morte de Alexandre por Filoctetes, o pacto secreto de Antenor e Eneias com os gregos. E mais ainda no livro cinco.

[A chegada do grande exército da amazonas Pentesileia]

[2] Durante o funeral, chega Pentesileia, da qual falamos anteriormente. Ela trouxe um enorme exército de Amazonas e de outros povos vizinhos. Ao ser informada da morte de Heitor, ficou muito abalada e quis voltar para casa. Mas Alexandre lhe deu muito ouro e prata, e finalmente a convenceu de ficar. Alguns dias depois, ela reuniu suas forças e atacou. Posicionou os arqueiros no flanco direito, a infantaria na esquerda, e a cavalaria, ela inclusa, no centro. Nossos homens foram reunidos, com Menelau, Odisseu, Meriones e Teucro contra os arqueiros; os dois Ájax, Diomedes, Agamemnon, Tlepolemus, Ascálafo e Ialmeno contra a infantaria; e Aquiles, junto com os outros, contra a cavalaria. Assim, os dois exércitos se enfrentaram. A rainha matou muitos, usando seu arco e flecha; assim como Teucro, do nosso lado. Os Ájax lideravam os soldados a pé; avançando com seus escudos e empurrando quem encontrassem, eles destruíam tudo pelo caminho. Não pararam até que a infantaria fosse aniquilada.

[Aquiles mata Pentesileia]

[3] Aquiles encontrou Pentesileia no meio da cavalaria, e atirando sua lança, atingiu o alvo. Então — sem resistência, agora que estava ferida — a puxou pelos cabelos e a arrancou do cavalo. Quando seus seguidores viram isso, ficaram sem esperanças e correram para dentro dos portões. Nós perseguimos e matamos os que não conseguiram entrar; evitando as mulheres por causa de seu sexo.[242]

Então, tendo eliminado o inimigo, retornamos vitoriosos ao acampamento. Encontramos Pentesileia semimorta e admiramos sua arrogância. Imediatamente um conselho se reuniu para decidir sua punição, e ficou decidido, enquanto estivesse viva e senciente, jogá-la no rio para afogar ou aos cães para ser destroçada, pois ela havia transgredido as fronteiras da natureza e do seu sexo. Aquiles sugeriu apenas deixá-la morrer e depois enterrá-la.

242 As mulheres eram vendidas como escravas.

Diomedes, porém, prevaleceu: ele perguntou a cada um o que fazer e obteve um voto unânime a favor do afogamento. Portanto, arrastando-a pelos pés, ele a jogou no rio Escamandro, obviamente como castigo pelo último ato de desespero e loucura. Desse modo, a rainha das Amazonas, tendo perdido o exército que trouxe para ajudar Príamo, morreu com uma punição digna de sua ousadia.

[A chegada de Memnon][243]

[4] No dia seguinte chegou Memnon, filho de Titono[244] e Aurora, trazendo enormes tropas de etíopes e indianos. Um exército realmente notável, composto de milhares e milhares de homens com vários tipos de armas, e que ultrapassava todas as expectativas e preces de Príamo. Toda a região ao redor de Ílion, a perder de vista, estava repleta de homens e cavalos, e reluzia com o esplendor das armas e dos estandartes. Memnon liderou essas forças até Ílion através da montanha do Cáucaso. Ao mesmo tempo, ele enviou por mar um outro grupo de igual tamanho, com Phalas[245] como guia e líder. Estes aportaram na ilha de Rodes, e logo descobriram que era aliada dos gregos. No início, com medo de que sua missão fosse revelada e temendo que incendiassem os navios, eles ficaram no porto. Mais tarde, porém, dividindo suas forças, foram até as cidades opulentas de Camiros e Ialisos. Logo os habitantes de Rodes acusaram Phalas de tentar ajudar Alexandre, que recentemente tinha saqueado Sídon, sua pátria. A fim de agitar o exército, eles disseram que quem defendesse esse crime não seria diferente de um bárbaro; e disseram muitas outras coisas para incensar os soldados e fazê-los mudar de lado. E isso não foi em vão, pois os fenícios, que eram maioria, talvez influenciados pelas acusações dos habitantes de Rhodes, ou querendo se apossar das riquezas que seus navios carregavam, atacaram Phalas e o dilapidaram. Então, dividindo o ouro e outros bens, se dispersaram nas cidades mencionadas anteriormente.

243 Ver Glossário Memnon.

244 Titono é o filho mais velho do rei Laomedonte, e irmão de Príamo (filho mais moço). Ele foi para a Etiópia e se casou com Aurora.

245 Phalas é fenício, nativo de Sídon.

[Memnon quase derrota os gregos]

[5] Entrementes, o exército trazido por Memnon acampou numa vasta área, já que as muralhas da cidade não conseguiriam conter tão grande número de homens, e cada um, no seu próprio grupo, se exercitava para combate. Esses grupos diferiam nos seus métodos de luta e habilidades de acordo com sua região de origem. Seus diferentes tipos de armas, seus diferentes tipos de escudos e elmos, davam-lhes uma aterrorizante aparência bélica.

Então, ao amanhecer, depois de muitos dias, quando seus soldados estavam prontos para lutar, Memnon deu o sinal, e os liderou para a batalha. E os troianos, junto com seus aliados, deixaram a proteção de suas muralhas e também avançaram. Nós, de nossa parte, reunimos nossas forças para enfrentá-los, estando muito impressionados com o tamanho do nosso inimigo desconhecido. Quando chegaram ao alcance de uma lança, caíram sobre nós com um enorme e dissonante clamor. Nossos homens, se mantendo unidos, conseguiram quebrar o ataque. Mas logo suas linhas foram refeitas e reformadas, e lanças voavam por todo lado, e muitos morriam em ambos os lados. E não tinha fim à vista, enquanto Memnon, acompanhado pelos mais corajosos homens, atacasse nosso centro, de sua biga, matando e atropelando todos no caminho. Nossas baixas eram enormes, e nossos líderes admitiram derrota; acharam que estávamos fadados a perder e que nossa única esperança era fugir. Mas a noite — o refúgio dos oprimidos — deteve o inimigo. Senão, naquele dia veríamos nossos navios destruídos pelo fogo; tão grande era o poder e as habilidades bélicas de Memnon, e tão adversa nossa situação.

[Memnon é morto por Aquiles]

[6] Quando o combate parou, nós, com o espírito alquebrado e temerosos com o êxito da campanha, passamos a noite toda enterrando os homens que perdemos no combate. Então, pensamos em um plano: um de nossos homens desafiaria Memnon para um duelo, e pareceu oportuno que o nome fosse tirado na sorte. Então, Agamemnon excluiu Menelau, Odisseu e Idomeneu; o sorteio designou Ájax, filho de Telamon, e todos ficaram deleitados. Depois comemos, renovamos nossas forças e dormimos o resto da noite.

Ao amanhecer, reunimos nosso exército e fomos para a batalha. Memnon, igualmente alerta, também avançou, e com ele todos os troianos. Quando os dois exércitos estavam prontos, o combate começou. Como esperado, muitos homens morreram de ambos os lados, ou se retiraram feridos. Foi nessa batalha que Antíloco, filho de Nestor, se deparou por acaso com Memnon e foi morto. Ájax, quando lhe pareceu oportuno, avançou para o meio das linhas de frente e desafiou o rei Memnon para um duelo. Primeiro, ele pediu a Odisseu e Idomeneu que o defendessem no caso de algum ataque. Memnon, vendo Ájax avançar, pulou de sua biga e foi a pé até ele. Ambos os exércitos assistiam com grande medo e expectativa. Nosso comandante, se lançando com toda força e ímpeto, atingiu o grande e pesado escudo do inimigo, que foi trespassado por uma flecha, e o fez cair de lado. Os companheiros de Memnon, quando viram o ocorrido, correram para ajudá-lo no esforço de afastar Ájax. Então, Aquiles, vendo que os bárbaros interferiram no duelo, foi pelo outro lado e trespassou com a lança a garganta do inimigo, desprotegida do escudo.

[Inúmeras baixas de ambos os lados]

[7] Assim, depois da inesperada morte de Memnon, diminuiu o ardor dos inimigos e cresceu a coragem no coração dos gregos. Os etíopes começaram a fugir perseguidos por nossos homens, e foram massacrados. Polidamas tentou retomar o combate, mas foi logo cercado e caiu, atingido por Ájax na virilha. E Glauco, filho de Antenor, foi morto; ele estava lutando contra Diomedes quando Agamemnon o atingiu com uma lança. Nesse momento, se podia ver etíopes e troianos fugindo ao longo de todo o campo de batalha, em desordem e sem comando, uns caindo sobre os outros e pisoteados por cavalos desgovernados. Nossos homens, com renovado ânimo, os perseguiam e os exterminavam. A região perto das muralhas estava encharcada de sangue, armas e cadáveres abundavam por onde o inimigo fosse. Nessa batalha, Príamo perdeu os seguintes filhos: Aretus e Echemmon foram mortos por Odisseu; Dryops, Bias e Clorithan foram mortos por Idomeneu; Ílionneus e Philenor, por Ájax, filho de Ileu; Tiestes e Telestes, por Diomedes; Antifo, Agavus, Agathon e Glauco, por Ájax, filho de Telamon; e Asteropaeus, por Aquiles. O massacre só terminou quando a saciedade e depois o cansaço tomaram conta dos gregos.

[Trégua para o funeral dos mortos]

[8] Mas quando os nossos retornaram ao acampamento, os troianos enviaram mensageiros para obter permissão para enterrarem seus mortos, que foram recolhidos, cremados e enterrados segundo os antigos costumes. Memnon foi cremado à parte, suas cinzas foram colocadas em uma urna, e dada a parentes para levá-lo à sua terra natal. Depois que lavamos o corpo de Antíloco, o entregamos a Nestor para o devido sepultamento, e rogamos que suportasse as adversidades da guerra com coragem. Finalmente, cada um passou a maior parte da noite honrando seus mortos com vinho e um banquete, e exaltando Aquiles e Ájax com grandes louvores. Os troianos, uma vez findas as cerimônias fúnebres, não estavam apenas de luto pela morte de Memnon, mas também com medo e desespero temendo pelo êxito da empreitada. A morte de Sarpendon e logo em seguida a derrota de Heitor tinham subtraído a esperança que restava, e agora o que a fortuna tinha oferecido, como último apoio, na pessoa de Memnon, não existia mais. Portanto, com tantas adversidades conspirando contra eles, os troianos renunciaram a qualquer vontade de reagir.

[Nova batalha. Aquiles mata Troilo]

[9] Poucos dias depois, os gregos se armaram, foram ao campo de batalha e desafiaram os troianos para combater e lutar, se ousassem. Alexandre e seus irmãos, aceitando o desafio, organizaram seu exército e avançaram. Mas antes que as linhas de frente se encontrassem ou lanças fossem lançadas, os bárbaros romperam a formação e fugiram. Nós corremos para eles, por esse lado e por outro, matando grandes números ou jogando-os de cabeça dentro do rio; eles não conseguiam escapar. E dois filhos de Príamo foram capturados, Licaão[246] e Troilo,[247] cujas gargantas foram cortadas, quando trazidos para o centro, por ordem de Aquiles, que estava irritado com Príamo por não ter dado resposta sobre aquilo que tinham discutido.

246 Ver Glossário Licaão.
247 Ver Glossário Troilo.

Quando os troianos souberam do acontecido, ulularam gemidos e gritos de dor lamentando a morte de Troilo, digna de compaixão. Recordando a vida ainda imatura daquele que viveu os primeiros anos de sua vida com modéstia e honestidade, e que crescia amado e apreciado pelo povo, sobretudo pelo seu agradável aspecto.

[Trégua para o festival de Apolo Timbriano. Morte desonrosa de Aquiles]

[10] Após alguns dias, o festival de Apolo Timbriano começou; uma trégua foi acordada e as hostilidades cessaram. Então, enquanto os exércitos estavam ocupados oferecendo sacrifícios, Príamo aproveitou a oportunidade para enviar Ideu com instruções sobre Polixena. Enquanto Aquiles estava examinando essas instruções, sozinho no bosque com Ideu, notícias desse encontro chegaram aos navios. Nossos homens ficaram enfurecidos, suspeitando que Aquiles estivesse sendo desleal, e o rumor de que ele fosse um traidor cresceu gradualmente e agora era aceito como verdade por todo o exército. Então, para aplacar o acirramento de emoções, Ájax, Diomedes e Odisseu foram ao bosque e ficaram na frente do templo esperando Aquiles sair. Eles também queriam alertá-lo sobre o que estava acontecendo nos navios e esperavam dissuadi-lo a ter colóquios secretos com o inimigo.

[Odisseu e Diomedes descobrem o corpo de Aquiles]

[11] Entrementes, Alexandre e Deífobo, tendo decidido fazer a emboscada, se aproximaram de Aquiles, fingindo ser a garantia das promessas de Príamo. E para não levantar suspeitas, Alexandre parou perto do altar de costas para o nosso líder. Aquiles não estava armado, pois não temia ser atacado dentro do templo. Então, Deífobo, abraçando o jovem indefeso, o congratulou pelos acordos alcançados e, se pendurando nele, o impediu de se mexer, enquanto Alexandre, com a espada na mão, avançou e o golpeou duas vezes nos flancos. Quando se certificaram de que ele estava morrendo, saíram correndo e voltaram para a cidade por um outro caminho, diferente da estrada da ida,

conseguindo um feito muito além da expectativa deles. Odisseu, que os viu sair, disse: "Algo está errado. Por que esses homens estão tão excitados? Por que estão com medo e correndo desse jeito?". Então, entrando no bosque, e olhando em volta, descobriram Aquiles caído por terra, semimorto com muita perda de sangue. Ájax disse: "Sabemos que ninguém derrotaria você num combate honesto, mas está claro que você foi traído pela sua aventura impensada." Aquiles, respirando pela última vez, respondeu: "Deífobo e Alexandre armaram uma insidiosa emboscada ao virem tratar do meu acordo por Polixena." Enquanto exalava seus últimos suspiros, os dois comandantes o abraçaram com profundos gemidos e com um beijo lhe deram a última despedida. Enfim, Ájax o colocou nos ombros e o levou embora.

[Combate pelo corpo de Aquiles]

[12] Os troianos, vendo o que aconteceu, se precipitaram todos juntos para as portas com a intenção de pegar o corpo de Aquiles para ultrajá-lo, conforme seu costume. Os gregos foram alertados, se armaram, e avançaram para o combate. Logo em seguida, ambos os lados estavam lutando. Ájax, depois de ter dado o corpo de Aquiles para os que o acompanhavam, partiu para o ataque e matou Asius, filho de Dimas e irmão de Hécuba, pois foi quem encontrou primeiro. Em seguida, matou muitos homens, um por um, qualquer um que se encontrasse ao alcance da flecha: entre eles, estavam Nastes e Anfímaco, os reis da Cária. Assim, Ájax, filho de Ileu, e Estênelo, juntos mataram muitos inimigos, e os fizeram fugir. Eles abandonaram qualquer esperança de resistência e correram em completa desordem, achando que só as muralhas os protegeriam. Por esse motivo, um enorme número de homens foi massacrado enquanto nós os perseguíamos.

[Funeral e cremação de Aquiles; luto de Ájax Telamon]

[13] Quando os portões se fecharam e o massacre foi suspenso, os gregos levaram Aquiles de volta para os navios. Todos os nossos líderes lamentaram a perda desse herói. Muitos soldados, porém, não ficaram abalados

e se recusaram a fazer o luto, pois Aquiles tinha tentado trair o exército. Contudo, ele tinha sido um grande guerreiro, e agora com sua morte tudo estava perdido. Eles admitiram que, para um guerreiro tão excepcional, sua morte foi desonrosa, ou no mínimo obscura. Portanto, eles trouxeram uma grande quantidade de madeira do monte Ida, e construíram uma pira no mesmo lugar que a de Pátroclo. Em seguida, colocaram o corpo na pira, acenderam o fogo e fizeram os ritos funerários. Sobretudo Ájax, que após ter feito uma vigília de três dias sem descanso, só sucumbiu ao cansaço depois de recolher as cinzas de Aquiles em uma urna. Mais do que qualquer outro, Ájax ficou mortificado com a morte de Aquiles, o qual havia servido com respeito e afeto, pois Aquiles não era apenas seu parente e seu melhor amigo, mas também o homem mais corajoso de todos.

[Ílion comemora a morte de Aquiles. Chegada de Eurípilo da Mísia[248]]

[14] Ao contrário, o ânimo dos troianos era de júbilo e gratidão, pois o tão temido inimigo estava morto. Não pouparam elogios à astúcia de Alexandre, tanto por matar Aquiles numa emboscada quanto por não ter ousado desafiá-lo em combate. Entrementes, um mensageiro informou a Príamo que Eurípilo, filho de Télefo, estava chegando da Mísia. O rei Príamo, depois de ter enviado muitos presentes, finalmente o convenceu, prometendo a mão de Cassandra. E entre as belíssimas coisas que enviou, estava um bastão de ouro no formato de uma videira,[249] por isso digno de memória entre aqueles povos. Eurípilo, o ilustre guerreiro, veio com exércitos da Mísia e da Ceteia. Os troianos o acolheram com grande alegria, pois nele toda esperança renasceu.

248 Ver Glossário Eurípilo da Mísia.

249 Esta vinha de ouro era muito conhecida naquela região. Ela foi ofertada por Zeus a Tros depois do rapto de seu filho Ganimedes por Tântalo.

[Chegada de Neoptólemo, filho de Aquiles]

[15] Entrementes, os gregos sepultaram os restos de Aquiles dentro de uma urna junto com os de Pátroclo perto da cidade de Sigeu.[250] E Ájax contratou uns sigeanos para construir um túmulo para Aquiles; ele estava irritado com os gregos, pois achava que o luto deles não estava à altura da perda de tão grande herói. Quando o túmulo estava quase pronto, Pirro chegou. Ele era chamado de Neoptólemo,[251] filho de Aquiles com Deidamia, a filha do rei Licomedes[252] de Esquiro. Depois de ser informado de como seu pai tinha morrido, ele reforçou e reanimou o exército dos mirmidões; povo muito valoroso e famoso na arte da guerra. Então, encarregando Fênix de terminar o túmulo, se dirigiu aos navios e à tenda de seu pai. Lá, encontrou Hipodâmia[253] guardando a propriedade. Em seguida, sabendo de sua chegada, todos os comandantes se reuniram. Quando imploraram que ele se resignasse com a morte de seu pai, ele respondeu calmamente dizendo saber que tudo aquilo que acontece por vontade divina deve ser suportado com bravura. Ninguém vive para sempre: para os homens corajosos a condição de velho é vergonhosa e digna de desprezo, e, ao contrário, apenas os fracos querem envelhecer. Além disso, seu pesar era mais suportável pois Aquiles não foi vencido em duelo e nem no esplendor da batalha. Aquiles nunca teria sido vencido por ninguém, vivo ou morto, com a exceção de Hércules. Ele também adicionou que apenas Aquiles era digno daquele momento crucial, sob cujas mãos era apropriado que Ílion caísse, mas que eles, com sua ajuda, terminariam a tarefa que seu pai deixou incompleta.

250 A cidade de Sigeu é localizada na boca do rio Escamandro. Strabo relata um templo e um monumento a Aquiles nessa área, e também monumentos a Pátroclo e a Antíloco. Ver Strabo, *Geographia* 13.1.31-32.

251 Ver Glossário Neoptólemo.

252 Ver Glossário Licomedes.

253 Hipodâmia, também chamada Briseida, filha de Briseu.

[Banquete em honra a Neoptólemo]

[16] Depois que Neoptólemo terminou de falar, eles decidiram lutar no dia seguinte. Todos os nossos líderes foram, no momento oportuno, como de costume, jantar com Agamemnon. Entre eles estavam Ájax com Neoptólemo, Diomedes, Odisseu e Menelau; eles ocuparam lugares de igual honra no jantar. Enquanto comiam, elogiaram as proezas de Aquiles e contaram a Pirro sobre os inúmeros feitos de bravura de seu pai. Essas palavras o comoveram, e respondeu que ele se empenharia com todas as forças em ser digno do mérito de seu pai. Em seguida, todos se retiraram para suas tendas. Ao amanhecer, Neoptólemo, ao sair do acampamento, se encontrou com Diomedes e Odisseu. Depois de tê-los saudado, perguntou a que devia essa visita. Eles responderam que iríamos adiar por alguns dias o ataque, até que seus soldados tivessem se recuperado da longa travessia por mar: suas pernas ainda estavam adormecidas e não suportariam o esforço de atacar com seu costumeiro vigor.

[Nova batalha; Eneias se recusa a lutar; Neoptólemo mata Eurípilo da Mísia]

[17] Portanto, seguindo esse conselho, nosso ataque foi adiado por dois dias. Então, nossos comandantes e reis armaram nossos homens, os colocaram em ordem, e partimos para a batalha. Neoptólemo comandou o centro, com ele estavam os mirmidões e Ájax (o qual Neoptólemo meritoriamente honrava como pai, dado seu parentesco). Entrementes, os troianos estavam muito perturbados, sobretudo porque um novo inimigo, liderado por um ilustre comandante, se juntava aos gregos, e seus aliados eram dizimados diuturnamente. Todavia, por exortação de Eurípilo, eles se prepararam para a batalha; ele próprio comandava o centro. Eneias ficou na cidade, e pela primeira vez se recusou a lutar; ele era um devoto de Apolo e repudiou o crime que Alexandre cometeu contra esse deus. Quando foi dado o sinal para a batalha, os dois lados lutaram com grande coragem; muitos foram mortos. Eurípilo, por acaso se vendo diante de Peneleu, o ataca e o mata com sua lança; então ataca Nireu com mais fúria ainda e o mata pouco depois;

e, finalmente, tendo posto os nossos homens para correr, ele estava lutando bem no meio de nossas forças. Mas Neoptólemo, vendo isso, dirige sua biga para lá, o derruba e cai com um salto sobre ele, matando-o com a espada sem hesitação. O cadáver de Eurípilo foi tirado às pressas do campo de batalha, e levado aos navios por ordem de Neoptólemo. Quando os bárbaros, que tinham colocado todas as esperanças em Eurípilo, viram isso, abandonaram a luta e fugiram para as muralhas, sem líder e em desordem. Na fuga, muitos foram mortos.

[Heleno, repudiando o crime de Alexandre, se refugia com os gregos]

[18] Os gregos, tendo posto o inimigo para correr, retornaram aos navios. Depois de cremar o corpo de Eurípilo, colocaram seus restos em uma urna, e segundo o parecer da assembleia, o restituíram ao seu pai, naturalmente relembrando seus favores e suas relações de amizade. Separadamente, foram cremados Nireu e Peneleu pelos seus respectivos soldados. No dia seguinte, Crises reportou aos gregos que Heleno, filho de Príamo, tinha fugido de Ílion por causa do crime de Alexandre, e que estava com ele no templo. Imediatamente, enviamos Diomedes e Odisseu para buscá-lo. Heleno se rendeu a eles, após prometerem uma parte da região onde ele pudesse transcorrer o tempo que lhe restava de vida em paz. Enfim, foi conduzido aos navios, e na assembleia falou longamente: disse não ter abandonado a pátria e os pais por medo da morte, mas por medo dos deuses, cujos santuários Alexandre desonrou, um crime que nem Eneias, nem ele, podiam suportar. Eneias não veio com ele pois temia nossa fúria, portanto, se refugiou na casa de Antenor com Anquises, seu velho pai. Heleno afirmou que foi um oráculo de Anquises que o alertou da iminente queda de Ílion, portanto, ele decidiu se tornar um suplicante. Estávamos impacientes em conhecer as obscuras palavras do oráculo. Portanto, Crises, com um gesto pede silêncio, conversa com Heleno reservadamente, e depois nos reporta o oráculo. Fomos informados de que a queda de Ílion era iminente, e que teríamos a ajuda de Eneias e Antenor. Vimos que este oráculo era consistente com o de Calcas.

[Novo combate; Filoctetes mata Alexandre]

[19] No dia seguinte, ambos os exércitos se deram combate e muitos troianos morreram, e as maiores baixas foram de seus aliados. Quando os nossos soldados atacaram com mais veemência, tentando acabar de vez com a guerra, nossos líderes, ao sinal, atacaram os líderes do inimigo e centraram o combate neles. Filoctetes avançou contra Alexandre, e o desafiou para um duelo com arco e flecha, se ousasse aceitar o repto. Alexandre concordou, Odisseu e Deífobo delimitaram um lugar para a contenda. Alexandre atirou primeiro e falhou. Em seguida, Filoctetes atingiu Alexandre na mão esquerda, e então — ele urrando de dor — atingiu seu olho direito, e então — quando tentava fugir — atravessou ambos os pés, e finalmente o matou, quando já estava exausto com os ataques. Filoctetes usava o arco e flecha de Hércules, cujas flechas feriam mortalmente pois estavam impregnadas com o sangue letal da Hidra.[254]

[Os troianos conseguem recuperar o corpo de Alexandre]

[20] Os bárbaros, vendo que seu líder estava morto, correram para tentar recuperar o corpo. Filoctetes matou muitos deles, mas eles continuavam pressionando, e assim conseguiram levar o corpo de Alexandre para a Ílion. Ájax, filho de Telamon, os perseguiu até os portões, e lá a matança foi enorme. Muitos não conseguiram entrar; a multidão estava fora de si, todos empurrando, todos tentando entrar primeiro. Os que conseguiram, foram para as muralhas e jogavam pedras de todos os tamanhos, jogando terra coletada de todo lugar em cima do escudo de Ájax, tentando afastá-lo. Mas nosso ilustre líder, balançando seu escudo quando se tornava muito pesado, não desistiu. E Filoctetes, atirando de uma distância, matou muitos desses nas muralhas e afastou os outros.

---

254 Quando Hércules subiu o monte Eta para morrer e pediu que seus servos acendessem o fogo de sua pira, ninguém teve coragem. Só Filoctetes seguiu as ordens e recebeu as flechas de Hércules como signo de reconhecimento.

Em outras partes do campo, o resto dos nossos soldados também foram vitoriosos. Este dia teria visto as muralhas de Ílion destruídas, a cidade saqueada, se o rápido anoitecer não nos tivesse impedido. Portanto, retornamos aos navios, jubilantes com os feitos de Filoctetes, e com os ânimos confiantes, o celebramos com elogios e máximo louvor. Ao amanhecer, Filoctetes, acompanhado pelos outros líderes, voltou ao campo. Os troianos, mesmo com a ajuda de suas muralhas, mal podiam se proteger, tão grande era o terror.

[Luto de Neoptólemo no túmulo de Aquiles. Enone morre ao ver Alexandre morto]

[21] Nesse meio-tempo, Neoptólemo, depois de ter vingado o assassinato de seu pai, começou a chorar sobre o túmulo de Aquiles, junto com Fênix e todo o exército dos mirmidões. Ele cortou os cabelos e os colocou no túmulo. Assim permaneceram a noite toda. Entrementes, os filhos de Antímaco (mencionado anteriormente) vieram até Heleno a mando de Príamo; imploraram para que ele retornasse ao seu povo, porém ele recusou. A meio caminho de volta para Ílion, encontraram Diomedes e o outro Ájax, foram capturados e trazidos de volta aos navios. Quando relataram a que vieram, nós, relembrando o que o pai deles tinha dito e conspirado contra os embaixadores,[255] ordenamos que os soldados os levassem para onde os troianos os vissem e os apedrejassem até a morte. Em Ílion, numa outra direção, os parentes de Alexandre que cuidavam de seu funeral, estavam carregando seu corpo para Enone. Eles disseram que Enone — ela tinha sido casada com ele antes do rapto de Helena — ficou tão chocada ao ver o corpo que perdeu a voz, perdeu a razão e, gradualmente dominada pela dor, caiu morta. Portanto, foi sepultada junto com Alexandre num único túmulo.

---

255 Na segunda embaixada, Antímaco tinha sido contra devolver Helena e propôs matar Menelau ali mesmo.

[Antenor negocia a paz com os gregos]

[22] Todos os nobres troianos, vendo que o inimigo atacava cada vez mais perto das muralhas e vendo seus recursos minguarem, achavam que era inútil resistir. Portanto, conspiraram contra os príncipes e Príamo. Chamando Eneias e os filhos de Antenor, eles planejavam devolver Helena para Menelau, junto com as coisas que foram roubadas. Mas Deífobo, ouvindo dos planos, pegou Helena e se casou com ela. Quando Príamo adentrou o conselho, Eneias o encheu de insultos. Finalmente, o rei concordou com os nobres e ordenou que Antenor fosse aos gregos e negociasse a paz. Antenor sinalizou das muralhas que os troianos queriam negociar, e demos permissão. Ele veio até os navios, e o acolhemos amigavelmente. Especialmente Nestor, que relatou como ele tinha sido fiel e correto com os embaixadores: seu conselho e a ajuda de seus filhos salvaram a vida de Menelau da traição dos troianos. Em troca, nós prometemos recompensá-lo regiamente quando Ílion fosse destruída, e insistimos para que trabalhasse conosco — ele sabia que éramos amigos – contra aqueles que ele sabia que eram desleais. Então, após um longo discurso, Antenor relatou como os deuses estavam sempre punindo os governantes troianos por atos imprudentes. Laomedonte, disse ele, mentiu para Hércules — uma estória famosa[256] —, portanto, seu reino foi destruído. Naquele tempo, Príamo, que ainda era criança e não pegou em armas, foi colocado no poder por influência de Hesíone. Antenor também relatou que ele ficou louco, e costumava perseguir a todos com mortes e ofensas; ele era parcimonioso com os seus bens e ganancioso com os dos outros; e que, com seu exemplo, os filhos não respeitavam nem coisas sagradas nem profanas, como se estivessem infectados com a doença da depravação sem limites. Antenor afirmava ser muito diferente de Príamo nessas tendências, apesar de pertencer à mesma linhagem que ligava Príamo aos gregos. De fato, Hesíone,[257] filha de Danaus, era mãe de Electra, e Electra era mãe de Dardano; Dardano se casou com Olizone, a filha de Fineu; seu filho era Erichthonius, que era pai de Tros; e Tros era pai de Ilo II, Ganimede e Cleomestra. Cleomestra era a mãe de Assácaro, e Assácaro teve Capys, o

256 Pseudo Apolodoro 2.5.9.

257 Esta Hesíone é filha de Danaus, rei da Líbia, que fundou Argos séculos antes.

pai de Anquises.[258] Ilo II teve Titono e Laomedonte, e Laomedonte era o pai de Hicetaon, Clytius, Lampus, Thymoetes, Bucolion e finalmente Príamo. O próprio Antenor era filho de Cleomestra e Aesyetes[259]. Mas Príamo ignorou qualquer vínculo de parentesco, e agiu com especial insolência e ódio contra seus próprios familiares. Findo seu discurso, ele nos pediu para escolher representantes para discutir sobre o acordo de paz; já que ele tinha sido enviado pelos conselheiros troianos como embaixador da paz. Foram escolhidos Agamemnon, Idomeneu, Odisseu e Diomedes, que decidiram que Eneias, se mantivesse a palavra dada, receberia parte do butim e que sua família e sua casa seriam poupadas; e Antenor receberia metade da fortuna de Príamo e o reino caberia a um de seus filhos, escolhido por ele. Quando chegaram a uma decisão, Antenor foi enviado de volta a Ílion para relatar um acordo bem diferente: ele diria que os gregos estavam preparando uma oferenda, um presente, em honra a Atenas, e que queriam pôr fim à guerra e retornar aos seus familiares, desde que Helena fosse devolvida com algum ouro. Portanto, Antenor retornou a Ílion, acompanhado por Taltíbio,[260] cuja presença tornava a coisa crível.

---

258 Ver Glossário Anquises.

259 Aesyetes é um herói troiano e pai de Antenor. É de cima de seu túmulo que Polites, filho de Príamo, espionava o acampamento grego (*Ilíada* 2.760).

260 Ver Glossário Taltíbio.

Livro 5

[Retorno de Antenor à Ílion, e banquete com seus filhos]

[1] Quando a notícia da chegada de Antenor e Taltíbio se espalhou, todos os cidadãos e aliados acorreram para saber o que tinha sido tratado com os gregos. Antenor adiou seu relato para o dia seguinte, e todos dispersaram e foram para casa. Então, no banquete, na presença de Taltíbio, Antenor exortou seus filhos a não valorizar mais nada, ao longo da vida, do que a antiquíssima amizade com os gregos, e relembrou, com evidente admiração, a honra, a lealdade e a integridade de cada um deles. Depois do repasto, eles se separaram. Ao amanhecer, Antenor e Taltíbio foram se encontrar com o conselho (os conselheiros já estavam lá, ansiosos por achar uma solução para tantos males); não muito depois chegou Eneias, e depois Príamo com o resto dos príncipes. Então, Antenor foi ordenado a relatar o que ouviu dos gregos, e ele falou assim:

[Discurso de Antenor]

[2] "É muito grave, príncipes troianos e aliados, estarmos em guerra com os gregos, mas é ainda mais triste e doloroso que por causa de uma mulher tenhamos como inimigos nossos maiores amigos, que sendo descendentes de Pélops, estão ligados a nós até por laços de matrimônio. Permitam-me recapitular os males que sofremos; quando foi que a nossa cidade, oprimida

pela calamidade, teve sossego? Quando foi que paramos de chorar? Quando foi que os nossos aliados viram nossos infortúnios decrescerem? Quando foi que nossos amigos, pais, parentes e filhos não morreram em batalha? E, para resumir o resto de nossas tristezas com uma alusão pessoal, quanto sofrimento não passei com a morte de meu filho Glauco? Sua morte, porém, não foi tão dolorosa para mim quanto sua participação, com Alexandre, no rapto de Helena.

Mas chega de falar no passado. Vamos, ao menos, olhar para o futuro com cautela e sabedoria. Os gregos são leais e verdadeiros; eles são príncipes em benevolência e em senso de dever. Príamo é testemunha disso, pois no calor da batalha, obteve prova de sua misericórdia.[261] Os gregos só declararam guerra após termos tratado seus embaixadores — até os embaixadores — com traição e perfídia. Sou da opinião que, nesse caso, Príamo e seus filhos são culpados; inclusive Antímaco, que recentemente pagou por sua culpa com a perda de seus filhos. Mas a verdadeira culpa por tudo isso é de Helena, aquela que nem os gregos querem de volta. Porque deveríamos ficar com essa mulher, se devido a ela nenhum povo jamais foi amigável ou ao menos não hostil a nós? Não deveríamos, ao contrário, implorar que os gregos a levassem? E não deveríamos oferecer uma compensação por tudo que fizemos a eles? Não deveríamos nos reconciliar com esses homens, ao menos no futuro?

De minha parte, estou indo embora, estou partindo. Não quero mais participar nesses crimes. Houve um tempo em que era agradável viver nesta cidade; tínhamos aliados e amigos, nossos parentes estavam seguros, nossa pátria incólume. Mas agora perdemos todas essas coisas, parcial ou totalmente. Quem pode negar isso? Não suporto mais apoiar homens que trabalham para arruinar a cidade.[262]

Até agora, nós conseguimos enterrar os nossos mortos, o inimigo nos concedeu esse favor. Mas agora que os altares e santuários dos deuses foram profanados com sangue humano,[263] portanto, incapazes de realizar os funerais de nossos entes queridos, nós sofreremos ainda mais do que com sua perda.

261 Ele se refere à devolução do corpo de Heitor a Príamo.
262 Heleno e Eneias também ficaram consternados com o sacrilégio de Páris.
263 Páris matou Aquiles não só de emboscada, como também dentro do Templo de Apolo.

Ao menos impeça que isto aconteça. Nossa terra natal tem que ser resgatada com ouro e outros pagamentos desse tipo. Muitos aqui na cidade são ricos, cada um deve dar o que pode. Temos que oferecer aos gregos, em troca de nossas vidas, o que em breve tomarão se nos matarem. Vamos dar a eles até os ornamentos de nossos templos, senão não conseguiremos salvar a nossa cidade.

Quanto a Príamo, deixe-o ficar com sua riqueza, deixe-o achar que riquezas são mais importantes do que o seu povo; deixe-o, taciturno avarento, ficar com as riquezas que trouxeram com Helena, e terá como aproveitar ao máximo as calamidades da pátria. Fomos vencidos pelas nossas próprias iniquidades."

[Príamo se desespera e cede]

[3] Enquanto ilustrava entre lágrimas este ou aquele ponto, todos se lamentavam. Estendiam os braços aos céus, mostrando concordância, implorando, individualmente e em grupo, para que Príamo, vendo suas adversidades, pusesse fim às suas misérias. E finalmente, em uníssono, gritaram que sua pátria tinha que ser resgatada. Então, Príamo, arrancando os cabelos e chorando de maneira lastimável, afirmava não só ser odiado pelos deuses, como também ter se tornado um inimigo dos troianos, já que não encontrava ninguém, nem velhos amigos, nem parentes, nem ao menos um cidadão que o confortasse em suas aflições. Ele gostaria de ter começado as negociações enquanto Alexandre e Heitor ainda fossem vivos, e não ter esperado até agora. Mas dado que não nos é concedido revogar o passado, devemos planejar o presente e esperar pelo futuro. Portanto, ofereceu tudo o que tinha para resgatar Ílion e pediu que Antenor tratasse disso. Então, dado o ódio dos concidadãos em relação a ele, decidiu se retirar e aceitar o que deliberassem.

[Helena procura Antenor em segredo]

[4] Quando o rei saiu, eles decidiram que Antenor deveria retornar aos gregos e saber qual era exatamente a vontade deles; e Eneias pediu para

acompanhá-lo.[264] Assim, o conselho se dissolveu. Perto da meia-noite, Helena veio secretamente até Antenor. Ela suspeitava que ia ser devolvida a Menelau e temia ser punida por ter abandonado sua casa. Ela implorou que pleiteasse por ela junto aos gregos. Agora que Alexandre estava morto, ela odiava todos os troianos, como era sabido por todos, e desejava retornar para os seus.[265]

[Antenor e Eneias vão até os gregos e iniciam as negociações de paz]

Ao amanhecer, Antenor e Eneias vieram aos navios, e nos informaram da decisão da cidade. Eles então se retiraram para conversar com aqueles com os quais tinham falado antes[266] para planejar que ação tomar. Foi durante essas discussões sobre Ílion e sua nação que ele também nos falou sobre a vontade de Helena e pediu perdão em nome dela; e finalmente concordaram na melhor maneira de trair sua cidade. Quando terminaram, retornaram a Ílion, acompanhados por Odisseu e Diomedes.

Ájax também queria ir, mas foi impedido por Eneias, que argumentou que os troianos tinham medo dele como tiveram medo de Aquiles, e que podiam pegá-lo de emboscada.[267] As esperanças dos troianos aumentaram quando viram a chegada dos nossos líderes. Eles achavam que isso significava o fim das hostilidades e das desgraças. O conselho foi rapidamente reunido, e lá, na presença dos nossos homens, eles decidiram primeiro exilar Antímaco[268] de toda Frígia, pois ele certamente foi o responsável por todas essas desgraças. Então começaram a discutir os termos da paz.

264 Eneias e Antenor são considerados traidores de Ílion.

265 Deífobo, após a morte de Páris, toma Helena como esposa, contrariando seu irmão Heleno. Podemos supor que Helena não estivesse radiante com esse novo marido forçado sobre ela.

266 Agamemnon, Idomeneu, Odisseu e Diomedes.

267 Os troianos mataram Aquiles numa emboscada, dentro do Templo de Apolo; e não hesitariam em fazer o mesmo com Ájax, mesmo na condição de embaixador da paz.

268 Antímaco era o adversário político de Antenor. Sempre se posicionou a favor da guerra contra os gregos.

[Acidente fatal com os filhos de Helena. A profecia sobre o Paládio]

[5] Durante a discussão, um enorme barulho e muitos gritos foram ouvidos vindo do Pergamum,[269] onde o palácio de Príamo era localizado. Perturbados com esse acontecimento, o conselho correu para o templo de Atenas, pensando que os príncipes, como sempre, tivessem feito algum ato traiçoeiro. Logo após foram informados, pelos que vinham da cidade, que os filhos de Alexandre com Helena tinham morrido, esmagados pelo telhado de sua casa que colapsou. Os nomes desses filhos são Bunomus, Corythus e Ideu. O conselho foi adiado, e nossos líderes foram para a casa de Antenor, onde jantaram e passaram a noite. Ademais, eles ouviram de Antenor de um oráculo que dizia que Ílion cairia em ruínas se o Paládio fosse levado para fora das muralhas da cidade. O Paládio é uma antiga estatueta de Atenas; era feita de madeira, e tinha caído do céu e levada para seu altar quando Ilo II estava construindo o templo e ainda faltava o telhado.

Antenor concordou em ajudar nossos homens, em tudo o que quisessem, de todas as maneiras; ele faria o que fosse mandado. Porém, ele advertiu que no conselho dos troianos ele falaria de alto e bom tom contra as exigências dos gregos; de modo a não levantar suspeitas entre os bárbaros. Seus planos estavam completos, ao amanhecer Antenor foi junto com os nobres troianos até Príamo; e nossos líderes retornaram aos navios.

[Os gregos vão até Ílion e continuam as negociações de paz]

[6] Os filhos de Alexandre foram sepultados com as devidas cerimônias. Três dias depois dos funerais, Ideu veio e chamou nossos líderes (os mesmos citados anteriormente). Panto e outros troianos conhecidos por sua sabedoria fizeram longos discursos nos quais explicaram que suas ações passadas foram precipitadas e mal aconselhadas. Eles foram constrangidos a agir de acordo

269 Pergamum é o nome dado à cidadela fortificada no centro de Ílion, inclui o palácio de Príamo e o Templo de Atenas.

com a vontade dos príncipes, que os odiavam e os desprezavam. Eles não lutaram contra os gregos voluntariamente, pois aqueles que seguem o comando dos outros devem ficar à disposição da vontade de quem está no comando. Portanto, era digno que os gregos, uma vez concedida a paz, perdoassem aqueles que sempre estiveram do lado da paz. Por outro lado, os troianos já tinham sofrido muito por causa de decisões erradas. Então, depois que os discursos mencionaram muitos e diversos argumentos, se começou enfim a tratar de como pagar o resgate. Diomedes se declara favorável à soma de 50 mil talentos de ouro e o mesmo em prata, e 100 mil medidas de grão: distribuído por um período de 10 anos. Todos os troianos ficaram em silêncio, exceto Antenor. Ele disse que os gregos não agiam como gregos, mas sim como bárbaros. O que pediam era impossível, era evidente que queriam a guerra, sob o pretexto de querer a paz. Ademais, Ílion nunca teve essa quantidade de ouro e prata, nem mesmo antes de pagar os mercenários. Se os gregos persistissem com suas exigências inescrupulosas, os troianos teriam que fechar seus portões e queimar os templos de seus deuses, e juntos com a pátria perecer. Diomedes respondeu: "Nós não viemos de Argos oferecer condições especiais aos troianos, nós viemos lutar contra vocês até a morte. Portanto, se ainda querem guerra, os gregos estão prontos, ou se preferirem queimar sua cidade, não os impediremos. Os gregos, quando tratados injustamente, se vingam." Então, Panto pediu permissão para adiar a discussão para o dia seguinte. Portanto, nossos homens foram para a casa de Antenor, e dali para o templo de Atenas.

[Presságios ameaçadores para Ílion]

[7] Enquanto isso, tomamos conhecimento de um presságio ameaçador que aconteceu durante a oferenda dos sacrifícios: de fato, o fogo ao ser aceso não envolvia, nem consumia as vítimas rituais dispostas sobre o altar — como de hábito —, mas se mantinha distante. Perturbados por esse acontecimento, os cidadãos se precipitaram ao templo de Apolo[270] para conferir. Quando

[270] Depois do assassinato de Aquiles no templo de Apolo perto de Timbra, em Troas (ver Glossário Troas), os troianos passaram a acreditar que o deus, que era favorável a eles, tinha se tornado hostil.

colocavam as entranhas no altar e acendiam o fogo, elas caíam por terra. Enquanto todos estavam chocados e atônitos com esta visão, uma águia mergulhou, rápida e inesperadamente, e pegou um pedaço das entranhas e, subindo majestosamente, a carregou para os navios e a deixou cair. Os bárbaros não consideraram esse episódio nem trivial nem obscuro, mas o interpretaram como claramente catastrófico. Dissimulando suas reais intenções,[271] Diomedes e Odisseu perambularam pelo foro observando e elogiando a maravilhosa arquitetura da cidade. Todavia, nos navios, Calcas incentivava o otimismo nos ânimos excitados com tal prodígio: em breve seriam senhores daqueles que estavam em Ílion.

[Hécuba e Cassandra contornam a situação]

[8] Informada do acontecido, Hécuba desce para aplacar os deuses, sobretudo Atenas e Apolo, aos quais trouxe muitos presentes e sacrificou vítimas esplêndidas. Mas da mesma maneira, ao queimar as oferendas sagradas que eram dispostas sobre o altar, as chamas diminuíam e se apagavam rapidamente. Durante esses eventos perturbadores, Cassandra, possuída por algum deus, ordena que as vítimas sacrificiais sejam levadas ao túmulo de Heitor, já que os deuses indignados desprezavam os sacrifícios por causa do crime cometido há pouco contra Apolo. Assim foi feito, os touros imolados foram transportados ao túmulo de Heitor, e tudo se consuma rapidamente quando o fogo é aceso.

[Antenor furta o Paládio]

Com a caída da noite, todos voltaram para casa. Mas naquela mesma noite, Antenor foi escondido ao templo de Atenas, e ameaçando a sacerdotisa Teano[272] pela força e prometendo recompensá-la regiamente, convenceu-a a entregar o Paládio. Conforme prometido, Antenor entregou o Paládio

271 Diomedes e Odisseu estavam espionando visando o futuro ataque à cidade.

272 Teano é esposa de Antenor e irmã de Hécuba. Ver Glossário Teano.

aos gregos e, depois de tê-lo embrulhado de modo a não ser reconhecido, o enviou com emissários fiéis por carro até a tenda de Odisseu.

[Terceiro e conclusivo encontro pelas negociações de paz]

Ao amanhecer, o conselho troiano volta a se reunir. Quando os nossos embaixadores entram, Antenor pede perdão por ter falado com tanta veemência contra eles na defesa de sua pátria, como se temesse a sua cólera. Odisseu retrucou que o que mais o incomodava não eram as palavras, mas o fato de isso atrasar a conclusão das negociações; especialmente porque as condições para navegar em breve seriam péssimas! Após uma longa discussão, todos concordaram com a soma de 2 mil talentos de ouro e 2 mil talentos de prata. Os gregos voltam aos navios para informar seus companheiros. O conselho é reunido, e os comandantes são informados de tudo que foi dito e feito; e informam que o Paládio foi subtraído por Antenor. Com isso, e por decisão unânime dos nossos comandantes, o resto da tropa também foi informado.

[Heleno propõe a construção do Cavalo de Troia]

[9] Com a evolução dos acontecimentos, decidimos honrar a deusa Atenas fazendo-lhe uma esplêndida oferenda. Heleno[273] foi chamado para nos dizer o que fazer. Usando seus poderes proféticos, ele conseguiu relatar tudo que tinha acontecido na sua ausência (apesar de não ter sido informado). E acrescentou que Ílion estava condenada à ruína agora que o Paládio, a protetora de Ílion, tinha sido levado. Precisamos, ele disse, oferecer um cavalo de madeira à deusa Atenas; esse presente será fatal para Ílion. O cavalo será tão grande que os troianos terão que derrubar as muralhas; e Antenor os encorajaria e os aconselharia a fazer isso. Então, recordando-se de seu pai Príamo e de seus irmãos ainda vivos, o príncipe rompe num pranto convulsivo e cai por terra consternado e aturdido pela dor. Quando voltou a si e pôde se levan-

273 Heleno, irmão de Heitor, passa a colaborar com os gregos após o assassinato de Aquiles e a morte de Páris, pois briga pela posse de Helena com o irmão Deífobo, e perde.

tar, Pirro[274] o levou para a sua tenda e o colocou sob custódia, temendo que através dele o inimigo pudesse saber o que foi planejado. Quando Heleno se deu conta de estar sendo guardado, ele disse a Pirro que não tinha com o que se preocupar, pois ele seria leal e, após a queda de Ílion, viveria com Neoptólemo por muitos anos na Grécia. Então, seguindo o conselho de Heleno, juntamos uma grande quantidade de madeira para construir o cavalo. Epeu e Ájax, filho de Ileu, foram encarregados dos trabalhos.

[O tratado de paz é assinado em cerimônia pública]

[10] Entrementes, 10 líderes foram escolhidos para ir a Ílion e ratificar os termos da rendição: Diomedes, Odisseu, Idomeneu, Ájax Telamon, Nestor, Meriones, Toas, Filoctetes, Neoptólemo e Eumelo. Os troianos, vendo nossos homens no foro, rejubilaram, acreditando que agora suas aflições cessariam. Individualmente e em grupos, onde quer que os encontrassem, eles os cumprimentavam calorosamente e os abraçavam como entes queridos. Príamo implorou aos nossos líderes pela salvação de Heleno,[275] e com muitas orações afirma que o filho lhe era caríssimo e o mais amado de todos, sobretudo pela sua sabedoria.

Ao anoitecer, os troianos ofereceram um banquete público em homenagem aos nossos comandantes para celebrar a paz. Antenor foi o anfitrião, e gentilmente serviu os gregos de modo que tudo transcorresse da melhor maneira possível.

Ao amanhecer, todos os conselheiros troianos se reuniram no templo de Atenas, e Antenor oficialmente anunciou que 10 embaixadores foram enviados pelos gregos para ratificar os termos do acordo de paz. Em seguida, os embaixadores gregos foram levados para dentro da assembleia; os conselheiros e os gregos apertaram as mãos, e decidiram de comum acordo de montar, no dia seguinte, os altares no meio da planície, portanto, visíveis a todos, sobre os quais sancionar com juramentos sagrados o tratado de paz.

274 Neoptólemo, filho de Aquiles, é chamado de Pirro por causa de seu cabelo ruivo.

275 Príamo achava que Heleno era prisioneiro dos gregos, e não um colaborador, o que torna ainda mais pungente o tormento de Heleno.

Quando tudo estava pronto, Diomedes e Odisseu foram os primeiros a jurar *manter o acordo tratado com Antenor*,[276] e como testemunhas invocaram o supremo Zeus, a mãe Terra, o Sol, a Lua e o Oceano. Então, eles andaram pelo centro das vítimas sacrificiais (duas vítimas foram trazidas, cortadas ao meio, e dispostas metade na direção leste e a outra metade na direção dos nossos navios). Depois, Antenor confirma o acordo com as mesmas palavras. Concluído o rito, todos retornam para suas casas. Os bárbaros elogiavam Antenor, reverenciando-o como a um deus por onde passava. Eles acreditavam que era o único responsável pelo acordo e pela paz com os gregos. Assim, terminadas as hostilidades entre os exércitos como as partes haviam acordado, os gregos agora frequentavam amigavelmente a cidade de Ílion, assim como os troianos iam até os navios. E os aliados dos bárbaros — aqueles que ainda estavam vivos — voltaram para casa, aproveitando o tratado e felizes pela paz, sem nem esperar pelo pagamento pelos seus empenhos e sofrimentos, como se receassem que os troianos não mantivessem o acordo.

[Epeu constrói o Cavalo; os gregos vão romper com o acordo]

[11] Entrementes perto dos navios, Epeu, seguindo os conselhos de Heleno, supervisionava a construção do Cavalo com tábuas de madeira. Uma vez pronto, tinha considerável altura e foi colocado sobre rodas para facilitar o deslocamento. Todos afirmavam que era a maior oferenda jamais presenteada a Atenas.

Em Ílion, Antenor e Eneias zelosamente reuniam no templo de Atenas a quantidade de ouro e prata acordada. E os gregos, tendo conhecimento da partida dos aliados dos troianos, tomaram cuidado em manter os termos do acordo de paz, sem matar nem ferir nenhum dos bárbaros, de modo que o inimigo não suspeitasse que iríamos romper com o acordo.

Quando o Cavalo de madeira foi concluído, completo em todos os sentidos, nós o levamos para as muralhas, já tendo pedido aos troianos de

276 Dessa maneira, não estarão jurando em falso, pois o tratado (secreto) com Antenor visa a destruição de Ílion.

acolhê-lo como um objeto dedicado a Atenas. Multidões saíram pelos portões e receberam o presente com grande alegria. Sacrifícios foram feitos, e levaram o cavalo para mais perto das muralhas. Mas quando se deram conta de que era impossível passar o artefato pelos portões por causa do volume, decidiram derrubar um pedaço da muralha; seu entusiasmo os cegava de qualquer objeção. Assim, a muralha inviolada por tantos séculos, magnífica obra monumental de Poseidon — assim relatam — e Apolo, foi destruída, sem nenhum respeito, pelas mãos dos próprios cidadãos.[277]

Quando a demolição estava quase concluída, os gregos impuseram um atraso nos trabalhos: só deixariam que o cavalo entrasse na cidade após o recebimento da quantidade de ouro e prata preestabelecida. Nesse intervalo, no qual a muralha estava parcialmente destruída, Odisseu contratou todos os carpinteiros na cidade de Ílion para fazer a manutenção dos navios. Assim, quando toda a frota foi reparada, todos os navios foram equipados e o resgate foi pago, os gregos ordenaram que os troianos continuassem a destruição da muralha. Assim que parte da muralha estava destruída, um grupo de homens e mulheres alegremente levou o cavalo para dentro da cidade.

[A destruição de Ílion]

[12] Entrementes, nós, tendo abastecido os navios e tocado fogo nas tendas, velejamos para Sigeu,[278] onde esperamos a noite chegar. Quando os bárbaros ficaram exaustos de tanto vinho e sono — junto com o relaxamento e a sensação de segurança trazida pela paz —, os gregos velejaram no silêncio da noite em direção à cidade, seguindo a tocha acesa por Sinon[279] posicionada de modo a conseguir o intento. Em pouco tempo, estavam dentro das muralhas e dividiram a cidade em setores. Ao sinal, massacraram todos pela

277 O último saque de Troia foi na expedição de Hércules, quando Príamo ainda era uma criança. Porém, as muralhas não foram destruídas.

278 Sigeu é uma cidade na embocadura do rio Escamandro. O promontório de Sigeu é um dos pontos de controle da entrada sul do estreito de Dardanelos, e é uma escolha racional para a troca dos sinais luminosos que guiarão os gregos de volta a Ílion.

279 Após a cidade adormecer, os líderes que estavam dentro do Cavalo de Troia abrem os portões da cidade e sinalizam para Sinon, que retransmite o sinal para os navios retornarem a Ílion. Ver Glossário Sinon.

frente: nas casas, nas ruas, em lugares sagrados e profanos. Alguns troianos acordaram, mas eram mortos antes que conseguissem pegar em armas ou conseguissem fugir. Não houve trégua aos massacres e aos assassinatos. Pais e crianças eram mortos, enquanto entes queridos choravam e lamentavam, e depois também eram mortos — um espetáculo deplorável. Com a mesma celeridade, edifícios da cidade eram queimados e destruídos; as únicas casas poupadas foram as de Eneias e as de Antenor, onde guardas foram colocados.

[Príamo, Deífobo são assassinados; Cassandra é feita prisioneira]

Príamo, vendo o acontecido, se refugiou no templo de Zeus que ficava em frente ao palácio. Muitos membros da família real fugiram para outros templos: Cassandra, por exemplo, foi para o templo de Atenas. Todos os que caíram nas mãos dos inimigos morreram cruelmente, sem que ninguém pudesse vingá-los.

Ao amanhecer, nossas forças foram até a casa onde Helena vivia com Deífobo. Ele (como já foi relatado) a tomou como esposa após a morte de Alexandre. Ali, Menelau o torturou até a morte, brutalmente cortando-o em pedaços, tirando as orelhas e os braços e o nariz, assim por diante. Neoptólemo, sem respeitar a idade avançada ou o ofício de rei, assassinou Príamo, enquanto ele agarrava com ambas as mãos o altar. E Ájax Ileu arrastou Cassandra do templo de Atenas para ser sua prisioneira.

[Ílion é saqueada e seus habitantes massacrados]

[13] Assim Troia e os troianos foram destruídos. Mas ainda sobreviveram aqueles que procuraram proteção nos altares dos templos. Nós decidimos por unanimidade retirá-los dos templos e matá-los: a dor desse confronto tinha sido imensurável e, por isso, o desejo de fazer desaparecer o nome de Ílion. De modo que aqueles que escaparam do massacre da noite anterior foram massacrados como animais. E, como é comum em uma guerra, nós pilhamos os templos e queimamos as casas, e por muitos dias caçamos os

inimigos que porventura tinham escapado. Lugares foram designados para colocar os objetos de ouro, prata e tecidos valiosos.

[As prisioneiras são distribuídas]

Quando estávamos saciados de sangue troiano, e a cidade estava totalmente queimada, o butim foi dividido, como pagamento pelo nosso serviço militar, começando com as mulheres e crianças prisioneiras. Primeiro, Helena foi dada para Menelau sem sorteio; depois Polixena, a pedido de Odisseu, foi enviada para Aquiles ao submundo pelas mãos de Neoptólemo; Cassandra foi dada a Agamemnon, que capturado pela sua beleza não conseguiu dissimular seu desejo; Etra[280] e Clímene foram dadas para Demofoonte e Acamas. As outras mulheres foram sorteadas, e assim, Andrômaca saiu para Neoptólemo (e os filhos dela foram atribuídos a ele após terminado o sorteio, em consideração ao valor de um tão grande líder). Odisseu recebeu Hécuba. Nesse momento, começou a escravidão das mulheres da aristocracia troiana. De acordo com o sorteio, os outros receberam butim ou escravos, distribuídos segundo o mérito de cada um.

[Ájax e Odisseu brigam pelo Paládio]

[14] Entrementes, uma disputa acirrada sobre quem deveria ficar com o Paládio surgiu entre os comandantes. Ájax Telamon o exigia em pagamento pelo butim que sua coragem e zelo trouxe a todos. Quase todos se sentiam obrigados a não ofender um herói tão valente, pois lembrávamos vividamente os célebres feitos e os sacrifícios desse homem nos ataques e na defesa do exército. Apenas Odisseu e Diomedes se mostraram contrários, alegando que o Paládio foi roubado graças a eles. Mas Ájax insistiu que o roubo foi levado a cabo não pela inteligência e pela mão destes, mas pela ação de Antenor,

280 Etra é mãe de Clímene e de Teseu. Eram damas de companhia de Helena em Esparta. Atreus, "pai" de Menelau, e Piteu, pai de Etra, eram irmãos, por isso Menelau e Etra são considerados parentes. Demofoonte e Acamas são netos de Etra.

que procurava as boas graças dos gregos. Então, Diomedes desiste, dando um passo atrás, diante do prestígio de Ájax. Mas não Odisseu, que contestou, com toda sua força, que merecia ficar com o Paládio.

Menelau e Agamemnon favoreceram a causa de Odisseu, pois lembraram de como Helena foi salva, pouco antes, com sua ajuda. Quando Ílion foi tomada, Ájax foi o primeiro a propor que ela fosse morta, por causa dos problemas e sofrimentos que ela havia causado por tanto tempo. Muitos assentiram. Porém, Menelau, ainda apaixonado por sua mulher, falou com cada um deles, e graças à intervenção de Odisseu, conseguiu evitar sua morte, e a recebeu incólume.

[O Paládio é atribuído a Odisseu]

Então, nós decidimos entre Ájax e Odisseu, julgando apenas pelos seus méritos nesse caso particular. Não fazia diferença quem era o mais corajoso. Sim, Ájax tinha realizado muitos feitos valorosos, e trouxe para Ílion grãos da Trácia, mas esses feitos não eram pertinentes aqui. Portanto, apesar do fato de que estávamos cercados por inimigos e ainda ameaçados de guerra, o Paládio foi atribuído a Odisseu.

[Revolta de Ájax]

[15] Essa decisão dividiu nossos comandantes em duas facções: aqueles que lembravam os corajosos feitos de Ájax achavam que ninguém era melhor do que ele; e aqueles que favoreciam Odisseu. Ájax ficou tão indignado que declarou abertamente e na presença de todos que mataria aqueles que frustraram sua reivindicação. Agamemnon e Menelau[281] reforçaram suas escoltas e tomaram cuidados redobrados com sua segurança pessoal. Com o anoitecer, ao partirmos, nós todos amaldiçoamos e insultamos os dois reis, culpando-os por deixar a luxúria por uma mulher pôr em perigo o exército.

281 Agamemnon e Menelau são cunhados de Odisseu, que desde o começo trabalha em prol deles.

[O misterioso assassinato de Ájax Telamon; Revolta do exército; Odisseu foge em segredo]

Ao amanhecer, achamos Ájax morto no meio do acampamento; após investigações, descobrimos que tinha sido morto com uma espada. Um grande tumulto explodiu entre nossos comandantes e o exército, e rapidamente se transformou em uma verdadeira rebelião. Pois assim como Palamedes, nosso mais sábio conselheiro em tempos de paz e em tempo de guerra, tinha sido traiçoeiramente morto, agora foi Ájax Telamon, nosso líder mais ilustre: ambos subjugados pelas maquinações desses homens. Portanto, temendo represálias do exército, Agamemnon e Menelau se barricaram em suas tendas com a proteção dos amigos. Entrementes, depois de ter trazido lenha, Neoptólemo se ocupa da cremação de Ájax, depois recolhe os restos em uma urna de ouro para ser levada e enterrada em Retio.[282] Ele também dedicou um monumento em homenagem a Ájax, construído em pouco tempo. Se Ájax tivesse morrido antes da tomada de Ílion, certamente o inimigo estaria em melhor situação, e quem sabe como a guerra teria terminado? Portanto, temendo a força destrutiva de um exército indignado, Odisseu foge em segredo para Ismaro.[283] Ele cede o Paládio para Diomedes.

[Dilapidação de Hécuba; Cassandra profetiza sobre o *nostoi* (retorno) dos gregos]

[16] Depois da partida de Odisseu, Hécuba, desejosa de pôr fim à escravidão com a morte, lança muitas maldições, e em orações invoca terríveis desastres ao exército. Provocados por essas palavras, nossa tropa a matou por dilapidação, submergindo-a com pedras. Seu túmulo, que foi construído em Abidos,[284] foi chamado Cynossema (o túmulo da cadela) por causa de sua língua insolente e imprudente. Entrementes, Cassandra, possuída por

282 Retio fica ao norte de Sigeu; Strabo relata a existência de um túmulo e de um templo de Ájax próximo ao litoral (*Geography* 13.1.30).

283 Ismaro é uma cidade da Trácia, habitada pelos cicones, ao norte da ilha de Samotrácia. Odisseu saqueia a cidade.

284 No lado oposto a Abidos fica Sesto, marcando um dos pontos mais estreitos do Dardanelos, apenas dois quilômetros de largura entre Europa e Ásia.

algum deus, prediz que Agamemnon morreria traiçoeiramente assassinado por membros de sua casa,[285] e igualmente prediz um retorno desastroso e funesto para todo o exército.

[Antenor oferece um banquete aos gregos; funeral de Ájax Telamon]

Enquanto isso, Antenor pede, em seu nome e de seu povo, que os gregos deixem a cólera de lado e tomem decisões em comum, visto que o momento de partir se aproximava. E convida todos os comandantes para um banquete em sua tenda e os presenteia regiamente. Nossos líderes incentivaram Eneias a partir com eles para a Grécia, e prometeram lhe dar um reino tão poderoso quanto os que eles reinavam. Heleno foi recompensado com os filhos de Heitor,[286] dados por Neoptólemo, e com todo ouro e prata que os outros líderes achavam que deviam dar a ele. Em seguida, uma assembleia foi reunida, se decidiu celebrar um funeral solene de três dias em homenagem a Ájax Telamon. No terceiro dia, todos os reis cortaram seus cabelos e os depositaram no túmulo. Depois disso, começamos a insultar Agamemnon e seu irmão Menelau, dizendo que não eram filhos de Atreus e sim de Plístene,[287] portanto ignóbeis. Eles, torcendo que se partissem o ódio diminuiria, imploraram que os deixassem partir sem danos. Isso nós permitimos; então, como párias ou exilados, eles foram os primeiros a partir. Demos os filhos de Ájax para Teucro. Eles eram Eantides e Eurisaces, cujas mães eram Glauce e Tecmessa, respectivamente.

[Antenor expulsa Eneias de Troia; Eneias é obrigado a partir]

[17] O inverno estava chegando depressa, e ameaçava nos impedir de navegar. Portanto, levamos nossos navios para o mar e os aparelhamos com remos e outros equipamentos. Então, partimos, cada um com seu butim ganho após tantos anos de luta.

---

285 Cf. *Orestea* de Ésquilo, trilogia composta pelas tragédias *Agamemnon*, *As coéforas* e *As eumênides*.

286 Os filhos de Heitor são sobrinhos de Heleno.

287 Ver Glossário Érope.

Depois da nossa partida, Eneias,[288] que ficou em Ílion, tentou expulsar Antenor do reino. Deixando a cidade, ele procurou todos os habitantes de Dardânia e da península vizinha, implorando que o ajudassem. Não obteve sucesso, e quando tentou voltar para Ílion, Antenor, sabendo do ocorrido, o impediu de entrar. Então, Eneias foi forçado a zarpar. Levando todo seu patrimônio, ele partiu de Ílion e assim chegou ao mar Adriático, após passar por muitos povos bárbaros. Aqui, ele e os que estavam com ele fundaram a cidade que chamaram de Corcyram Melaenam[289] (Corsyra Negra).

Por outro lado, depois que se espalhou o boato em Ílion de que Antenor havia assumido o poder, todos aqueles que tinham escapado à destruição noturna da cidade retornam, e em pouco tempo um número enorme de homens se reúne: tão grande era o amor por Antenor e a fama de sua sabedoria! O rei dos cebrênios,[290] Enideu, se tornou seu melhor amigo.

[Epílogo]

Eu, Dictys de Cnossos,[291] e companheiro de Idomeneu, escrevi esse relato na linguagem (e quantas inúmeras existem!) que compreendo melhor, usando o alfabeto fenício que nos foi dado por Cadmo e Danaus. Ninguém deve se maravilhar que tantas línguas sejam faladas nessa minha ilha, pois esse é o caso em toda a Grécia. Tudo o que escrevi sobre a guerra entre os gregos e os bárbaros, na qual participei ativamente, é baseado em conhecimento de primeira mão. O que relatei sobre Antenor e seu reino aprendi com o relato de outros. Agora é hora de relatar o retorno dos nossos homens.

---

288 Ele mesmo descendente de Dardano (pai de Ilo, fundador de Ílion; ver Glossário), Eneias tenta cooptar os povos fraternos para sua campanha militar. A cidade de Dardânia, da qual partiram os fundadores de Ílion, fica cerca de 30 quilômetros a noroeste de Ílion, ao longo da costa do Helesponto (cf. *Iliadda* 20,215-217).

289 A Corfú mencionada aqui fica no mar Adriático, na costa da Dalmácia, entre a atual cidade de Spalato (Croácia) e Dubrovnik.

290 Segundo Estrabo (Strab. 13,1,33;47), a cidade de Cebreni tem esse nome em homenagem a Cebrione (filho de Príamo e fundador do assentamento), e ficava a uns 30 quilômetros ao sul de Ílion.

291 Cnossos é uma cidade de Creta, que foi totalmente destruída pelo tsunami provocado pela derradeira erupção do vulcão de Santorini por volta de 80 anos após a guerra de Troia. Aí começa a Idade das Trevas.

Livro 6

[Tempestades destroem a frota grega; Ájax Ileu morre afogado; Náuplio se vinga da morte de Palamedes, seu filho]

[1] Depois de carregar os navios com todo o butim que cada um tinha conquistado na guerra, todos os gregos embarcaram, levantaram âncora e zarparam. Favorecidos com ventos de popa, em poucos dias chegaram ao mar Egeu, onde entre chuvas e ventos, sofrendo muitos infortúnios imerecidos, os navios se dispersaram. Entre eles, a frota de Lócria, comandada por Ájax Ileu, aterrorizada por raios e com a tripulação descontrolada de medo, foi completamente destruída. Ájax e alguns outros, escapando do naufrágio, conseguiram se agarrar aos destroços, mas foram despedaçados pelos escolhos de Cheradi[292] e morreram. Náuplio,[293] desejoso de vingar o assassinato de seu filho Palamedes, mandou agitar tochas à noite para desviar a frota para esses escolhos, e atrair os navios para lá simulando um porto.

[292] A perigosa costa sul da Eubeia, no cabo Cafereus.

[293] Náuplio é pai de Palamedes, e causou o naufrágio da frota grega para vingar a morte de seu filho.

[Clitemnestra e Egisto matam Agamemnon de emboscada]

[2] Entrementes, Oeax, filho de Nauplius e irmão de Palamedes, ao tomar conhecimento de que os gregos retornavam aos seus familiares, foi para Argos, onde, com falsas notícias, colocou Egialeia[294] e Clitemnestra[295] contra os seus maridos,[296] dizendo que traziam concubinas, que eles preferiam às suas esposas. E ele acrescentou aquelas coisas pelas quais seus corações femininos, por natureza facilmente persuadidos, poderiam ficar ainda mais furiosos contra seus maridos. Portanto, Egialeia, com a ajuda dos cidadãos, impediu Diomedes de entrar na cidade; e Clitemnestra fez com que Egisto,[297] com quem vivia em adultério, atraísse Agamemnon para uma emboscada e o matasse. Logo depois, o casal adúltero se casou, e Clitemnestra deu à luz uma menina, Erigone.[298]

Nesse meio-tempo, Taltíbio salvou Orestes,[299] filho de Agamemnon, das mãos de Egisto, e o entregou a Idomeneu,[300] que se encontrava perto de Corinto.

Idomeneu era então um residente em Corinto, para onde também vieram Diomedes e Teucro[301] depois de expulsos de suas cidades. Teucro foi proibido de aportar em Salamina por seu pai, o rei Telamon, provavelmente porque não impediu a morte indigna de seu irmão Ájax. Entrementes, os atenienses acolheram Menesteu e Etra, filha de Piteu, e sua filha, Clímene. Porém, Demofoonte e Acamas[302] não foram admitidos em Atenas.

A maioria que escapou da morte no retorno para casa, ou de emboscadas em casa, veio para Corinto, e lá fizeram planos para retomar seus reinos. Eles queriam unir forças e atacar os reinos um de cada vez. Essa atitude foi

294 Egialeia é esposa de Diomedes, rei de Argos.

295 Clitemnestra é esposa de Agamemnon, rei de Micenas.

296 São três casos de traição aos maridos. Na Argólida, Clitemnestra é induzida a trair Agamemnon com Egisto; Egialeia trai Diomedes com Comete, filho de Estênelo.

297 Ver Glossário Egisto.

298 Ver Glossário Erigone.

299 Ver Glossário Orestes.

300 Em Creta, Meda trai Idomeneu com Leuco. Depois Leuco mata Meda e assume o poder em Creta.

301 Teucro, filho do rei Telamon, da ilha Salamina, perto do Peloponeso.

302 Demofoonte é filho de Fedra com o rei Teseu, fundador de Atenas, e meio-irmão de Acamas.

vetada por Nestor, que sugeriu que eles tentassem primeiro a persuasão e não mergulhar a Grécia numa guerra civil.

Logo depois disso, Diomedes foi informado que o seu avô, Eneu, estava sendo afligido por todos os lados por aqueles que tinham conseguido o controle da Etólia durante sua ausência. Portanto, ele foi para aquela região e matou os usurpadores. Foi enfim aclamado e acolhido pelos seus, pois todos o temiam. Quando essa notícia se espalhou pela Grécia, cada um acolheu o seu próprio rei, considerando que ninguém poderia rivalizar em coragem e bravura com aqueles que combateram em Ílion. Então, nós cretenses e nosso rei Idomeneu voltamos para nossa terra natal e fomos festivamente recebidos pelo nosso povo.

[Orestes mata a mãe, Clitemnestra]

[3] Em seguida, quando Orestes atingiu a maturidade, ele implorou que Idomeneu lhe cedesse o máximo de homens que pudesse, e o deixasse navegar de Creta a Atenas. Seu pedido foi deferido, e tendo reunido um número suficiente de homens, ele partiu para Atenas e lá invocou a ajuda dos atenienses contra Egisto. Então, tendo consultado o oráculo, ele recebeu a resposta de que ele estava destinado a matar sua mãe e Egisto, e assim recuperar o reino de seu pai. Armado com essa profecia, ele e seu bando foram ao rei Estrófio,[303] o fócio. Estrófio prontamente ofereceu ajuda, pois Egisto tinha se casado com a filha de Estrófio, mas a repudiou para se casar com Clitemnestra; e traiçoeiramente matou o grande rei Agamemnon.

Portanto, Orestes, tendo reunido um grande exército, marchou para Micenas. Clitemnestra foi assassinada imediatamente, junto com muitos outros que ousaram resistir. Egisto estava ausente. Mas quando souberam da chegada dele, o mataram numa emboscada. Por toda a península de Argos, as pessoas tiveram que decidir de que lado queriam ficar, segundo seus interesses. Entrementes, Menelau aporta em Creta, e é informado de como Agamemnon morreu e o que acontecia no reino dele.

[303] Ver Glossário Estrófio.

[Helena chega a Creta com Menelau; Orestes é absolvido de parricídio]

[4] Entrementes, os habitantes de Creta ouviram que Helena tinha aportado, homens e mulheres vindos de toda a ilha confluíram; queriam ver aquela pela qual quase o mundo inteiro tinha guerreado. Menelau[304] contou suas aventuras. Ele soube que Teucro, que tinha sido banido de sua pátria, fundou uma cidade em Chipre, chamada Salamina. Ele também relatou as maravilhas do Egito. Lá, as serpentes mataram o seu capitão, Canopi, para o qual mandou erguer um túmulo magnífico. Depois, no momento oportuno, veleja para Micenas. Lá, armou vários complôs contra Orestes, mas o povo o impediu de executar esses planos. Por unanimidade, foi decidido que Orestes seria julgado em Atenas pelo tribunal de Areópago,[305] o mais severo de toda Grécia. Portanto, Orestes pronunciou seu discurso de defesa, e o tribunal o absolveu. Essa absolvição entristeceu tanto a sua meia-irmã, Erigone, filha de Egisto, que ela se enforcou. Depois do veredito, e depois que Orestes[306] foi purificado de várias maneiras pelo parricídio, Menesteu o mandou para Micenas, onde o povo o tornou rei.

Mais tarde, Orestes e depois Menelau (seu tio) vieram para Creta a convite de Idomeneu. Orestes acusou amargamente seu tio de conspirar contra ele quando estava ameaçado por conflitos públicos. Finalmente, foram reconciliados por Idomeneu e partiram para a Lacedemônia.[307] E, então, Menelau, como tinha acordado, prometeu a mão de Hermíone[308] para Orestes.

---

304 Menelau, no seu retorno, foi assolado por tempestades, e acabou no Egito, com apenas cinco navios (Apolod, Epit. 6).

305 Areópago (Ἄρειος Πάγος *areios pagos*, Colina de Ares) é um conselho de anciãos de Atenas, cuja adesão era restrita aos que ocupavam altos cargos públicos, neste caso o de arconte. Era um Tribunal de Homicídios e um órgão judicial.

306 Orestes foi enviado a Táuris (na atual península da Crimeia) e encarregado de trazer para Atenas a estátua da deusa. Encontra sua irmã, Ifigênia.

307 Lacedemônia é a província que inclui Esparta.

308 Hermíone é filha de Menelau com Helena.

[Odisseu em Creta conta seu *nostos* a Idomeneu][309]

[5] Entrementes, Odisseu, com dois navios fenícios alugados, chega a Creta. Ele tinha perdido sua frota e seus companheiros, junto com todo o butim, e mal escapou com vida, usando apenas sua astúcia. Esse infortúnio foi devido ao poder do rei Telamon, que sem dúvida odiava Odisseu por ter causado a morte de Ájax. Quando Idomeneu perguntou os detalhes de seu retorno, ele contou a estória de suas andanças desde o começo. Primeiro, ele aportou na ilha de Ismaros,[310] onde pilhou e conseguiu muitas riquezas. Depois velejaram para a região dos Comedores de Lótus,[311] onde amargaram grandes derrotas. Então, foram para a ilha da Sicília, onde sofreram ofensas imerecidas da parte dos irmãos Ciclopes e Lestrigon. E onde os filhos de Ciclopes, Polifemo e Antifates, mataram muitos companheiros. Finalmente, Polifemo, que era o rei, se apiedou deles e concordou com uma trégua. Se aproveitando das boas graças do rei, tentaram raptar sua filha, Arene, que tinha se apaixonado por um dos companheiros, Alfenor. Porém, Polifemo descobriu, salvou a moça, e eles foram expulsos.[312] Passaram pelas ilhas de Éolo, e chegaram à ilha de Circe,[313] e depois à ilha de Calipso.[314] É bem conhecido como essas rainhas, usando algumas poções, induziam seus convidados a amá-las. Apesar disso, Odisseu conseguiu escapar. Depois foram para um lugar onde, perfazendo os rituais corretos, foram informados do futuro pelas sombras dos mortos. Em seguida, passaram pelos escolhos das Sirenes, das quais se salvaram com astúcia. Por último, passaram entre Cila e Caribdis, um redemoinho fatal que engole todos os navios e tripulantes que passam por ali. E então, finalmente, depois de terem perdido todos os seus navios, caíram nas mãos de piratas fenícios, e estes caridosamente os salvaram.

Assim, Idomeneu fez o que Odisseu pediu: lhe deu dois navios e muito butim e o mandou para Alcínoo,[315] o rei dos feácios.[316]

---

309 Os parágrafos 5 e 6 relatam o que está descrito na *Odisseia*.

310 Ismaros fica na Trácia.

311 Os Comedores de Lótus eram habitantes da península de Djerba na atual Tunísia (Heródoto, 4.177). Ver Glossário Comedores de Lótus.

312 Odisseu escapa do rei Polifemo com apenas um navio.

313 Circe tem dois filhos com Odisseu. Ver Glossário Circe.

314 Calipso esconde Odisseu por sete anos.

315 Ver Glossário Alcínoo.

316 A Feácia é talvez a atual Corfu.

[Odisseu chega a Ítaca]

[6] Chegando lá, devido à sua fama, foram bem acolhidos e entretidos por muitos dias. Eles também relataram que Penelope[317] estava sendo cortejada por 30 garbosos pretendentes vindos de diferentes regiões — de Zacynthus,[318] de Equinadas,[319] Leucas e Ítaca. Odisseu convence o rei Alcínoo a velejar com ele para Ítaca, para vingar esse insulto ao seu matrimônio. Quando chegaram a Ítaca, Odisseu ficou escondido por um tempo, até poder informar Telêmaco[320] dos seus planos. Então, foram ao palácio e assassinaram os pretendentes, empanturrados de vinho e comida. Em seguida, a notícia do retorno de Odisseu se espalha entre os cidadãos, que o acolhem com alegria e entusiasmo, e relatam ao seu herói tudo que tinha acontecido na pátria. Odisseu recompensa os cidadãos leais com recompensas, e os desleais com punições. Sobre Penelope, sua virtude era famosa. Não muito tempo depois, graças aos apelos e a pedido de Odisseu, Nausicaa, filha de Alcínoo, se casa com Telêmaco. Foi nesta época que Idomeneu faleceu e, de acordo com os direitos de sucessão, o reino passou para Meriones. Laertes,[321] três anos depois do retorno de seu filho, se mata. Nausicaa e Telêmaco têm um filho, ao qual Odisseu deu o nome de Ptoliporthus (Saqueador de Cidades).

[*Nostoi* de Neoptólemo; relato do casamento de Peleu com Tétis]

[7] Enquanto essas coisas aconteciam em Ítaca, Neoptólemo estava com os molossianos,[322] consertando seus navios, que foram danificados numa tempestade. Lá, ele soube que Acasto[323] expulsou Peleu[324] do seu reino na Tessália. Portanto, como desejava vingar a morte do seu avô, ele enviou Cri-

317 Penelope é a esposa de Odisseu.

318 Zacynthus é uma ilha oposta à costa de Élis.

319 Equinadas são ilhas a oeste do Peloponeso.

320 Telêmaco é filho de Odisseu com Penelope. Ver Glossário Telêmaco.

321 Laertes é pai de Odisseu.

322 Os molossianos eram a tribo mais famosa dentre as 14 tribos de Epirus, lado oeste da Grécia.

323 Ver Glossário Acasto.

324 Peleu, rei da Fítia, pai de Aquiles.

sipo e Aratus para se informar da situação; eles eram confiáveis, e ninguém na Tessália os conhecia.

Eles souberam por Assandrus, um seguidor de Peleu, de tudo que aconteceu, e como Acasto atacou Peleu traiçoeiramente. Esse Assandrus escapou da tirania de Acasto e ficou do lado de Peleu, do qual ficou tão íntimo que pôde relatar, entre outras coisas, o casamento de Peleu com Tétis, a filha de Quíron. Naquela época, muitos reis, vindos de toda parte, foram convidados para o casamento, que foi na casa de Quíron. Durante o banquete, eles elogiaram a noiva e fizeram brindes a ela como se fosse a uma deusa, dizendo que ela era uma Nereida e Quíron era um Nereus. Da mesma maneira, eles chamavam qualquer um que brilhava na dança ou no canto de Apolo ou de Bacchus, e davam nomes das Musas a muitas das mulheres. Portanto, a partir desse momento, esse banquete ficou conhecido como "o banquete dos deuses".

[Neoptólemo luta pelo reino de seu avô Peleu]

[8] Depois que Crisipo e Aratus descobriram tudo que lhes interessava, voltaram ao rei Neoptólemo, e fizeram um relato completo. Portanto, Neoptólemo, apesar de o mar estar bravio e ter muitas razões para permanecer onde estava, equipou sua frota e velejou. Sua frota foi atingida por tempestades e jogada contra os escolhos da Sepiades[325] (chamada assim por causa de suas pedras traiçoeiras), ele quase perdeu todos os seus navios; ele próprio e todos os que velejavam com ele quase pereceram. Lá, achou seu avô, Peleu, escondido em uma caverna escura. O velho, evitando as tramas vingativas de Acasto, estava de olho em todas as velas que chegavam por lá, esperando seu neto chegar.

Quando Peleu contou a Neoptólemo tudo que aconteceu com a sua casa, o último começou a esboçar um plano de ataque, quando por acaso soube que os filhos de Acasto, Menalipo e Plístene, estavam caçando perto da caverna de Peleu. Portanto, ele colocou roupas daquela região; e, fingindo ser um iolquiano, se apresentou aos filhos de Acasto, pedindo para se juntar

325 Sepias é o nome do promontório situado na costa sul da península de Magnésia, Grécia.

ao esporte. Isso sendo concedido, pouco tempo depois ele se aproximou de Menalipo e de Plístene — estavam perto um do outro, mas separados do resto do grupo — e os matou. Em seguida, o servo Cinyras (como revela o nome),[326] que veio à procura de seus senhores, foi capturado, revelou que Acasto estava chegando e depois foi morto.

[Acasto é poupado da morte e devolve o reino a Neoptólemo]

[9] Então, Neoptólemo mudou de roupa, colocando roupas frígias, de modo a parecer com Mestor, filho de Príamo, o qual trouxe de volta como escravo. Quando se encontrou com Acasto, vestido dessa maneira, ele disse ser Mestor e disse que Neoptólemo estava cansado da viagem e estava dormindo na caverna. Como Acasto desejava pegar seu mais odiado inimigo, ele foi direto para a caverna. Porém, Tétis estava lá, e o impediu de entrar (ela soube do que estava acontecendo e veio ficar com Peleu). Ela o repreendeu severamente pelos crimes cometidos contra a casa de Aquiles e contra as leis dos deuses. E, então, ela usou sua influência para salvá-lo de Neoptólemo, pois pediu ao seu neto que evitasse mais vingança e matanças. Acasto, agradecido por ter sido inesperadamente salvo, de bom grado, ali mesmo, deu a Neoptólemo o completo controle do seu reino. Então, Neoptólemo, tendo obtido controle sobre o reino, foi para a cidade com seu avô, Peleu, e sua avó, Tétis, e com seus homens que tinham sobrevivido à viagem. Todos os cidadãos (e todo o povo dos arredores que estavam sujeitos a ele) o acolheram com alegria e devoção, que não seria perdida, como em breve ele veria.

[Os restos de Memnon]

[10] Neoptólemo me contou tudo o que escrevi sobre ele, quando fui ao casamento de Hermíone, a filha de Menelau. Também ouvi dele sobre os restos de Memnon: seus ossos chegaram às mãos dos etíopes que ficaram em

326 Cinyras deriva de *κύων*, cão, emblema de fidelidade.

Pafos.[327] Eles tinham matado Phalas[328] em Rodes, sob cuja liderança estavam velejando para Ílion, e ficaram com as riquezas que os navios levavam. Então, sua irmã Himera, que alguns chamavam de Hemera em referência à sua mãe, chegou a Pafos, procurando pelos restos do seu irmão. Quando ela encontrou os restos, e soube do roubo das riquezas, quis recuperar ambos. Então, com a mediação dos fenícios, que eram a maioria dos soldados de Memnon, foi dada uma escolha a ela: podia ter as riquezas ou os restos mortais, mas não ambos. Portanto, cedendo aos impulsos de afeto fraternal, ela escolheu o último; ela pegou a urna, e velejou para a Fenícia.

Quando chegou na parte da região chamada Faliotis, ela enterrou a urna.[329] E desapareceu de repente. Existem três explicações para esse desaparecimento: ou ela desapareceu com sua mãe, Himera, ao entardecer; ou se matou de desgosto pela morte do irmão; ou os habitantes de Faliotis a mataram, para roubar o que tivesse.

Neoptólemo é a minha fonte sobre o que relatei de Memnon e sua irmã.

[Praga de gafanhotos em Creta; Dictys consulta o oráculo de Apolo em Delfos]

[11] Depois disso fui para Creta. Um ano depois, fui enviado como representante do nosso povo, para o oráculo de Apolo em Delfos, junto com mais duas pessoas, de modo a pedir ajuda contra uma praga. Sem razão aparente, uma grande nuvem de gafanhotos atacou nossa ilha, e estava destruindo todas as colheitas nos campos. A resposta do oráculo às nossas inúmeras preces e súplicas, foi de que, "pelo poder divino criaturas vivas morrerão, para então as colheitas florescerem e serem abundantes". Depois, desejosos de partir para casa, Licofron e Ixeus embarcaram, apesar do aviso que as pessoas em Delfos fizeram sobre o tempo, que disseram ser instável e perigoso. Mais ou menos na metade do trajeto, morreram atingidos por um raio. Então, como os deuses predisseram, com o mesmo raio, a praga sumiu, tragada pelo mar, e as colheitas foram abundantes.

327 Pafos é uma cidade na ilha de Chipre.

328 Phalas (da cidade de Sídon) é o líder do exército etíope que foi para Ílion por mar. Ele foi morto em Rodes, antes de chegar a Ílion.

329 O túmulo de Memnon está situado entre a Síria e a Palestina, segundo o historiador israelita Flavio Giuseppe, que viveu entre 37 e 110 d.C., durante o reino de Calígula.

[Neoptólemo se casa com Hermíone; Hermíone tem ciúmes de Andrômaca]

[12] Entrementes, Neoptólemo, tendo consumado seu casamento com Hermíone, foi a Delfos. Ele queria agradecer a Apolo por ter punido Alexandre, o assassino de seu pai. Andrômaca ficou em casa, junto com Laodamas, o único filho sobrevivente de Heitor. Porém, Hermíone, após a partida do marido, sofrendo por causa da sua rival, e não suportando o concubinato com a prisioneira, manda chamar seu pai, Menelau. Lamentando-se dessa grande injúria, trazida para casa pelo marido, o convence de matar o filho de Heitor. Porém, Andrômaca foi informada do complô, salvou seu filho e escapou com a ajuda do povo, que perseguiu Menelau com insultos e por pouco não o matou.

[Orestes tem ciúmes de Neoptólemo por ter se casado com Hermíone]

[13] Entrementes, Orestes chega à cidade, sabe do ocorrido, e instiga Menelau a continuar com o plano, pois ele próprio estava planejando matar Neoptólemo quando ele voltasse. Ele odiava Neoptólemo por ter casado com Hermíone, pois ela havia sido prometida para ele. Portanto, a primeira coisa que fez foi enviar alguns de seus homens mais fiéis para Delfos como olheiros, para descobrir quando Neoptólemo regressaria. Menelau, sabendo dos planos de Orestes, voltou para Esparta, pois não queria participar de tal crime. Os olheiros retornaram de Delfos relatando que Neoptólemo não estava lá. Portanto, Orestes foi forçado a sair à procura dele. Quando ele retornou dessa busca, todos acreditavam que ele tinha matado Neoptólemo. Em pouco tempo o rumor de que Neoptólemo estava morto se espalhou e que Orestes o tinha matado traiçoeiramente. Então, Orestes retornou a Micenas, levando Hermíone consigo, pois ela havia sido prometida a ele.

Entrementes, Peleu e Tétis (pais de Aquiles), sabendo da morte do seu neto, foram procurar saber como ele tinha morrido. Descobriram que ele tinha sido enterrado em Delfos (onde tinham feito os ritos funerários de acordo com os costumes), mas que morreu num lugar onde Orestes não tinha sido visto. Isso, porém, o povo se recusou a acreditar, tão forte era sua presunção da traição de Orestes. E mais, Tétis, vendo que Hermíone e

Orestes se casaram, mandou Andrômaca para os molossianos. Andrômaca estava grávida de Neoptólemo, e Tétis tinha medo de que Orestes e Hermíone tentassem matar o bebê.

[Um oráculo pesa sobre Odisseu]

[14] Nesse meio-tempo, Odisseu estava assustado com presságios e pesadelos frequentes. Assim, chamou todos os especialistas em interpretar sonhos da região, e contou a eles tudo, mas especialmente esse sonho que tinha com frequência: "Uma forma metade humana, metade divina, e de belíssimo aspecto, repentinamente surgia do mesmo lugar. Quando ele abria os braços e tentava abraçá-la com paixão, recebia uma repreensão numa voz humana: essa união é perversa, pois é uma união entre pessoas do mesmo sangue, por isso um estava destinado a morrer pelas mãos do outro. E enquanto ele ponderava sobre o que podia ser, uma flecha, atirada pelo comando da aparição, parecia surgir do mar e, ficando entre eles, os forçava a se separar." Todos ali interpretaram essa visão como fatal a ele; e mais, eles advertiram contra atos traiçoeiros de seu filho. Por esse motivo, Telêmaco, por causa das suspeitas de seu pai, foi enviado para a ilha Cefalônia, sob a guarda de homens fiéis. Mais ainda, Odisseu, se escondendo numa região recôndita e remota, tentava evitar o que seu sonho previa.

[O oráculo se cumpre; Odisseu é morto por seu filho Telégono]

[15] Entrementes, Telégono,[330] que nasceu e cresceu na ilha de Eéia, ao atingir a maturidade, chega em Ítaca à procura de seu pai. Ele carregava uma lança cuja ponta era feita da ponta venenosa de uma arraia, que era o símbolo de Eéia, onde nasceu. Chegando em Ítaca, foi informado que Odisseu estava morando no campo, e foi para lá. Porém, os guardas proibiram sua entrada. Insistindo, mas sendo sempre rejeitado, ele começou a gritar que isso era

---

330 Telégono, filho mais novo de Circe com Odisseu. Ver Glossário Telégono.

vergonhoso, um crime impedir um filho de abraçar seu pai. Mas os guardas, não sabendo que Odisseu tinha tido outro filho, e achando que este era Telêmaco, que tinha vindo matar o rei, resistiram mais ainda. Então, Telégono, cada vez mais irritado devido a essa oposição cada vez mais veemente, matou ou feriu vários guardas.

Odisseu, informado do que estava acontecendo, pensou que esse era o jovem que Telêmaco enviou para matá-lo. Ele se junta à luta e atira uma lança, que ele sempre carregava para sua proteção. Porém, Telégono se esquiva do golpe, e com o objetivo de desferir um golpe mortal, dispara a sua excepcional lança e atinge seu pai.

Odisseu, ao cair, agradece a sua sorte, foi melhor assim, pois morrendo pelas mãos de um estranho livrava seu querido filho Telêmaco do crime de parricídio. Ainda respirando, ele perguntou ao jovem quem ele era e de onde era e como ousava matar Odisseu, filho de Laertes, um homem famoso por suas virtudes na guerra e na paz. Então, Telégono entendeu que tinha matado seu pai. Ele chorou miseravelmente, arrancando os cabelos com ambas as mãos, terrivelmente torturado por ser a causa da morte dele. Então, respondeu a Odisseu, dizendo seu nome e o nome de sua mãe e o nome da ilha onde nasceu; e mostrou a ele a ponta da lança.

Odisseu, então, soube que seu sonho recorrente tinha sido interpretado corretamente; ele foi fatalmente atingido por alguém de quem nunca suspeitou. Dentro de três dias ele morreu; um homem de idade avançada, cuja força porém ainda estava intacta.

A queda de Troia

Uma história por Dares da Frígia

Carta de Cornelius Nepos

Cornelius Nepos[1] saúda o caro Sallustius Crispus.

Enquanto me dedicava com empenho às minhas diversas atividades em Atenas, encontrei a história que Dares,[2] o frígio, escreveu sobre os gregos e os troianos. Como indica o título, esse relato foi escrito de seu próprio punho. Capturado por um enorme interesse por essa obra, a traduzi imediatamente sem adicionar nem subtrair nada, e nem dar nenhum toque pessoal. Seguindo o estilo direto e simples do original grego, eu traduzi palavra por palavra, para que os leitores pudessem saber como os eventos se desenrolaram, e julgar se a versão de Dares, o frígio — que viveu e lutou no mesmo período em que os gregos atacaram os troianos — é mais verídica, ou se é oportuno acreditar em Homero, que nasceu muitos anos após a guerra ser travada. Aliás, os atenienses acharam que Homero foi insano ao descrever deuses combatendo com mortais. Mas chega disso: vamos voltar ao que prometemos.

* * *

1 Cornelius Nepos (viveu entre 110 a.C. e 25 a.C.) é um biógrafo romano. Era amigo de Catulo, Cicero e Titus Pomponius Atticus. Viveu durante o reino de Augusto.

2 Dares é frígio, região contígua e aliada de Troia. Ver Glossário Dares.

[1] O rei Pélias [no Peloponeso][3] era irmão de Esão, e Esão era pai de Jasão.[4] Jasão era conhecido por sua coragem e sabedoria. Ele tratava todos no reino com amabilidade, e era muito amado. Quando o rei Pélias viu que Jasão era muito popular com todos, ficou temeroso de que ele pudesse lhe fazer algum mal ou expulsá-lo do reino. Portanto, ele contou a Jasão que na Cólquida[5] existia algo digno de suas proezas: o Velo de Ouro. Se Jasão o trouxesse de volta, ele lhe daria completo domínio sobre o reino.

Ao ouvir isso, Jasão, que era o mais corajoso dos homens, pois queria ver o mundo e esperava ganhar fama e notoriedade trazendo o Velo de Ouro da Cólquida, disse ao rei que queria ir. Porém, ele precisava de suprimentos e companheiros.

O rei Pélias ordenou a vinda do arquiteto-construtor Argos, e comissionou a construção da mais bela nave possível, de acordo com as especificações de Jasão. Por toda a Grécia se espalhou o rumor de que um navio estava sendo construído para que Jasão fosse à Cólquida à procura do Velo de Ouro. Amigos e conhecidos logo apareceram, prometendo partir com ele. Jasão agradeceu o apoio e pediu que se preparassem para a partida. Quando a nau ficou pronta e o tempo de velejar chegou, Jasão enviou cartas a todos que tinham prometido partir com ele, e logo se reuniram na nau, cujo nome era Argos. O rei Pélias ordenou que fosse levado a bordo todo o equipamento necessário, e exortou Jasão e os companheiros que iam com ele a mostrarem coragem. Eles tinham que completar essa missão, ele disse, pois essa viagem certamente iria trazer glória à Grécia e aos próprios. (Não é competência nossa elencar os nomes dos que partiram com Jasão, mas quem quiser saber, leia o *Argonautica*.)[6]

[2] Quando Jasão chegou à Frígia, ele atracou no porto do rio Simóis, e todos desembarcaram. Avisaram ao rei Laomedonte[7] que uma nau magnífica

---

3 O rei Pélias reinava na Tessália. Ver discussão na Introdução. Ver Glossário Pélias.

4 Jasão é sobrinho de Pélias, filho de Esão.

5 Cólquida fica ao sul do mar Negro (naquela época chamado de Ponto Euxino), na região da atual Georgia.

6 *Argonautica* é atribuída a Orfeu, que vivia na Trácia no período dos argonautas, e que os acompanhou na expedição (*Dictionary of Greek and Roman biography*, p. 582).

7 Laomedonte é o rei de Ílion, pai de Príamo e Hesíone, entre outros. Ílion é a principal cidade da região da Trôade.

tinha entrado no porto, e que a bordo estavam muitos jovens vindo da Grécia. Quando o rei Laomedonte ouviu isso, ficou preocupado: ele considerava um perigo público que os gregos adquirissem o hábito de aportar em suas costas com navios. O rei enviou homens ao porto para dizer aos gregos que se afastassem de seu território: se eles não obedecessem à ordem, seriam afastados com armas. Jasão e seus companheiros suportaram mal o cruel tratamento que Laomedonte lhes reservou, apesar de não terem ofendido ninguém. Ao mesmo tempo, temiam ser aniquilados por aquela turba de bárbaros se permanecessem contra a ordem do rei, já que não estavam prontos para a batalha. Portanto, subiram a bordo, se afastaram da terra, velejaram para Cólquida, capturaram o Velo de Ouro e voltaram para casa.

[3] Hércules ficou muito ressentido com o tratamento abusivo dado pelo rei Laomedonte, a ele e a seus companheiros na ida para Cólquida. Ele velejou para Esparta, e incitou Castor e Pólux[8] a vingar as ofensas sofridas, dizendo que se eles prometessem ajudar, outros seguiriam. Castor e Pólux prometeram fazer tudo ao seu alcance. Com essa promessa, Hércules foi para Salamina. Lá, visitou o rei Telamon e pediu que ele se juntasse à expedição contra Ílion, para vingar o tratamento abusivo que ele e seus companheiros sofreram. Telamon prometeu que estaria pronto para o que Hércules pedisse.

Em seguida, ele foi para Pilos para visitar Nestor. Quando Nestor perguntou por que tinha vindo, Hércules respondeu que ele queria vingança, e estava liderando um exército contra a Frígia. Nestor o louvou e prometeu ajuda.

Hércules, sabendo que tinha o apoio de todos, aprontou seus navios, e reuniu um exército. Quando chegou a hora de velejar, ele enviou cartas para aqueles que tinham prometido ajuda, e pediu que viessem com todos os seus homens. Quando todos chegaram, eles velejaram para a Frígia e, à noite, atracaram em Sigeu.[9] Hércules, Telamon e Peleu lideraram o exército em terra, e deixaram Castor, Pólux e Nestor vigiando os navios.

Quando o rei Laomedonte soube que os gregos tinham aportado em Sigeu, ele próprio liderou a cavalaria, e foi para a costa e iniciou a batalha.

8 Castor e Pólux são irmãos gêmeos, e irmãos de Helena e de Clitemnestra, filhos de Tíndaro e Leda.

9 Sigeu é um porto situado na embocadura do rio Escamandro.

Porém, Hércules, tendo ido em direção à Ílion, estava começando a sitiar os desavisados habitantes. Quando Laomedonte soube do que acontecia na sua cidade, tentou retornar imediatamente. Porém, os gregos o interceptaram, e Hércules o matou.

Telamon provou sua destreza sendo o primeiro a entrar em Ílion. Portanto, Hércules lhe deu como prêmio Hesíone, a filha do rei Laomedonte.

Todos os que lutaram com Laomedonte foram mortos.

Nesse meio-tempo, Príamo estava na Frígia, onde Laomedonte, seu pai, o tinha colocado na liderança de um exército.[10]

Hércules e os que vieram com ele saquearam a região e levaram muito butim para os navios. Então, decidiram partir de volta para casa. Telamon levou Hesíone consigo.

[4] Quando Príamo soube que seu pai tinha sido assassinado, seus conterrâneos dizimados, sua região saqueada, e sua irmã Hesíone levada como troféu de guerra, ele ficou profundamente abalado ao pensar que os gregos haviam tratado a Frígia com tanto desprezo. Ele retornou a Ílion com sua esposa, Hécuba, e seus filhos, Heitor, Alexandre, Deífobo, Heleno, Troilo, Andrômaca, Cassandra e Polixena (ele tinha outros filhos com concubinas, mas só aqueles nascidos de esposas legalmente casadas poderiam reivindicar uma linhagem real). Chegando a Ílion, ele fortificou a cidade, construiu muralhas maiores, e colocou mais soldados no entorno. Ílion não pode cair de novo, como fez sob o comando de seu pai, Laomedonte, por falta de preparativos.

Ele também construiu um palácio, no qual consagrou um altar e uma estátua a Zeus; enviou Heitor à Peônia; construiu os portões de Ílion — o Antenoro, o Dardanio, o Iliano, o Saeano,[11] o Timbreano e o Troiano. Quando viu que Ílion estava bem fortificada, ele esperou o tempo certo para se vingar das injustiças que seu pai sofreu. Então, ele convocou Antenor, e disse que queria enviá-lo como mensageiro aos gregos. O exército grego lhe fez graves injustiças matando seu pai, Laomedonte, e levando sua irmã Hesíone. Porém, se devolvessem Hesíone, ele deixaria de lado seu rancor.

---

10 Talvez esse exército estivesse lutando contra as Amazonas. Ver *Il.* 3.182-190.

11 Portão Saeano é construído de modo esconso, de maneira a deixar a descoberto o flanco direito do atacante.

[5] Obedecendo Príamo, Antenor embarcou e velejou para a Magnésia para visitar Peleu.[12] Por três dias Peleu o recebeu hospitaleiramente, e no quarto dia perguntou por que tinha vindo. Antenor, seguindo as instruções de Príamo, disse que tinha vindo pedir a devolução de Hesíone. Ao ouvir isso, Peleu ficou indignado, pois esse assunto era pertinente a ele, e ordenou que Antenor se retirasse de seu território.

Antenor, sem demora, embarcou para a Beócia e chegou na ilha de Salamina. Lá, tentou persuadir Telamon a devolver Hesíone, irmã de Príamo. Não era correto manter uma moça da realeza na servidão. Telamon retrucou que não tinha cometido nada de errado contra Príamo. Ele se recusou a devolvê-la, pois a tinha recebido como prêmio de guerra, e ordenou que Antenor se retirasse de seu território.

Antenor embarcou na sua nau e foi para Acaia. Lá, foi levado até Castor e Pólux, e tentou persuadi-los a devolver Hesíone como reparação a Príamo. Castor e Pólux negaram que Príamo tenha sido lesado, e ordenaram a partida de Antenor.

Então, ele foi para Pilos, e disse a Nestor o motivo de sua missão. Quando Nestor entendeu o porquê da sua vinda, começou a repreendê-lo. Como, ele perguntou, se atreveu a empreender essa missão? Os gregos foram os primeiros a serem ofendidos pelos frígios.

Quando Antenor percebeu que não havia conseguido nada, e que fora tratado com desprezo, embarcou em sua nau e velejou de volta para casa. Reportando a Príamo, ele disse o que cada um tinha respondido e o tratamento que ele recebeu, incitando o rei a fazer guerra contra eles.

[6] Imediatamente, Príamo ordenou que chamassem seus filhos e todos os seus amigos: Antenor, Anquises, Eneias, Ucalegon, Bucolion, Panto e Lampus, e todos os filhos nascidos de suas concubinas. Quando todos estavam reunidos, ele relatou a fracassada missão de Antenor: como ele tinha ido para a Grécia e exigido, como reparação pela morte de Laomedonte, a devolução de Hesíone; e como os gregos o trataram com desdém e o mandaram de volta para casa de mãos vazias. Então, Príamo concluiu que, como os gregos se recusaram a fazer o que ele desejava, ele enviaria um exército para fazê-los pagar por seus crimes, para que não pensassem que eram bárbaros dignos de

12 Peleu é irmão de Telamon.

desprezo. E ele incitou seus filhos, especialmente Heitor, já que era o mais velho, a comandar as tropas.

Heitor respondeu dizendo que ele faria o desejo de seu pai, e vingaria a morte do seu avô, Laomedonte, e as outras injustiças cometidas pelos gregos contra os troianos. Os gregos, ele disse, devem pagar por seus crimes. Ele temia, no entanto, que a expedição troiana falhasse, pois a Europa tinha muitos homens guerreiros que viriam em auxílio da Grécia, enquanto eles próprios, que viviam na Ásia, haviam passado o tempo no ócio e não dispunham de uma frota.

[7] Então, Alexandre começou a instigá-los. Eles precisavam construir uma frota e velejar contra os gregos. Se seu pai quisesse, ele se encarregaria dessa aventura; ele conquistaria o inimigo e voltaria da Grécia com grande renome. Havia motivos para acreditar que os deuses iam ajudá-lo, pois enquanto caçava nos bosques do monte Ida, ele caiu dormindo e sonhou o seguinte:

Hermes trouxe Hera, Afrodite e Atenas para que ele julgasse qual dentre elas era a mais bela. Afrodite prometeu — se ele a escolhesse — dar-lhe em casamento a mulher mais linda da Grécia. Ouvindo isso, ele escolheu Afrodite como a mais bela.

Esse sonho inspirou Príamo com a esperança de que Afrodite ajudasse Alexandre. E Deífobo[13] aprovou o que Alexandre disse. Ele acreditava que os gregos devolveriam Hesíone e fariam reparações, como foi proposto, se eles enviassem uma frota contra a Grécia. Porém, Heleno[14] começou a vaticinar que, se Alexandre trouxesse de volta uma esposa grega, os gregos iriam persegui-lo, dominar Ílion e matar seus pais e irmãos. Mas Troilo, que apesar de ser o mais novo dos filhos de Príamo igualava Heitor em bravura, os incitou à guerra, e disse-lhes que não se assustassem com as terríveis palavras de Heleno.

Portanto, decidiram unanimemente preparar uma frota e velejar para a Grécia.

[8] Príamo enviou Alexandre e Deífobo para Peônia para formar um exército. Depois convocou o povo para uma assembleia. Tendo arranjado a linha de comando começando com seu filho mais velho e terminando no mais moço, ele disse como os gregos tinham ofendido os troianos. Ele tinha

13 Deífobo, filho de Príamo, é irmão de Heitor, Alexandre e Heleno.

14 Heleno é irmão gêmeo de Cassandra, filho de Príamo com Hécuba. Ele também tinha o dom da profecia.

enviado Antenor como embaixador para a Grécia para reaver sua irmã Hesíone e obter reparação para os troianos, mas os gregos trataram Antenor com desdém e o mandaram para casa de mãos vazias. Portanto, Alexandre vingaria a morte de seu avô e de todas as injúrias sofridas pelos troianos.

Então, o rei Príamo ordenou que Antenor relatasse como ele tinha sido tratado na Grécia. Antenor brevemente descreveu sua missão e, exortando os troianos a não terem medo, tornou-os mais ansiosos pela guerra contra a Grécia.

Em seguida, Príamo perguntou a opinião dos troianos: alguém gostaria de falar contra a guerra? Então, Panto,[15] se dirigindo ao rei e seus parentes, relatou o que tinha ouvido de seu pai Euforbo: se Alexandre trouxesse de volta uma esposa da Grécia, Ílion cairia irremediavelmente. É muito melhor, disse ele, viver sua vida em paz do que arriscar a perda da liberdade em guerra. O discurso de Panto foi recebido com desprezo pelo povo, e eles perguntaram ao rei o que tinha que ser feito. Quando Príamo lhes disse que eles tinham de construir navios para guerrear com os gregos e reunir suprimentos para o exército, eles gritaram que estavam prontos para obedecer a qualquer ordem que lhes fosse dada. O rei os agradeceu profusamente, e dispensou a assembleia.

Logo após, ele enviou os homens à floresta de Ida para que cortassem madeira para construir os navios; e enviou Heitor para a Frígia setentrional para reunir um exército.

Quando Cassandra[16] soube da intenção de seu pai, ela disse que os troianos iam sofrer se Príamo enviasse uma frota à Grécia.

[9] Logo os preparativos começaram. Os navios foram construídos, e o exército que Alexandre e Deífobo reuniram na Peônia veio. Quando chegou o momento oportuno para zarpar, Príamo se dirigiu às tropas. Ele nomeou Alexandre comandante-chefe, e Deífobo, Eneias e Polidamas oficiais. Primeiro, ele disse, Alexandre deve ir a Esparta pedir a Castor e Pólux a devolução de sua irmã Hesíone, e exigir reparações para Ílion. Então, se Castor e Pólux recusassem, Alexandre deveria imediatamente enviar uma mensagem, para que Príamo pudesse enviar o exército para a Grécia.

---

15 Panto era sacerdote do templo de Apolo em Ílion.

16 Cassandra é filha de Príamo com Hécuba, e irmã gêmea de Heleno. Está condenada a não ter suas profecias levadas a sério.

Portanto, Alexandre velejou para a Grécia, pilotado pelo mesmo homem que tinha ido com Antenor. Alguns dias antes de chegarem à Grécia — antes de chegarem à ilha de Cítera[17] —, eles passaram por Menelau, que velejava a caminho de visitar Nestor em Pilos. Menelau ficou maravilhado com a frota real e se perguntou para onde estava indo. Na verdade, ambos se perscrutaram enquanto cruzavam, sem saber de seus respectivos destinos.

Castor e Pólux tinham ido visitar Clitemnestra em Argos, onde o festival de Hera estava sendo realizado; e eles levaram consigo sua sobrinha Hermíone, a filha de Helena.

Nos dias em que Alexandre estava na ilha de Cítera, onde existia um templo de Afrodite,[18] ele fez um sacrifício em homenagem a Diana;[19] ao mesmo tempo, em Argos se celebrava uma festa em homenagem a Hera. Os habitantes da ilha de Cítera olharam com estupor a frota real, e perguntaram aos companheiros de Alexandre qual o motivo da sua chegada. Eles responderam que Alexandre foi enviado pelo rei Príamo para um colóquio com Castor e Pólux.[20]

[10] Enquanto Alexandre estava em Cítera, Helena, esposa de Menelau, resolveu ir lá. Portanto, ela foi para a costa, ao porto de Helea,[21] com a intenção de fazer um sacrifício no templo de Diana e Apolo.[22] Quando Alexandre soube que Helena estava lá, sabendo de sua beleza, decidiu ir vê-la. Confiante na sua virilidade, ele começou a andar à vista dela. Quando Helena soube que Alexandre, filho do rei Príamo, tinha vindo para Helea, ela também

---

17 Durante muitos séculos, quando o transporte naval tinha uma enorme importância, a ilha de Cítara era um ponto estratégico na região, sendo, desde a antiguidade até meados do século XIX, um ponto de paragem quase obrigatório na rota de marinheiros, comerciantes e navios militares. A ilha foi durante muito tempo conhecida pelos seus pescadores de *murex*, de onde extraíam o corante púrpura.

18 Afrodite é filha de Zeus com Dione. Os fenícios instalaram em Cítara um templo à deusa Astarte-Ishtar, identificada com Afrodite, que por lá teria passado após ter nascido da espuma (*aphrós*) do mar.

19 O compilador, que aqui baseia seu trabalho em Dracontius, substituiu "Dione" por "Diana", que é a interpretação de Dracontius em *Romulea* 8.435. Dione, da qual aparentemente o compilador nunca ouvira falar, era, de acordo com *Il* 5.370, a mãe de Afrodite. Ver Schissel von Fleschenberg, p. 154-156.

20 Castor e Pólux são irmãos de Helena.

21 Esse nome não aparece em Dracontius, que é a fonte dessa passagem; "Helea", que provavelmente deriva de "Helena", deve ter sido acrescentado porteriormente seja pelo compilador, seja por outra pessoa. Ver Schissel von Fleschenberg, p. 156.

22 O compilador, depois de substituir Dione por Diana, agora acrescenta Apolo, irmão de Diana.

quis vê-lo. Portanto, eles se encontraram e ficaram algum tempo apenas se olhando, impressionados com a beleza do outro.

Alexandre ordenou que seus homens se preparassem para velejar naquela noite. Eles iriam capturar Helena no templo e levá-la para casa com eles. Portanto, ao sinal eles invadiram o templo e a levaram — sem nenhuma resistência de sua parte — junto com algumas outras mulheres. Os habitantes da cidade, ao saber da captura de Helena, tentaram impedir que Alexandre a levasse. Eles lutaram corajosamente, mas as forças superiores de Alexandre os derrotaram. Depois de saquear o templo e levar tanto prisioneiros quanto seus navios permitiam, ele zarpou para casa.

Na ilha de Tenedos,[23] onde aportaram, ele tentou reconfortar Helena, que estava arrependida; e mandou notícias de seu sucesso para seu pai.

Menelau,[24] quando soube do ocorrido, deixou Pilos acompanhado por Nestor, e voltou para Esparta, para onde convocou seu irmão Agamemnon[25] de Argos.[26]

[11] Entrementes, Alexandre chega em casa com o seu butim, e relata ao seu pai uma exata descrição de tudo aquilo que tinha feito. Príamo ficou encantado. Ele esperava que os gregos tentariam recuperar Helena e, portanto, devolveriam Hesíone[27] e as coisas que levaram de Ílion. Ele consolou Helena, que estava arrependida, e a casou com Alexandre. Quando Cassandra viu Helena, ela começou a vaticinar, repetindo o que sempre disse: até que Príamo ordenou que a levassem e a prendessem.

Agamemnon, ao chegar em Esparta, consolou seu irmão. Eles decidiram mandar homens por toda a Grécia para reunir um exército e declarar guerra aos troianos. Entre os que vieram estavam Aquiles com Pátroclo, Euríalo,

---

23 A ilha de Tenedos fica nas costas da Frígia, um pouco antes do Helesponto.

24 Menelau é marido de Helena, e tem com ela uma filha, Hermíone.

25 Agamemnon é o irmão mais velho de Menelau. Ambos são filhos de Érope e netos do rei Catreu, de Creta.

26 Schissel von Fleschenberg (p. 147ff) acha que essa frase começa a tradução do Dares original, por volta da metade da sua introdução, grande parte da qual foi substituída pelo material das seções 1 a 10.

27 Seções 1 a 10 atribuem a captura de Hesíone, e o fracasso da missão de Antenor em resgatá-la, como a causa da Guerra, enquanto o Dares original, como mostrado nas seções 11 a 43, atribui a Guerra ao sequestro de Helena. Portanto, referências à Hesíone e à missão de Antenor nas seções 11 a 43 são provavelmente adições do tradutor-compilador com o intuito de harmonizar as diferentes fontes. Ver Schissel von Fleschenberg, p. 147.

Tlepólemo e Diomedes. Eles juraram vingar as injúrias que os troianos cometeram e preparar um exército e uma frota para esse fim. Agamemnon foi escolhido comandante-em-chefe, e mensagens foram enviadas para reunir todos os gregos no porto de Atenas com seus navios e exércitos. Dali eles iriam para Ílion juntos, vingar as injúrias que sofreram.

Castor e Pólux, ao saberem do rapto de Helena, zarparam imediatamente atrás deles.[28] Porém, quando chegaram à ilha de Lesbos,[29] eles desapareceram em meio a uma grande tempestade. Mais tarde correu o boato de que tinham se tornado imortais. As habitantes de Lesbos, as lesbianas, zarpando e procurando até Ílion, voltaram para relatar que não encontraram nenhum vestígio de Castor e Pólux.[30]

[12] Dares, o frígio, que escreveu essa estória, diz que lutou no exército até a captura de Ílion, e que viu as pessoas listadas a seguir durante os tempos de trégua ou quando ele estava lutando.[31] Mas também de ter ouvido os dardânios[32] falarem da aparência e do caráter de Castor e Pólux: eles eram gêmeos, de cabelos louros, olhos grandes, pele clara, com corpos esguios e bem constituídos. Helena se parecia com Castor e Pólux.[33] Ela era linda, ingênua e charmosa. Suas pernas eram belas; sua boca, pequena; e tinha um sinal entre as sobrancelhas. Príamo, o rei dos troianos, tinha um belo rosto, uma voz suave, a pele escura e um corpo esguio. Heitor era gago, tinha a pele clara, cabelos cacheados, era vesgo e ágil, tinha um rosto que inspirava respeito, tinha barba, era beligerante, de coração generoso e clemente, digno de receber e capaz de dar amor. Deífobo e Heleno pareciam com o pai, mas tinham índoles diferentes. Deífobo era valoroso, Heleno era clemente e sábio. Troilo era alto, muito belo e valoroso para sua idade, forte e desejoso de glória. Alexandre tinha a pele clara, era alto e forte, com

---

28 Schissel von Fleschenberg (p. 9-12 e 147) acha que as referências a Castor e Pólux nas seções 11 e 12 são adições do tradutor-compilador com o intuito de conectar sua tradução de Dares com as seções anteriores, nas quais Castor e Pólux desempenham papéis importantes.

29 A ilha de Lesbos é a terceira maior ilha grega, e fica nas costas da atual Turquia.

30 Ver nota 28.

31 De acordo com Schissel von Fleschenberg, essa frase provavelmente pertence ao Prefácio grego original. Ver Introdução de R. M. Frazer Jr. p. 47-49.

32 Referência ao rei Antenor, rei dos dardânios e primo do rei Príamo. Antenor liderou a primeira embaixada que foi à Grécia pedir a devolução de Hesíone.

33 Helena, assim como seus irmãos, talvez esteja fora de lugar aqui. Ver nota 28.

belos olhos, cabelos louros e macios, um belo rosto, uma voz agradável. Era ágil e ávido por poder.

Eneias era ruivo, atarracado, astuto e cauteloso. Seus olhos eram negros e cintilantes.

Antenor era alto, gracioso, ágil, astuto e cauteloso.

Hécuba era linda, tinha pele escura, uma mente viril, era pia e justa.

Andrômaca era loura e com olhos brilhantes, com um corpo esguio e belo. Ela era modesta, sábia, casta e justa.

Cassandra era ruiva, de altura média, e tinha a boca redonda. Seus olhos faiscavam. Ela via o futuro.

Polixena tinha a pele clara, era alta, bela, com pescoço longo e belos olhos, com os cabelos louros e longos, o corpo bem proporcionado, os dedos finos, as pernas retas e belos pés. Superando todas as outras em beleza, ela continuava sendo completamente ingênua e generosa.

[13] Agamemnon tinha a pele clara, era louro, alto, robusto, eloquente, prudente, nobre e rico. Menelau tinha estatura mediana, ruivo e belo, com uma personalidade agradável.

Aquiles tinha o peito largo, uma boca fina e braços e pernas fortes. Sua cabeça era coberta por longos cabelos castanhos ondulados. Apesar de ter modos agradáveis, era implacável no combate. Tinha o rosto pacífico e era generoso. Pátroclo era belo e forte, tinha olhos cinzas, era modesto, confiável, sábio e prudente.

Ájax, filho de Ileu, era robusto, com membros fortes, a pele escura, alegre e corajoso.

Ájax, filho de Telamon, era valente, franco, com a voz cristalina, os cabelos negros e ondulados, e inclemente com os inimigos.

Odisseu era obstinado, astuto, alegre, de estatura mediana, eloquente e sábio. Diomedes era robusto, corajoso, digno e de rosto austero. Ninguém era mais feroz do que ele em batalha. Tinha um potente grito de guerra, era impetuoso, impaciente e ousado.

Nestor era alto, com nariz aquilino e longo, tinha ombros largos, a pele clara, e era sábio conselheiro. Protesilau tinha a pele clara e um belo rosto. Ele era ágil, confiante, até mesmo ríspido.

Neoptólemo era alto, robusto, e se irritava facilmente. Tinha um ligeiro ciciar, um belo rosto, com o nariz adunco, olhos redondos e sobrancelhas espessas.

Palamedes era alto e esguio, sábio, magnânimo e charmoso.

Podalírio[34] era atarracado, forte, arrogante e temperamental.

Macaon era alto e corajoso, confiável, prudente, paciente e clemente.

Meriones era ruivo, de estatura mediana, e corpo proporcional. Era robusto, ágil, impiedoso e irritável.

Briseida[35] era linda. Ela era baixa e loura, com cabelos louros e macios. Suas sobrancelhas se juntavam acima de seus lindos olhos. Seu corpo era proporcional, ela era charmosa, amigável, modesta, ingênua e piedosa.

[14] Eis a lista dos comandantes gregos e os navios que trouxeram para o porto de Atenas.[36] Agamemnon veio de Micenas com 100 naus; Menelau de Esparta com 60; Arcesilau e Protenor da Beócia com 50; Ascálafo e Ialmeno de Orcômeno com 30; Epístrofo e Esquédio da Fócia com 40; Ájax Telamon veio com Teucer, seu irmão, de Salamina, e também Anfímaco, Diores, Tálpias e Polixeno de Buprasion, com 40 naus; Nestor de Pilos com 80; Toas de Etólia com 40; Nireus de Sime com 53; Ájax, filho de Ileu, da Lócrida com 37; Antifo e Fídipo de Calidne com 30; Idomeneu e Meriones de Creta com 80; Odisseu de Ítaca com 12; Eumelo de Feras com 10; Protesilau e Podarces de Fílaca[37] com 40; Podalírio e Macaon, filhos de Asclépio,[38] de Tricca com 12 naus; Aquiles, acompanhado por Pátroclo e os mirmidões, da Fítia com 50; Tlepólemo de Rodes com 9; Eurípilo de Ormenion com 40; Antifo e Anfímaco de Elis com 11; Polipoetes e Leonteu de Argisa com 40; Diomedes, Euríalo e Estênelo de Argos com 80; Filoctetes de Melibeia com 7; Guneu de Quifo com 21; Protos de Magnésia com 40; Agapenor de Arcadia com 40; e Menesteu de Atenas com 50. Eram 49 comandantes, e trouxeram um total de 1.130 navios.

[15] Quando chegaram em Atenas, Agamemnon chamou os comandantes para uma assembleia. Ele os elogiou e os exortou a vingar as injúrias o quanto antes. Pediu que cada um desse sua opinião, e os convenceu a enviar uma delegação ao oráculo de Apolo em Delfos. A assembleia concordou unanimemente, e indicaram Aquiles como chefe da missão; portanto, ele e Pátroclo partiram para Delfos.

---

34 Podalírio era irmão de Macaon.

35 Briseida, filha de Brises, se chama Hipodâmia.

36 Essa lista é, em sua maior parte, baseada no catálogo de navios de Homero em *Il.* 2.494-759.

37 Protesilau e seu irmão Podarces vieram da Tessália.

38 Asclépio (em grego: *Ἀσκληπιός*) ou Esculápio (em latim: *Aesculapius*).

Entrementes, Príamo, ao saber que os gregos estavam se preparando para a guerra, mandou homens por toda Frígia para convocar o apoio dos exércitos vizinhos. Ele próprio preparou zelosamente seus exércitos em casa.

Quando Aquiles chegou em Delfos, ele foi ao oráculo de Apolo. A resposta foi que os gregos iriam capturar e conquistar Ílion no décimo ano. Aquiles celebrou um sacrifício do modo que lhe foi ordenado. Ao mesmo tempo, o vidente Calcas,[39] filho de Téstor, chegou enviado pelo seu povo, os frígios, para trazer presentes para Apolo. Ao perguntar ao oráculo sobre seu reino e sobre si próprio, a resposta emitida pela mais sagrada das divindades foi que os gregos velejariam contra Ílion e fariam sítio da cidade até capturá-la, e que ele iria com eles para aconselhá-los.

Aquiles e Calcas se encontraram no templo de Apolo e, depois de compararem as respostas, com alegria consolidaram sua amizade com hospitalidade, partiram e chegaram juntos em Atenas. Lá, Aquiles relatou o que disse o oráculo, os gregos se rejubilaram. E acolheram Calcas como um deles. Então levantaram as velas e partiram. Porém, uma enorme tempestade impediu seu progresso. Nisso, Calcas, interpretando os presságios, disse que precisavam retornar e ir para Áulis.

Chegando em Áulis, Agamemnon aplacou[40] Ártemis, e então comandou seus seguidores a velejar para Ílion. Como piloto escolheram Filoctetes, que tinha participado da expedição dos Argonautas a Ílion.[41]

Em seguida, desembarcaram em uma cidade que fazia parte do reino de Príamo, a invadiram e levaram muito butim. Chegando à ilha de Tenedos, mataram todo o povo e Agamemnon dividiu o butim.

[16] Então, reunindo o conselho, ele enviou embaixadores a Príamo pedindo a devolução de Helena e do butim que Alexandre tinha levado; Diomedes e Odisseu foram escolhidos para essa missão. Ao mesmo tempo, Aquiles e Télefo foram enviados para saquear a Mísia, a região governada pelo rei Teutras.[42] Eles chegaram à região e começaram a pilhagem. O rei

39 Calcas é um vidente a serviço dos troianos. Ele que vai vaticinar o sacrifício de Efigênia, filha de Agamemnon, de modo a apaziguar a deusa Ártemis.

40 Aplacou a deusa Ártemis (irmã gêmea de Apolo, ambos do lado de Ílion) com o sacrifício de Efigênia, filha mais velha de Agamemnon, por sugestão de Calcas.

41 Compare com Dictys 2.10 e nota de rodapé 19.

42 Compare com Dictys 2.1-6 e nota de rodapé 2.

Teutras a defendeu com seu exército. Aquiles botou o inimigo para correr, e também feriu o rei. E o teria matado se Télefo não o tivesse impedido. Télefo veio ao auxílio de Teutras e o protegeu com seu escudo. Ele se lembrava do vínculo de amizade que os unia, pois quando Télefo, filho de Hércules, ainda era um menino, Teutras o hospedou. Teutras era devedor a Hércules, pai de Télefo, pois dizem que, na época, Hércules matou o rei Diomedes (o então rei da Mísia) enquanto este caçava com seus possantes e selvagens cavalos, e que entregou o reino da Mísia a Teutras. Por esse motivo, Télefo, filho de Hércules, correu em seu auxílio.

Quando Teutras se deu conta que a sua ferida era mortal, nos seus últimos instantes de vida deixou o seu reino e a Mísia para Télefo, e o nomeou rei. Esse último celebrou um magnífico funeral em honra do rei Teutras. Aquiles o convenceu a ficar e tomar conta do seu novo reino: disse que ele ajudaria muito os gregos enviando suprimentos do que indo para Ílion. Portanto, Télefo ficou para trás, e Aquiles, carregando um grande butim, retornou para o exército na ilha de Tenedos. Seu relato do que foi feito ganhou a aprovação e o elogio de Agamemnon.

[17] Entrementes, os embaixadores chegaram até Príamo, e Odisseu apresentou as demandas de Agamemnon. Se Helena e o butim fossem devolvidos e reparações apropriadas fossem feitas, os gregos partiriam em paz.

Príamo respondeu recapitulando as injúrias feitas pelos argonautas:[43] a morte de seu pai, a pilhagem de Ílion e a captura de sua irmã Hesíone. E finalizou descrevendo como os gregos trataram Antenor com desdém quando ele foi enviado de embaixador. Ele, portanto, repudiava a paz. Ele declarou guerra e ordenou que os embaixadores gregos fossem expulsos de suas fronteiras. Portanto, os embaixadores retornaram ao acampamento na ilha de Tenedos e relataram o que Príamo tinha respondido. E o conselho discutiu o que fazer.

[18] Este parece um bom lugar para listar os líderes que trouxeram exércitos em apoio ao rei Príamo contra os gregos e dizer de que regiões vinham:[44] Pândaro, Anfio e Adrasto vinham de Zelia; Mopsus, de Colophon; Asius, da Frígia; Anfímaco e Nastes, da Cária; Sarpedon e Glaucus, da Lícia;

---

43 Segundo Schissel von Fleschenberg, a maior parte desse discurso é provavelmente adicionada pelo tradutor-compilador. Ver nota de rodapé 27 anterior.

44 Esse catálogo de aliados troianos é baseado, em sua maior parte, na *Ilíada* 2.824-877.

Hipotus e Cupesus, de Larissa; Eufemo, de Ciconia; Pirus e Acamas, da Trácia; Pyraechmes e Asteropaeus, da Peônia; Ascanius e Phorcys, da Frígia; Antifo e Mesthles de Meonia; Pilemenes, de Paflagônia; Perses e Memnon, da Etiópia; Rhesus e Arquíloco, da Trácia; Adrasto e Amphius, de Adrestia; e Epístrofo e Odius, de Alizonia. Príamo nomeou Heitor comandante-em--chefe desses líderes e exércitos. O segundo em comando eram Deífobo, Alexandre, Troilo, Eneias e Memnon.

Enquanto Agamemnon finalizava seus planos, Palamedes, filho de Náuplio, chegou com 30 naus de Cormos.[45] Ele se desculpou de não os ter encontrado antes em Atenas por causa de uma doença. Todos agradeceram por ele ter vindo o mais rápido possível, e o convidaram a se juntar ao conselho.

[19] Os gregos deliberaram se deviam atacar Ílion à noite ou durante o dia. Palamedes sugeriu que desembarcassem de dia, pois assim eles atrairiam as forças inimigas para fora da cidade. Seu conselho foi unanimemente acatado. Então, decidiram dar o comando a Agamemnon; e três embaixadores foram nomeados para angariar suprimentos da Mísia e de outros lugares: Ânio[46] e os dois filhos de Teseu[47], Demofoonte[48] e Acamas.

Então, Agamemnon, tendo reunido os soldados em assembleia, os elogiou e exigiu sua imediata e total lealdade. Quando o sinal foi dado, os navios zarparam e toda a frota em formação desembarcou nas costas troianas. Os troianos se defenderam com bravura. Protesilau desembarcou, pôs alguns homens a correr e matou outros, mas Heitor foi ao seu encontro e o matou enquanto dispersava os outros gregos.[49] Porém, sempre que Heitor recuava, os troianos fugiam. As perdas em ambos os lados eram pesadas, até que Aquiles chegou e fez com que todos os troianos fugissem para dentro de Ílion. Quando a noite encerrou a batalha, Agamemnon liderou todo o seu exército para a terra e montaram acampamento.

---

45 Schissel von Fleschenberg (p. 162) assinala que o herói Palamedes e seus navios (não mencionados por Homero), não estão listados na seção 14 junto com os outros líderes gregos (e seus navios), mas se destacam aqui após a listagem dos líderes troianos.

46 Para Ânio, compare Dictys 1.23 e nota de rodapé 128.

47 Teseu foi o rei fundador de Atenas, unificando a região da Ática. Matou o Minotauro.

48 Demofoonte e Acamas são filhos de Teseu. Libertaram a avó Etra, que tinha sido capturada junto com Helena.

49 Segundo Dictys 2.11, Eneias matou Protesilau.

No dia seguinte, Heitor liderou seu exército para fora da cidade, pronto para a batalha. O exército de Agamemnon veio ao encontro com gritos de guerra. A batalha foi feroz e inclemente; os mais corajosos que lutaram na linha de frente pereceram. Heitor matou Pátroclo; e estava tentando tirar sua armadura quando Meriones[50] arrastou seu corpo para longe do campo de batalha. Então, Heitor perseguiu e matou Meriones. Dessa vez, quando tentava despojar o corpo, ele foi ferido na perna por Menesteu,[51] que veio auxiliar Meriones. Heitor, apesar de ferido, matou inúmeros inimigos e teria debandado as forças gregas se Ájax, filho de Telamon, não tivesse se interposto. Imediatamente após se deparar com Ájax, Heitor se lembrou de que eram aparentados: a mãe de Ájax era Hesíone, irmã de Príamo.[52] Portanto, ele ordenou que os troianos parassem de atear fogo nos navios, trocaram presentes e se separaram amigavelmente.[53]

[20] No dia seguinte, os gregos pediram uma trégua.[54] Aquiles lamentou a morte de Pátroclo, e os gregos lamentaram a de seus companheiros. Agamemnon realizou um magnífico funeral em honra de Protesilau, e se ocupou da sepultura dos outros. Aquiles celebrou os jogos funerários em honra de Pátroclo. Durante a trégua, Palamedes não parou de fomentar a revolta: "O rei Agamemnon não merecia o comando do exército." Palamedes abertamente se gabava de suas próprias realizações, particularmente suas táticas de ofensiva, suas fortificações de acampamento, as patrulhas da guarda, sua invenção de troca de sinais, sua medição em libras e pesos, e o treinamento do exército. Dizia que, dado que eram suas invenções, não era justo que Agamemnon, que foi escolhido como líder por poucos, tivesse o comando até sobre aqueles que se uniram à expedição mais tarde, especialmente porque todos esperavam inteligência e bravura de seus próprios comandantes.

Depois de dois anos, durante os quais os gregos debateram quem deveria comandá-los, a guerra recomeçou. Agamemnon, Aquiles, Menelau e Diomedes lideraram os gregos. Da outra parte, Heitor, Troilo e Eneias lideraram

50 Meriones era sobrinho de Idomeneu, de Creta.

51 Menesteu foi colocado como rei de Atenas (por Castor e Pólux) depois que Teseu raptou a irmã deles, Helena.

52 Ver Glossário Ájax Telamon.

53 Compare com *Il* 7, onde Heitor e Ájax, depois do duelo, trocam presentes e se separam amigavelmente.

54 Houve 11 tréguas relatadas em Dares, durando ao todo mais de sete anos e meio.

os troianos. Foi um grande massacre, e homens valorosos de ambos os lados pereceram. Heitor matou Boetes, Arcesilau[55] e Protenor.[56] Quando a noite suspendeu a luta, Agamemnon convocou o conselho e os exortou a entrar na luta e tentar matar especialmente Heitor, pois Heitor matou alguns de seus maiores líderes.

[21] Na manhã seguinte, Heitor, Eneias e Alexandre lideraram o exército. E todos os comandantes gregos lideraram seus exércitos. Foi um grande massacre, e em ambos os lados numerosos combatentes foram enviados para Orco.[57] Menelau[58] começou a perseguir Alexandre que, se virando, o feriu na perna com uma flecha. Mesmo com dor, Menelau continuou a perseguição, e Ájax da Lócria o acompanhou. Heitor viu o que estava acontecendo, e imediatamente ele, junto com Eneias, foram ajudar seu irmão. Enquanto Eneias o protegia com seu escudo, Heitor retirou Alexandre da luta e o trouxe para dentro da cidade.[59] A chegada da noite suspendeu a batalha.

No dia seguinte, Aquiles e Diomedes lideraram o exército. Da parte contrária, saíram Heitor e Eneias. Foi uma grande carnificina: Heitor matou os líderes Orcomeneu, Ialmeno, Epístrofo, Esquédio, Elefenor, Diores e Polixeno. Eneias matou Anfímaco e Nireu. Aquiles matou Eufemo, Hipotus, Pileu e Asteropeu. E Diomedes matou Antifo e Mestles. Quando Agamemnon viu que seus mais corajosos líderes foram mortos, ele ordenou a retirada; e os troianos voltaram para sua cidade em júbilo. Preocupado, Agamemnon convocou o conselho e os exortou a lutar com coragem e não desanimar com o fato de que mais da metade de seus combatentes tinha sido dizimada. E afirmou que a qualquer momento um exército viria da Mísia.

[22] No dia seguinte, Agamemnon ordenou que todo o exército, com todos os comandantes, fosse para a batalha. Os troianos vieram combater. Foi um grande massacre, com ambos os lados combatendo ferozmente e

---

55 Arcesilau era o líder dos Boeotians. Ver Glossário Arcesilau.

56 Protenor é irmão de Arcesilau.

57 Orco, deus do submundo. Tal como acontece com Hades, o nome do deus também foi usado para o próprio submundo. Eventualmente, ele foi confundido com Dis Pater e Plutão. Compare com *Il* 1.1-4, na qual a Ira de Aquiles arremessa muitas almas corajosas de heróis no Hades.

58 Menelau quer se vingar de Alexandre, por ter raptado sua mulher Helena.

59 Compare o duelo entre Alexandre e Menelau na *Ilíada* 3, onde Afrodite salva Alexandre da morte certa; e em Dictys 2.40, onde os bárbaros o salvam. Observe que Dares relata que Alexandre (e não Pândaro, como em Homero e Dictys) fere Menelau com uma flecha.

perdendo inúmeras vidas, e que durou 80 dias sem tréguas na luta. Agamemnon, vendo o aumento constante das baixas, sentiu que necessitava de tempo para enterrar os mortos. Portanto, enviou Odisseu e Diomedes como embaixadores a Príamo para propor uma trégua de três anos. Durante esse tempo, os gregos iam enterrar seus mortos, curar os feridos, consertar os navios, reforçar o exército e acumular suprimentos.

Odisseu e Diomedes, a caminho de Príamo no escuro, encontraram um troiano chamado Dólon. Quando este perguntou por que estavam vindo para a cidade, armados e à noite, eles disseram que eram embaixadores de Agamemnon para Príamo.[60] Quando Príamo soube da vinda deles e o que queriam, reuniu o conselho. Então, anunciou que esses eram os embaixadores enviados por Agamemnon para propor uma trégua de três anos. Heitor suspeitou que algo estava errado. Eles queriam, disse, uma trégua muito longa. Apesar disso, quando Príamo ordenou que cada membro do conselho desse sua opinião, eles votaram a favor da trégua de três anos.

Durante essa trégua, os troianos consertaram a muralha, curaram os feridos e enterraram seus mortos com grande honra.

[23] Depois de três anos, a guerra recomeçou. Heitor e Troilo lideraram o exército. Agamemnon, Menelau, Aquiles e Diomedes comandaram os gregos. Foi um grande massacre, com Heitor matando os líderes da primeira fileira, Fídipo e Antifo; e Aquiles matando Licaon[61] e Fórcis. A batalha durou 30 dias com pesadas baixas em ambos os lados. Príamo, vendo que muitos de seus homens morreram, mandou uma embaixada para pedir uma trégua de seis meses. E Agamemnon, seguindo a vontade do seu conselho, concordou.

Com a retomada das hostilidades, a batalha durou 12 dias. Em ambos os campos, muitos homens corajosos morreram; e muitos mais ficaram feridos, e a maioria morreu durante o tratamento. Portanto, Agamemnon enviou embaixadores a Príamo para propor uma trégua de 30 dias para enterrar os mortos. Príamo, depois de consultar o conselho, concordou.

[24] Mas quando chega o momento da batalha, Andrômaca, esposa de Heitor, tem um sonho que proibia a participação de Heitor na luta. Porém, ele ignorou a visão achando que era preocupação de esposa. Ela, muito

60 Compare Dictys 2.3 (final) e Dares 39 (começo).

61 Licaão é filho de Príamo com a princesa Laothoe, concubina, filha do rei Altes da Lelegia.

preocupada, mandou recado a Príamo, pedindo que o mantivesse fora da batalha naquele dia. Príamo, então, dividiu o comando entre Alexandre, Heleno, Troilo e Eneias. Heitor, ao saber disso, brigou com Andrômaca e a mandou trazer sua armadura; nada o impediria de participar na batalha. Ela tentou em vão fazê-lo mudar de ideia, caindo aos seus pés, como uma mulher de luto, descabelada, colocando o bebê Astíanax, filho deles, aos seus pés. Então, correndo para o palácio, seus lamentos despertando a cidade, ela relatou ao rei Príamo o que tinha sonhado, e que Heitor insistia em ir para a batalha; e, segurando Astíanax, ela ajoelhou diante dele e implorou que não o deixasse ir. Portanto, Príamo enviou todos os outros para a luta, mas segurou Heitor.

Quando Agamemnon, Aquiles, Diomedes e Ájax, o lócrio, viram que Heitor não estava no campo de batalha, lutaram mais ferozmente, matando muitos líderes troianos. Porém, Heitor, vendo o tumulto e sabendo que os troianos estavam pressionados, pulou em combate. Imediatamente, matou Idomeneu,[62] feriu Iphinous, cortou Leonteu,[63] e enfiou uma lança na perna de Estênelo. Aquiles, vendo que esses líderes tinham caído, e querendo impedir que outros gregos fossem mortos, foi ao encontro de Heitor para matá-lo. Mas quando conseguiu chegar perto de Heitor, este já tinha matado Polipoetes, o mais corajoso dos líderes, e tentava retirar sua armadura. A luta foi terrível, assim como o clamor da cidade e dos exércitos. Heitor feriu a perna de Aquiles. Porém, Aquiles, apesar da dor, continuou a lutar com mais bravura até ganhar. A morte de Heitor fez com que os troianos desistissem da luta, e corressem para os portões da cidade. Inúmeros morreram na debandada. Apenas Memnon resistiu. Ele e Aquiles lutaram ferozmente, e ambos saíram feridos. Quando a noite interrompeu a luta, o ferido Aquiles retornou ao acampamento. Os troianos lamentaram a morte de Heitor, e os gregos, os seus mortos.

[25] No dia seguinte, Memnon liderou os troianos contra os gregos. Agamemnon, tendo chamado o exército para uma assembleia, propôs uma trégua de dois meses para enterrar os mortos. Portanto, embaixadores foram

---

62 Pelo relato de Dictys, Idomeneu não é morto em Troia, e volta com segurança para Creta.

63 Leonteu era líder do contingente das cidades de Argissa, Gyrtone, Orthe Elone e Olooson na Thessalia. Ver Glossário Leonteu.

enviados para Ílion, e lá, tendo dito a Príamo o que queriam, receberam a trégua de dois meses.

Então, Príamo, seguindo os costumes de seu povo, enterrou Heitor na frente dos portões e realizou Jogos funerários em sua honra.

Durante a trégua, Palamedes continuou a reclamar da liderança grega, então Agamemnon põe fim à revolta: disse que os gregos podiam escolher quem quisessem para ser o general.

No dia seguinte, reuniu o exército em assembleia e afirmou que jamais teve sede de poder, e disse que se quisessem dar o comando a qualquer outro, ele aceitaria de bom grado. Ele cedia o poder sem objeções, pois lhe bastava se vingar do inimigo, e pouco importava como isso seria feito. Porém, como ainda era o rei de Micenas, ele os comandou de falar livremente.

Então, Palamedes avançou e mostrou suas qualificações; assim eles o fizeram comandante-em-chefe. Palamedes os agradeceu, recebeu o comando e o exército, mas Aquiles condenou essa troca de poder.

[26] Quando a trégua acabou, Palamedes reuniu suas tropas e os incitou à batalha. Deífobo comandou os troianos, que ofereceram uma luta cerrada. Sarpedon, da Lícia, liderando seus homens, atacou e causou grande carnificina e desordem. Tlepólemo, de Rodes, foi ao encontro e resistiu Sarpedon, mas finalmente caiu gravemente ferido. Então, Peres, o filho de Admeto, avançou e, após um longo combate corpo a corpo com Sarpedon, foi morto. Porém, Sarpedon também foi ferido e teve que se retirar do combate. Por muitos dias a batalha continuou, e muitos líderes morreram em ambos os lados. As baixas troianas, porém, foram maiores. Quando enviaram embaixadores para pedir uma trégua para enterrarem seus mortos e curar os feridos, Palamedes concordou com uma trégua de um ano.

Ambos os lados enterraram seus mortos e cuidaram de seus feridos. Seu acordo permitia que fossem ao território do outro: os troianos foram até o acampamento grego e os gregos foram até a cidade.

Palamedes enviou Agamemnon à Mísia, para conversar com Acamas e Demofoonte, filhos de Teseu, a quem Agamemnon encarregou de procurar suprimentos e trazer da Mísia os grãos recebidos de Télefo.[64] Quando chegou na Mísia, Agamemnon relatou sobre a sedição de Palamedes. Porém, quando viu que ficaram contrariados, ele admitiu que concordou com a mudança.

---

64 Ver Glossário Télefo.

Entrementes, Palamedes preparava os navios e fortificava o acampamento com muros e torres. Os troianos treinavam seu exército, consertando suas muralhas, adicionando fossa e paliçada, arrumando tudo diligentemente.

[27] No primeiro aniversário da morte de Heitor, Príamo, Hécuba, Polixena e outros troianos foram até o túmulo dele. Lá, encontraram Aquiles, que se enamorou perdidamente por Polixena, impressionado com a beleza dela. O fogo ardente desse amor lhe tirou toda a alegria de viver. E mal suportava que o poder supremo tivesse sido transferido a Palamedes, e não para ele próprio. Por conseguinte, consumido por esse amor, enviou um servo frígio de confiança com uma proposta para Hécuba: se ela lhe concedesse a mão de Polixena em casamento, ele voltaria para casa com os mirmidões, e então outros líderes o seguiriam. Quando o servo foi a Hécuba e transmitiu a proposta, ela respondeu estar de acordo, se Príamo concordasse, mas que falaria com ele primeiro. Então, o servo voltou para Aquiles com a resposta.

Entrementes, Agamemnon, voltando da Mísia com um grande grupo de seguidores, chegou no acampamento.

Quando Hécuba falou com Príamo sobre a proposta de Aquiles, Príamo se recusou a aceitar. Concordou que Aquiles seria um bom partido, não estava correto casar uma filha com o inimigo, mesmo se o próprio Aquiles voltasse para casa, e que outros líderes o seguissem. Portanto, se Aquiles quisesse esse casamento, ele tinha que prometer uma paz duradoura, um acordo com juramentos sagrados; e os gregos partiriam. Nessas condições, Príamo concordaria de bom grado com o casamento.

O servo de Aquiles, conforme o combinado, voltou para Hécuba e foi informado do que Príamo disse. Ele relatou tudo ao seu senhor. Logo a seguir, Aquiles se lamentou publicamente pelo fato de que toda Grécia e Europa guerreassem por tanto tempo por causa de uma única mulher, Helena, e que milhares de homens já tinham sido mortos. Afirmou que liberdade deles estava em jogo, e que por isso deveriam fazer um acordo de paz e voltar para casa.

[28] Um ano se passou. Palamedes conduziu seu exército para fora do acampamento, e o mesmo fez Deífobo. Aquiles não participou da batalha por causa de sua raiva. Palamedes aproveitou uma oportunidade de atacar Deífobo e o matou. Uma feroz batalha ressurgiu e ambas as partes lutaram com afinco, e milhares de homens tombaram. Palamedes, ativo nas primeiras

fileiras, incitava seus homens a lutar, encontrou e matou Sarpedon, o lício. Mas ao continuar no ataque, estimulado pelo seu sucesso, exultando e se vangloriando de seus feitos, Alexandre feriu seu pescoço com uma flecha; e então os frígios, vendo uma chance, atiraram suas lanças e o mataram. O rei Palamedes morreu. Em seguida, todos os troianos atacaram. Eles perseguiram os gregos, e os gregos bateram em retirada para seu acampamento. O acampamento foi sitiado, e os navios incendiados.

Aquiles, apesar de alertado, preferiu ignorar.

Ájax, filho de Telamon, corajosamente liderou a defesa até que a noite suspendesse a batalha. Então, os gregos lamentaram a perda da sabedoria, da justiça, da misericórdia, da bondade de Palamedes; e os troianos lamentaram as mortes de Sarpedon e Deífobo.

[29] Também nesta noite, Nestor, como era o mais velho, chamou o conselho e, falando com tato, os instou a escolher um novo general. Ele disse, se lhes parecesse oportuno, que Agamemnon poderia ser reconduzido com o mínimo de discórdia. Ao mesmo tempo, recordou que, quando Agamemnon era o comandante, as coisas iam bem e o exército prosperava. Porém, se alguém tivesse uma ideia melhor, que falasse agora. Mas todos, concordando com ele, reconduziram Agamemnon ao posto de general.

No dia seguinte, os troianos lideraram seu exército. E Agamemnon liderou o exército grego. Foi uma grande carnificina; ambos os lados lutaram ferozmente. Troilo matou muitos líderes gregos, e a batalha durou sete dias.

Então, Agamemnon, obtendo uma trégua de dois meses, realizou um magnífico funeral em honra de Palamedes. Ambos os lados enterraram os seus líderes e soldados.

[30] Durante a trégua, Agamemnon enviou Odisseu, Nestor e Diomedes até Aquiles, para pedir que ele voltasse à luta. Mas Aquiles, ainda com raiva, se recusou a rever sua decisão de não combater. Ele relatou sua promessa a Hécuba, e disse que decerto lutaria mal por causa de seu arrebatado amor por Polixena. Os enviados por Agamemnon não eram bem-vindos. Uma paz duradoura era o que precisávamos. Por causa de uma mulher, ele acrescentou, os gregos estavam arriscando suas vidas, colocando em perigo sua liberdade, e perdendo muito tempo. Portanto, Aquiles exigia paz, e se recusou a retomar a luta.

Quando Agamemnon soube da obstinada recusa de Aquiles, ele reuniu o conselho dos líderes, e perguntou o que eles achavam que devia ser feito.

Menelau instou Agamemnon a liderar o exército e que não se preocupasse com a saída de Aquiles da luta. Ele próprio tentaria convencer Aquiles, mas se falhasse, não ficaria desanimado. Além disso, os troianos não tinham ninguém para substituir Heitor, ninguém tão corajoso.

Diomedes e Odisseu responderam que Troilo era o mais corajoso dos homens e se igualava a Heitor. Mas Menelau refutou isso, e incitou a continuar a batalha.

Calcas, se baseando nos auspícios, os informou que deveriam continuar com a guerra e não temessem os recentes sucessos dos troianos.

[31] Quando chegou o momento de combater, Agamemnon, Menelau, Diomedes e Ájax lideraram o exército. Da outra parte, os troianos fizeram o mesmo. Foi uma grande carnificina, ambos os lados lutaram ferozmente. Troilo, tendo ferido Menelau, matou muitos inimigos e perseguiu muitos outros. A noite suspendeu a batalha.

No dia seguinte, Troilo e Alexandre lideraram os troianos. Da outra parte, todos os gregos avançaram. Foi um grande massacre. Troilo feriu Diomedes e, no decurso de sua matança, feriu o próprio Agamemnon.

A batalha continuou por vários dias, com inúmeras baixas de ambos os lados. Então, Agamemnon, vendo que perdia muitos homens todos os dias, e sabendo que não iriam aguentar, pediu uma trégua de seis meses.

Príamo, tendo chamado o conselho, relatou o pedido dos gregos. Troilo achava que pediam um tempo muito longo; ele instou os troianos a continuarem a lutar, e a queimarem os navios. Porém, quando Príamo ordenou os membros a dar sua opinião, o voto foi unânime a favor do pedido grego, portanto, uma trégua de seis meses foi concedida.

Agamemnon enterrou os mortos com honras e tratou dos feridos, como Diomedes e Menelau. Os troianos também enterraram seus mortos.

Durante a trégua, Agamemnon, seguindo a decisão do conselho, foi falar com Aquiles para incentivá-lo a lutar. Mas Aquiles, ainda amuado, começou dizendo que não participaria dos confrontos; mas que era oportuno pedir a paz. Mesmo assim, depois de reclamar que era impossível recusar Agamemnon, ele disse que enviaria suas forças quando a batalha fosse retomada, porém ele não participaria. Agamemnon lhe agradeceu.

[32] Quando acabou a trégua, os troianos lideraram suas forças, e as forças gregas vieram ao encontro. Aquiles enviou seus mirmidões a Agamemnon, prontos para combate. O confronto foi feroz. Troilo, lutando nas primeiras fileiras, matou os gregos e fez os mirmidões recuarem. Ele continuou avançando até o acampamento, matando muitos e ferindo outros tantos. Ájax, filho de Telamon, o enfrentou e conseguiu pará-lo. Os troianos retornaram para a cidade vitoriosos. No dia seguinte, Agamemnon conduziu o exército. Todos os comandantes e os mirmidões avançaram. Os troianos vieram com entusiasmo. Os exércitos lutaram entre si, combateram ferozmente, muitos milhares de homens de ambas as partes morreram. Troilo, atacando os mirmidões e quebrando suas fileiras, os pôs para correr.

Quando Agamemnon viu que muitos de seus homens foram mortos, pediu uma trégua de um mês para realizar os funerais. Príamo concordou, e gregos e troianos enterraram seus mortos.

[33] Acabando a trégua, os troianos saíram com seu exército. Da outra parte, Agamemnon veio com todos os seus comandantes. Foi uma grande carnificina, se atacaram violentamente. Ao final da manhã, Troilo avançou, matando os gregos e fazendo-os fugir gritando em grande confusão. Foi então que Aquiles, vendo esse avanço cruel e selvagem — os gregos sendo massacrados e os mirmidões sendo implacavelmente trucidados —, reentrou na batalha; mas logo em seguida teve que se retirar, ferido por Troilo. Os outros continuaram a lutar por seis dias.

No sétimo dia, com a batalha já iniciada, Aquiles (que por alguns dias não tinha tomado parte no confronto por estar ferido) reuniu seus mirmidões e os incitou a corajosamente atacar Troilo. Ao final do dia, Troilo avançou a cavalo, exultante, e fez os gregos recuarem aos gritos. Os mirmidões, porém, vieram ajudar e fizeram um ataque contra Troilo, que matou muitos homens, mas no meio do terrível confronto, seu cavalo foi ferido e caiu, e ele ficou enredado nos estribos. Imediatamente Aquiles, se lançando contra ele, o matou e tentou retirar seu corpo da batalha. Porém, Memnon interveio, arrancou o corpo de Troilo de Aquiles e o feriu. Aquiles recuou. Quando Memnon e seus seguidores começam a persegui-lo, Aquiles, apenas se virando, os fez parar. Um curativo é feito no ferimento, e Aquiles depois de um longo combate mata Memnon com muitos golpes; e ele próprio sai da batalha ferido. Depois da morte do comandante dos persas, o resto das forças troianas fugiu para a cidade e fechou os portões. A noite suspendeu a batalha.

No dia seguinte, Príamo mandou enviados a Agamemnon pedindo uma trégua de 20 dias. Agamemnon aceitou imediatamente. Príamo, então, realizou um magnífico funeral em honra a Troilo e Memnon. E ambos os lados enterraram seus mortos.

[34] Hécuba, lamentando a perda de Heitor e Troilo, seus filhos mais corajosos, ambos mortos por Aquiles, planejou, como mulher que era, uma vingança traiçoeira. Chamando seu filho Alexandre, ela implorou que matasse Aquiles urgentemente, para lavar a própria honra e a de seus irmãos. Isso ele podia fazer numa emboscada, pegando-o desprevenido. Ele chamaria Aquiles, em nome de Príamo, ao templo de Apolo Timbreano na frente do portão, para fazer um acordo de casamento com Polixena. Quando Aquiles viesse, Alexandre o mataria traiçoeiramente. A morte de Aquiles seria uma vitória suficiente para ela.

Alexandre prometeu fazer o que ela pediu. Naquela noite, ele escolheu o mais corajoso dos troianos, e o colocou no templo com instruções para esperar seu sinal. Hécuba, como tinha prometido, mandou recado para Aquiles. E Aquiles, por causa de seu amor por Polixena, concordou em ir ao templo pela manhã.

Assim, no dia seguinte, Aquiles, junto com Antíloco, filho de Nestor, foram ao encontro. Ao entrar no templo, ele foi traiçoeiramente atacado. Lanças foram atiradas de todos os lados, a mando de Alexandre. Aquiles e Antíloco contra-atacaram, com seus braços esquerdos envoltos nos mantos para proteção, e suas mãos direitas segurando as espadas; e Aquiles matou muitos. Mas finalmente Alexandre mata Antíloco, e assassina Aquiles, com vários golpes. Assim foi a morte desse herói, uma morte à traição, e indigna desse combatente valoroso. Alexandre ordenou que os corpos fossem jogados aos cães e aves de rapina, mas foi impedido por Heleno, que ordenou que os entregassem aos gregos. Assim, os gregos receberam seus mortos e os levaram de volta ao acampamento. Agamemnon realizou para eles funerais magníficos. Ele obteve uma trégua de Príamo para enterrar Aquiles,[65] e depois realizou jogos funerários em sua honra.

---

65 Compare Dictys 4.15, onde Ájax coordena a construção da tumba de Aquiles.

[35] Então, reuniu o conselho grego, no qual fez um discurso. Por unanimidade, o comando de Aquiles foi dado a Ájax, seu primo. Porém, Ájax objetou que Neoptólemo, filho de Aquiles, ainda estava vivo e, portanto, tinha precedência. Por isso, eles deveriam trazer Neoptólemo para Ílion, dar-lhe o comando dos mirmidões e todas as prerrogativas devidas ao pai.

Agamemnon e o resto do conselho concordaram e escolheram Menelau para essa missão.

Quando Menelau chegou à ilha de Esquiro, ele instou o rei Licomedes[66] (avô de Neoptólemo) a mandar Neoptólemo para a guerra. O rei aceitou o pedido dos gregos.

Ao final da trégua, Agamemnon reuniu as forças e os liderou em batalha. Da outra parte, os troianos saíram da cidade. A batalha começou com Ájax lutando na frente, mas sem armadura. Foi um massacre, e muitos morreram em ambos os lados. Alexandre, usando seu arco com sucesso, feriu o corpo desprotegido de Ájax; porém, Ájax, apesar de ferido, perseguiu e finalmente matou Alexandre. Então, já enfraquecido pelo ferimento, ele foi carregado de volta ao acampamento; e lá, apesar de terem retirado a flecha, ele morreu.[67]

Os troianos, tendo resgatado o corpo de Alexandre, recuaram para a cidade, exaustos, perseguidos pelo violento ataque de Diomedes, que os perseguiu até as muralhas. Então, Agamemnon, ordenando às tropas de cercar a cidade, passou a noite toda pronto para a batalha, seus guardas sempre alertas.

No dia seguinte, Príamo enterrou Alexandre. Helena participou do funeral com altos gritos de dor. Alexandre, ela disse, a tratou bem; e, portanto, tinha se tornado como uma filha para Príamo e Hécuba, que sempre a fizeram se sentir bem-vinda em Ílion; e ela nunca desprezou os troianos, ou chorou pelos gregos.

[36] No dia seguinte, Agamemnon reuniu seu exército na frente dos portões e desafiou os troianos para a batalha. Mas Príamo ficou dentro da cidade, aumentando suas fortificações e esperando a chegada de Pentesileia e suas Amazonas.

---

66 Ver Glossário Licomedes.

67 Compare com o relato diferente em Dictys 5.15.

Quando Pentesileia chegou, ela liderou seu exército contra Agamemnon. Foi uma grande batalha, durou vários dias, e então, os gregos, suplantados, retrocederam para o acampamento. Diomedes quase não conseguiu impedir que Pentesileia incendiasse os navios e destruísse todas as forças gregas.

Depois dessa batalha, Agamemnon não saiu mais do acampamento. Pentesileia, claro, vinha todos os dias e, matando os gregos, tentava provocá-lo a lutar. Mas ele, segundo a decisão do conselho, fortificou o acampamento, fortaleceu a guarda, e se recusou a lutar — até Menelau chegar.

Entrementes, em Esquiro, Menelau deu para Neoptólemo as armas de seu pai, Aquiles, e o trouxe para se juntar aos gregos. Ao chegar, Neoptólemo chorou e lamentou sobre o túmulo de seu pai.

Pentesileia, segundo seu costume, reuniu seu exército, e avançou até o acampamento dos gregos. Neoptólemo, comandando os mirmidões, liderou suas forças. E Agamemnon avançou com seu exército. Gregos e troianos se enfrentaram. Neoptólemo massacrou o inimigo. Pentesileia, entrando na luta, provou sua destreza inúmeras vezes.

Por muitos dias, eles combateram ferozmente, e muitos foram mortos. Finalmente, Pentesileia feriu Neoptólemo, e, em seguida, foi morta por ele. Apesar de seus ferimentos, ele a matou.[68] A morte de Pentesileia, a rainha das Amazonas, levou os troianos a recuarem para dentro da cidade. Então, os gregos cercaram a cidade com seu exército a fim de impedir que os troianos pudessem sair.

[37] Quando os troianos viram sua situação, Antenor, Polidamas e Eneias foram até Príamo e pediram que ele convocasse o conselho para discutir o futuro de Ílion e dos troianos.

Príamo concordou, e o conselho foi convocado. Antenor falou primeiro; tendo ele e os outros dois obtido permissão para falar. Os troianos, ele disse, perderam seus defensores principais, Heitor e outros filhos do rei, junto com os líderes de outros lugares; mas os gregos ainda tinham seus comandantes mais corajosos. Agamemnon, Menelau, Neoptólemo, que era tão corajoso quanto seu pai, Diomedes, Ájax o lócrio, e ainda muitos outros, como Nestor e Odisseu, que eram homens astutos. E mais, os troianos estavam sitiados e exaustos pelo medo. Portanto, ele exortou que Helena, e as coisas que Alexandre carregou junto com ela fossem devolvidas. Eles precisavam fazer um acordo de paz.

68 Compare com o relato diferente em Dictys 4.3.

Depois que discutiram isso por algum tempo, Anfímaco, filho de Príamo e um jovem muito corajoso, se levantou e atacou duramente Antenor e todos que o apoiavam, e criticou a conduta deles.[69] Ele sugeriu que os troianos conduzissem seu exército, e fizessem um ataque ao acampamento, e nunca desistissem até terem conquistado os gregos ou morrido defendendo seu país.

Depois que Anfímaco falou, Eneias se levantou e tentou refutá-lo. Falando calma e gentilmente mas com persistência, ele instou os troianos a tentar um acordo de paz com os gregos.

Então, Polidamas exortou tomar o mesmo curso que Eneias.

[38] Depois desse discurso, Príamo se levantou com raiva e cobriu de insultos Antenor e Eneias. Disse que eles foram os promotores da guerra, quando foram enviados à Grécia como embaixadores. Também culpou Antenor pelo seu conselho de fazer as pazes, quando ele próprio relatou ter sido tratado com desprezo pelos gregos e sugeriu fazer a guerra. Em seguida, repreendeu Eneias, que ajudou Alexandre a raptar Helena e ficou com parte do butim. Por esses motivos, Príamo declarou ser impossível ele concordar com a paz.[70] Ordenou que todos se aprontassem para o combate, e ao sinal, todos sairiam pelos portões para vencer ou morrer. Depois de tê-los exortado longamente, Príamo dissolveu o conselho. Então, conduziu Anfímaco ao seu palácio, e lhe disse que temia que os promotores da paz traíssem a cidade: estes tinham o apoio do povo, portanto era preciso matá-los. Uma vez mortos, Príamo se ocuparia da defesa da cidade e da derrota dos gregos. Ao mesmo tempo, pediu que Anfímaco lhe fosse leal, obediente, e mandou reunir um bando de homens armados. Acrescentou que o plano poderia ser executado sem levantar suspeitas: no dia seguinte, ele faria um sacrifício na cidadela, como de costume, e convidaria esses homens para cear consigo. Então, Anfímaco, com seu bando de homens armados, irromperiam e matariam todos.

Anfímaco concordou com esse plano e prometeu executá-lo. E então deixou Príamo.

[39] No mesmo dia, Antenor, Polidamas, Ucalegon[71] e Dólon se encontraram em segredo. Eles estavam impressionados com a teimosia de Príamo

69 Aparentemente Dares criou o personagem Anfímaco baseado no relato tradicional de Anfímaco. Compare Dictys 2.23-24 e 4.21.

70 Segundo Schissel von Fleschenberg, o discurso de Príamo é, até esse ponto, provavelmente a obra do tradutor-compilador. Ver nota de rodapé 27 anterior.

71 Ver Glossário Ucalegon.

que, mesmo sitiado pelo inimigo, preferia morrer a acordar a paz, causando a destruição de sua região e povo. Antenor tinha um plano para resolver o problema, mas só contaria se todos jurassem fidelidade. Quando todos juraram como ele pediu, ele contou seu plano. Eles precisavam trair seu país, de modo a salvaguardar eles próprios e suas famílias. Alguém tinha que ir até Agamemnon, alguém que não levantasse suspeitas. Eles tinham que agir rápido. Ele notou que Príamo, ao sair do conselho, estava enfurecido porque ele tinha pleiteado pela paz; ele temia que o rei estivesse tramando algo.

Todos prometeram ajudar e imediatamente escolheram Polidamas — pois levantaria o mínimo de suspeitas — para ir secretamente até Agamemnon. Então, Polidamas, tendo encontrado com Agamemnon, lhe contou do plano.

[40] Naquela noite, Agamemnon chamou os líderes para uma reunião secreta do conselho, relatou as novidades e pediu suas opiniões. O conselho decidiu por unanimidade confiar nos traidores. Quanto ao plano, Odisseu e Nestor disseram que estavam receosos de levá-lo a cabo; mas Neoptólemo se posicionou a favor. Discutiram entre eles, então decidiram pedir a Polidamas uma senha, que Sinon testaria com Eneias, Anquises[72] e Antenor.

Desse modo, Sinon foi para Ílion e testou a senha (Anfímaco ainda não tinha colocado guardas nos portões), retornou e relatou a Agamemnon que Eneias, Anquises e Antenor deram a contrassenha correta. Então, os membros do conselho, jurando fidelidade, prometeram que se Ílion fosse traída na noite seguinte, nenhum dano aconteceria com Antenor, Ucalegon, Polidamas, Eneias e Dólon, seus filhos, esposas, parentes, amigos e associados, ou com suas propriedades.

Quando juraram essa promessa, Polidamas lhes deu instruções. À noite, disse ele, vão liderar o exército até o portão Saeano — aquele cuja porta externa tem esculpida a cabeça de um cavalo.[73] Antenor e Eneias estariam responsáveis pela guarda nesse portão, eles abririam o portão e levantariam uma tocha como sinal para o ataque.

[41] Quando concordaram com cada detalhe, Polidamas voltou à cidade e relatou o sucesso de sua missão. Antenor, Eneias e seus associados, iriam à noite para o portão Saeano, o abririam, levantariam a tocha, e deixariam entrar o exército grego.

72 Anquises é pai de Eneias. Ver Glossário Anquises.

73 É assim que Dares explica o cavalo de madeira.

Naquela noite, Antenor e Eneias estavam a postos no portão, e deixaram Neoptólemo entrar, abriram os portões ao exército, levantaram a tocha, e cuidaram para que sua fuga e a de seus entes queridos fossem livres de riscos. Antenor, com a escolta cedida por Neoptólemo, os conduziu ao palácio, onde os troianos tinham colocado guarda. Então, Neoptólemo tomou o palácio de assalto, matou os troianos, perseguiu Príamo e o assassinou no altar de Zeus. Hécuba, fugindo com Polixena, encontrou Eneias e confiou sua filha a ele, que a escondeu na casa do seu pai, Anquises.

Andrômaca e Cassandra se esconderam no templo de Atenas.

Durante toda a noite, os gregos mataram os troianos e saquearam a cidade.

[42] Ao amanhecer, Agamemnon chamou os líderes para um conselho na cidadela. Depois de agradecer aos deuses, ele elogiou o exército e ordenou que todo o butim fosse reunido e igualmente dividido. Ao mesmo tempo, os perguntou o que eles queriam fazer com Antenor e aqueles que tinham traído Ílion. Todos responderam, com um berro, que queriam honrar a promessa feita a eles.

Portanto, Agamemnon, tendo chamado os traidores, confirmou todos os seus direitos. Antenor pede a Agamemnon a palavra, e este a concede. Ele começa agradecendo aos gregos. Depois pede que eles se lembrem que Heleno e Cassandra sempre pediram ao pai, Príamo, que fizesse a paz; e disse ainda que o corpo de Aquiles foi restituído para ser sepultado, a pedido de Heleno. Agamemnon, seguindo o desejo do conselho, concedeu a liberdade a Heleno e a Cassandra. Então, Heleno, lembrando como Hécuba e Andrômaca sempre o amaram, suplicou pela liberdade delas. De novo, Agamemnon, seguindo o desejo do conselho, deu a elas a liberdade.

Depois fez uma divisão equitativa do butim entre os soldados, e deu graças aos deuses sacrificando uma vítima.

O conselho votou que deveriam retornar à pátria dentro de cinco dias.

[43] Quando chegou o dia de velejar, se desencadeou uma grande tempestade que continuou por muitos dias. Calcas, com base em um oráculo, os informou que os espíritos do submundo estavam insatisfeitos. Neoptólemo se deu conta de que Polixena, a causa da morte de seu pai, não foi encontrada no palácio. Então, reclamou com Agamemnon, culpou o exército, e exigiu que Agamemnon a encontrasse.

Agamemnon chamou Antenor e ordenou que achasse Polixena e a trouxesse para ele.

Assim, Antenor foi até Eneias e implorou que entregasse Polixena aos gregos, de modo que eles fossem embora. Portanto, tendo achado onde ela estava escondida, a levou para Agamemnon. E Agamemnon a deu para Neoptólemo. E Neoptólemo cortou sua garganta sobre o túmulo de seu pai.

Agamemnon ficou irado com Eneias por esconder Polixena, e ordenou que ele e seus seguidores se exilassem da região imediatamente. Portanto, Eneias e seus seguidores partiram.

Por muitos dias, depois da partida de Agamemnon, Helena, voltando para casa com seu marido Menelau, estava mais triste do que na sua vinda.

Heleno[74] se estabeleceu no Chersoneso, acompanhado por Cassandra, sua irmã, e Andrômaca, a esposa de seu irmão Heitor, e Hécuba, sua mãe.

[44] Aqui termina o relato de Dares, o frígio, que como fiel seguidor de Antenor, permaneceu em Ílion.[75]

A guerra contra Ílion durou 10 anos, seis meses e 12 dias.

De acordo com o Diário de Dares, entre os argivos pereceram 866 mil homens; e 676 mil troianos.

Eneias velejou com os 22 navios que Alexandre tinha usado para ir à Grécia.

Ele tinha por volta de 3.400 seguidores, de todas as idades; Antenor tinha 2.500; Andrômaca e Heleno, por volta de 1.200.

---

74 Neoptólemo ficou com Heleno e Andrômaca como escravos. Com ela teve três filhos. Neoptólemo, devido ao oráculo, optou por não voltar de navio para casa. Viajaram por terra e foram para Épiro.

75 Segundo Schissel von Fleschenberg, essa seção é provavelmente baseada no Prefácio grego original. Ver Introdução de R. M. Frazer Jr., p. 47-49.

Glossário dos personagens

A

Acamas (grego: Ἀκάμας, incansável) (1) meio-irmão de Demofoonte, filho de Teseu e neto de Etra. Depois que seu pai, Teseu, perdeu o trono de Atenas, Acamas e Demofoonte cresceram no exílio na ilha de Euboeia, no reino de Elefenor. Foi um dos danaus dentro do Cavalo de Troia. (2) troiano, líder dos trácios, foi morto por Meriones.

Acasto (grego: Ἄκαστος, significa instável) é filho de Pélias e rei de Iolco na Tessália.

Agamemnon (grego: *Αγαμέμνων*, "muito resoluto") era rei de Micenas (na península de Argos), filho de Érope (filha do rei Catreu de Creta). Como Érope era irmã de Clímene, Agamemnon e Menelau eram primo-irmãos de Palamedes e Oeax, filhos de Clímene com Náuplio (rei da Euboeia). Segundo Dictys, Agamemnon e Menelau eram filhos de Érope com Plístene. Após a morte precoce de Plístene, Érope se casou com Atreus, que os criou como seus filhos, daí serem chamados de *átridas*. Depois que Atreus foi assassinado pelo sobrinho Egisto (filho de Tiestes), Agamemnon e seu irmão Menelau se refugiaram com Tíndaro, rei de Esparta. Menelau casou-se com Helena e Agamemnon com Clitemnestra, irmã de Helena. Agamemnon e Clitemnestra tiveram quatro filhos: Ifigênia, Electra,[1] Orestes e Chrysothemis. Menelau sucedeu a Tíndaro, e Agamemnon, com ajuda de seu irmão, expulsou Egisto e Tiestes e reconquistou o reino.

[1] Ver Glossário Electra.

Por meio de conquistas ele estendeu o seu domínio e se tornou o mais poderoso rei da Grécia.

Quando Páris (Alexandre), filho de Príamo, raptou Helena, Agamemnon convocou os príncipes gregos para se unirem em guerra contra os troianos. Na guerra contra Ílion, Agamemnon foi o comandante-geral das forças gregas. A frota contava com 1.200 naus, e se reuniram no porto de Áulis na Beócia. Porém, Agamemnon ofendeu a deusa Ártemis ao matar uma gazela sagrada. O exército foi atingido por uma peste, e a frota não conseguia partir por falta de vento. Calcas profetizou que a deusa só seria apaziguada com o sacrifício de Ifigênia, filha de Agamemnon.

Depois da captura de Troia, Cassandra foi dada para ele na divisão dos espólios. Após uma viagem tempestuosa, eles aportaram em Argolis. Egisto, assassino e sobrinho de Atreus (filho de Tiestes com a própria filha Pelópia), tinha, nesse ínterim, seduzido sua esposa, Clitemnestra, e o convida para um banquete no qual foi traiçoeiramente assassinado. Cassandra foi morta por Clitemnestra. Sua ira pelo sacrifício de Ifigênia e seu ciúme de Cassandra foram os motivos de seu crime. O assassinato de Agamemnon foi vingado por seu filho Orestes, também filho de Clitemnestra.

Agamemnon é um destacado representante de autoridade real. Como comandante-em-chefe da coalisão dos gregos contra os troianos, ele lidera o exército em batalha. Luta em campo, se destaca em muitos embates heroicos até ser ferido e forçado a se retirar. Seu principal defeito é sua arrogância causada pela exaltada opinião de sua posição, que o leva a insultar Aquiles e Crises, trazendo desgraça para os gregos. Sua posição real chegou a ele por meio de Pélops, pelas mãos ensanguentadas de Atreus e Tiestes. Nas lendas do Peloponeso, Agamemnon era considerado um alto dignatário e monarca poderoso.

Agapenor (grego: Ἀγαπήνωρ) é rei dos arcadianos, filho de Anceus, neto de Licurgo. Arcádia está na região central do Peloponeso. Comandou 60 navios para Troia. Ele foi um dos pretendentes de Helena e um dos gregos que estavam dentro do Cavalo de Troia. Ao retornar da guerra contra Ílion, foi atingido por uma tempestade, e acabou na ilha de Chipre, onde fundou a cidade de Pafos.

Agenor (grego clássico: Ἀγήνωρ) era irmão gêmeo de Belo, filhos de Poseidon e Líbia, e nasceu em Mênfis, no Egito. Belo se tornou rei do Egito. Agenor atravessou o mar Vermelho e fundou Tiro (no atual Líbano). Agenor casa-se com Teléfassa, com quem teve uma filha, Europa, e três filhos, Cadmo, Fênix e Cílix. Quando sua filha Europa é raptada, Agenor envia seus filhos em busca dela, dizendo-lhes para não voltar sem ela. Como Europa não pôde ser encontrada, nenhum dos irmãos retornou. Cadmo fundou Tebas, trazendo o alfabeto fenício para a Grécia continental; Fênix se estabeleceu na Fenícia; Cílix se estabeleceu perto da Fenícia, e chamou a região de Cilícia, na Ásia; Teléfassa e Tasus foram para a Trácia, e fundaram a cidade de Tasos, na ilha em frente.

Ájax Ileu (grego: Αίας) é filho de Ileu, rei da Lócrida, e liderou 40 naus. Foi pretendente de Helena. Em batalha usava uma couraça de linho, era corajoso e intrépido, excelente lanceiro e rápido na corrida como Aquiles. Também conhecido como Ájax, o Menor.

Ájax Telamon (grego: Αἴας, águia) era filho de Telamon (rei de Salamina) e Peribeia. Ele foi chamado de Ájax porque Hércules rezou para que eles tivessem um filho homem, e neste momento apareceu uma águia (*aietos*). Era alto, com uma estrutura colossal, e o mais forte dos aqueus. Seu meio-irmão, Teucer, era filho de Hesíone, irmã de Príamo. Também chamado de Ájax Telamon para diferenciá-lo de Ájax, da Lócria, filho de Ileu.

Alcínoo (grego: Ἀλκίνοος) é o rei dos feácios que acolheu Odisseu quando sua nau afundou perto de Esquiro (atual Corfu). Tinha cinco filhos e uma filha, Nausicaa, que achou Odisseu na praia.

Andrômaca (grego: Ἀνδρομάχη, *andro* significa homem, *máke* significa batalha) é filha de Étion e esposa de Heitor, com quem tem Escamandro (Astíanax) e Laodamas. Na tomada de Ílion, Astíanax foi jogado das muralhas por Neoptólemo, filho de Aquiles. Neoptólemo ficou com Andrômaca como concubina, a levou para Epiro (hoje fica entre Grécia e Albânia, no mar Jônico, onde venceu os molossos em batalha e reinou como rei. Andrômaca teve três filhos com Neoptólemo: Molossus, Pielus e Pergamus. Foi o adivinho Heleno (filho de Príamo e irmão de Cassandra) que, prevendo o naufrágio dos líderes gregos, advertiu Neoptólemo para voltar para casa por terra; portanto, em gratidão por esse benefício, Neoptólemo, em sua morte, legou Andrômaca a Heleno para ser sua esposa, com o qual teve Cestrinus. Neoptólemo tinha relações amigáveis com Heleno, porque o vidente havia revelado aos gregos os meios pelos quais Troia poderia ser tomada e porque ele havia recomendado em particular a busca do próprio Neoptólemo em Esquiro. Depois da morte de Heleno, Andrômaca voltou para a Ásia com seu filho Pergamus, que fundou a cidade de Pergamon.

Anfiarau (grego: Ἀμφιάραος) foi um dos Sete contra Tebas, e um dos que participou na caçada do Javali de Calidônia. Era cunhado do seu primo, o rei Adrasto, de Argos. Considerado um vidente, previu a própria morte na primeira guerra contra Tebas, para retomar o trono de Polínice.

Anfíloco (grego: Ἀμφίλοχος) é rei de Argos e irmão mais novo de Alcmeão, foi pretendente de Helena e é considerado um vidente. Seu pai Anfiarau se juntou à expedição dos Sete contra Tebas e foi morto.

Anfímaco (grego: Ἀμφίμαχος) é um dos líderes da Élida, região oriental do Peloponeso. Junto com Tálpio, Diores e Polixeno liderou 40 navios. Foi pretendente de Helena.

Anfio e **Adrasto** (grego: Ἄμφιος e Ἄδραστος) são filhos de Merops, da Mísia. Ambos morrem combatendo ao lado dos troianos.

Anquises (grego: Ἀγχίσης) é um príncipe troiano, primo do rei Príamo (ambos netos de Ilo II) e pai de Eneias. Ele era conhecido por possuir seis excelentes cavalos (algo valorizado na época, uma vez que os troianos eram exímios cavaleiros). Seu filho Eneias conduziu os sobreviventes da destruição de Troia para fundar uma nova cidade.

Antenor (grego: Ἀντήνωρ) é um dos mais sábios dos conselheiros troianos e primo do rei Príamo. Ele aconselhou devolver Helena ao seu marido, e se mostrou amigável aos gregos e um defensor da paz. Ele evitou que a primeira embaixada grega composta por Menelau, Palamedes e Odisseu fosse assassinada pelos filhos de Príamo em uma emboscada. Era da Dardânia, teve vários filhos, muitos morreram nessa guerra. Dois deles, Agenor e Acamante, foram, junto com Eneias, os líderes dos dardânios, aliados de Troia, e ajudaram a cidade. Dares e Dictys relatam que ele foi o traidor dos troianos, abrindo os portões para os gregos. Como paga, sua casa — marcada com uma pele de pantera sobre a porta — foi poupada durante o saque da cidade. Depois, ele reconstruiu a cidade de Ílion, ou, segundo outra versão, fundou a cidade de Patavium, atual Pádua.

Antifo (grego: Αντίφος) é irmão de Feidipo, e são netos de Hércules. Lideram 30 naus da região do Dodecaneso.

Antíloco (grego: Ἀντίλοχος) é filho de Nestor (da cidade de Pilos), irmão de Trasímede e um dos pretendentes de Helena. Acompanhou seu pai e seu irmão na guerra contra Ílion. Apesar de ser o mais jovem dos príncipes gregos, comandou os soldados de Pilos. Era amigo de Aquiles, e foi quem levou a notícia da morte de Pátroclo a ele. Morreu pelas mãos de Memnon, defendendo a retirada de seu pai Nestor da batalha.

Antímaco (grego: Αντίμαχος, Anti "contra", macos "batalha") é um troiano, faz parte do conselho de anciãos. Na segunda embaixada dos gregos, e na esperança de grandes recompensas por parte de Páris, é contra a devolução de Helena e pede a morte de Menelau ali mesmo. Quando Agamemnon em batalha captura Pisandro e Hipoloco (ambos filhos de Antímaco), estes pedem clemência em troca de resgate, e Agamemnon os mata relembrando que Antímaco desejou a morte de Menelau.

Apolo (grego: Ἀπόλλων) é filho de Zeus com Leto e um dos principais deuses do Olimpo. É irmão gêmeo de Ártemis. Na Ilíada, ele protege os troianos, cujo principal Templo de Apolo Smintiano fica nos arredores de Ílion e tem Crises como sacerdote. Sua origem na Anatólia é incontestável: o nome de sua mãe, Leto, tem origem na Lídia, onde era venerada nas costas da Ásia Menor. O culto foi provavelmente introduzido na Grécia a partir da Anatólia. Presságios, símbolos, purificações e exorcismos aparecem em antigos textos assírio-babilônicos. Esses rituais se espalharam pelo império dos hititas e de lá para a Grécia. O principal templo fica em Delfos, na encosta do monte Parnaso, onde mediante ricas oferendas o oráculo através da Pítia (representada na forma de uma serpente) respondia a perguntas, geralmente de forma críptica, porém só foi dedicado a Apolo no século VIII a.C.

Aqueus (grego: Ἀχαιοί, *Akhaioi*) (2000 a.C-1200 a.C.), os aqueus foram uma das quatro tribos da Grécia clássica, junto com os eólios, jônios e dórios. De acordo com o mito de fundação formalizado por Hesíodo, seu nome vem de Aqueu, o fundador mítico da tribo aqueu, que supostamente era um dos filhos de Xuto e irmão de Íon, o fundador da tribo jônica. Xuto era, por sua vez, filho de Hellen, o patriarca mítico da nação grega (helênica). Historicamente, os membros da tribo aqueu habitavam o noroeste do Peloponeso, na região da Acaia.

Aquiles (grego: Ἀχιλλεύς, *Achilléus*) é filho de Peleu, rei dos mirmidões na Fítia, Tessália. Também chamado de *Pélida* devido ao seu pai Peleu. Foi educado por Fênix, que o ensinou eloquência e as artes da guerra, e o acompanhou na expedição contra Ílion. Sua mãe Tétis profetizou que seu destino seria obter glória e morrer cedo, ou viver uma vida longa e desconhecida: o herói escolheu a primeira. Ele é o principal herói, o mais valente e o mais belo da expedição contra Ílion. Quando tinha nove anos de idade, Calcas, o mais famoso vidente de toda a Grécia, profetizou que Ílion só seria tomada com sua ajuda. Sua mãe Tétis, sabendo que essa guerra seria mortal para ele, o disfarçou de menina e o mandou para a corte do rei Licomedes na ilha de Esquiro (perto de Eubeia), onde foi apelidado de Pirro devido aos seus cabelos ruivos e cresceu entre as meninas. Os gregos enviaram Odisseu ao rei Peleu, e como não encontraram Aquiles, recorreram a Calcas, que revelou onde ele estava. Então, Odisseu se disfarçou de mercador, dirigiu-se ao palácio de Licomedes e expôs às princesas tecidos e joias e também um escudo e uma lança. Aquiles imediatamente se interessou pelo escudo e lança, assim se revelou. E então concordou em participar da guerra. Porém, antes de partir, engravidou a filha do rei, Deidamia, e o bebê recebeu o nome de Neoptólemo. Mais tarde, Neoptólemo se juntará aos gregos contra Troia. Segundo o manuscrito de Dares, Aquiles se torna amigo de Calcas, que é frígio de origem grega. Ambos se encontram no oráculo de Delfi: Calcas enviado pelos frígios, e Aquiles enviado pelos gregos, para saber do desenlace da guerra antes de ela começar. A *Ilíada*, de Homero, termina com a morte de Heitor e sua pira funerária. Porém, Dictys e Dares relatam eventos que vão além, inclusive como ocorre a morte de Aquiles.

Arcesilau (grego: Ἀρκεσίλαος) era um dos cinco líderes da Beócia, irmão de Protenor. Ele comandou 10 navios, e foi morto por Heitor.

Argonautas: ver Jasão.

Ariadne (grego: Ἀριάδνη) se apaixonou por Teseu (filho do rei Egeu de Atenas e Etra) quando este chegou a Creta junto com outros jovens atenienses para serem sacrificados ao Minotauro. Ariadne disse que o ajudaria a entrar no Labirinto (construído por Dédalo, pai de Ícaro) se a levasse para Atenas e se casasse com ela. Teseu jurou fazê-lo. Ariadne deu-lhe uma espada e um novelo de lã para que ele pudesse achar o caminho de volta. Eles fugiram de navio, porém Teseu a abandonou na ilha de Naxos (ilha das Ciclades) (Pseudo-Apol. E 1.8).

Ascálafo (grego: Ἀσκάλαφος) e **Ialmeno** (grego: Ἰάλμενος) eram gêmeos, foram argonautas e pretendentes de Helena. Vieram da cidade de Orcômeno, na Beócia, e são descendentes do rei Mínias.

Asio (grego: Ἄσιος) é um líder frígio, filho do rei Dimas, e irmão da rainha Hécuba. Tinha dois filhos, Adamas e Fénops. Foi morto por Ájax.

Astínome (grego: Αστυνόμη) é filha de Crises (sacerdote do Templo de Apolo Smintiano) e esposa de Étion, de Lirnessos, na Dardânia, próxima a Troia. Também chamada de Criseida, que significa "filha de Crises". No primeiro livro da *Ilíada*, Agamenon fica com ela como espólio de guerra (capturada por Aquiles), declarando-a mais bela que sua própria esposa Clitemnestra (irmã de Helena), e se recusa a permitir que seu pai Crises, sacerdote de Apolo, pague um resgate por sua liberdade. Um oráculo de Apolo envia então uma praga, que atinge em cheio o exército grego, e Agamenon é forçado a devolvê-la, através de Odisseu, para interromper a maldição. Então, Agamenon exige ficar com Hipodâmia (Briseida), que tinha ficado com Aquiles na divisão do espólio — um ato que o deixa furioso, e faz com que se recuse a continuar lutando na Guerra de Troia.

Auge (grego: Αὐγή, raio de sol) é filha do rei Aleu, rei de Arcádia e de Tegea, no Peloponeso. Ao engravidar de Hércules, foi expulsa por seu pai. Acabou na Mísia e se casou com o rei Teutras. Seu filho Télefo assumiu o reino após a morte do padrasto. Mais tarde, casou-se com Astíoque, filha de Príamo. Quando descobriu sua ascendência com os gregos, ele prometeu se abster do conflito.

Automedon (grego: Αὐτομέδων) é o condutor da biga de Aquiles e seu companheiro de combate. Habilíssimo com cavalos, ele vem da ilha de Ciro, no mar Egeu. Quando Aquiles foi morto, passou a serviu seu filho, Neoptólemo.

B

Briseida: ver Hipodâmia.

C

Cadmo (grego: Κάδμος) era filho do rei Agenor de Tiro, fundador e primeiro rei da cidade grega de Tebas; introduziu o alfabeto fenício na Grécia. Heródoto estima que Cadmo viveu por volta de 2000 a.C.

Calcas (grego: Κάλχας, *de pensamentos profundos*), frígio, filho do grego Téstor, é o mais famoso vidente da época. Ficou amigo de Aquiles. Ele previu a duração do cerco de Troia; exigiu o sacrifício de Ifigênia, filha de Agamemnon; exigiu a devolução de Criseida; sugeriu que Neoptólemo e Filoctetes fossem trazidos para lutar contra Troia; e aconselhou a construção do Cavalo de Troia.

Capaneu (grego: Καπανεύς) é pai de Estênelo, foi um dos Sete contra Tebas.

Cassandra (grego: Κασσάνδρα) é filha do rei Príamo com Hécuba, e irmã gêmea de Heleno. Cassandra é sacerdotisa do Templo de Apolo. Ela tem o dom de ver o futuro, porém suas profecias nunca são acreditadas.

Catreu (grego: Κατρεύς), rei de Creta, pai de Érope e de Clímene, avô de Agamemnon, Menelau e Palamedes. Como Catreu morreu sem deixar herdeiros diretos, ele deixou sua fortuna para os netos. E as terras de Creta ficaram com os sobrinhos Idomeneu (filho mais velho de Deucalion; que tinha sido morto por Teseu na porta do Labirinto do Minotauro) e Meriones. Foi quando Menelau estava em Creta para receber a herança do avô que soube do rapto de Helena pelo seu hóspede Páris, filho de Príamo.
Idomeneu e Meriones lutaram com Agamemnon na guerra de Ílion, levando 90 navios e Dictys, o cretense, como relator dos eventos da guerra. Aí começa a narrativa de Dictys cretensis.

Cicno (grego: Κύκνος significa *cisne*) é rei de Colona, cidade ao sul da Trôade. Sua primeira esposa era filha de Laomedonte, pai de Príamo. Foi um dos primeiros aliados de Troia a atacar. Matou inúmeros gregos, porém foi morto por Aquiles.

Circe (grego: Κίρκη) é a rainha da ilha Ea. Odisseu chega lá com apenas um navio, mora com Circe por um ano, e com ela tem dois filhos, Latinus e Telégono. Ao crescer, Telégono parte à procura de seu pai. Ao aportar em Ítaca, acaba matando Odisseu por engano.

Clímene (grego: Κλυμένη) é filha de Etra, portanto, meia-irmã de Teseu. Teseu raptou Helena quando esta era bem pequena. Helena ficou sendo cuidada por Etra, porém, foi resgatada pelos irmãos, que levaram Etra e Clímene de volta a Micenas, onde se tornaram servas de Helena. Depois de casada com Menelau, Helena foge com Páris, e Clímene e Etra foram levadas para Troia. Com a queda de Troia, Etra e Clímene são resgatadas por seus netos, Acamas e Demofoonte, filhos de Teseu. Não confundir com Clímene, irmã de Érope, casada com Náuplio.

Clitemnestra (grego: Κλυταιμνήστρα) é uma princesa, filha de Tíndaro e Leda, irmã de Helena, Castor e Pólux; esposa de Agamemnon; prima de Penélope. Clitemnestra tem vários filhos com Agamemnon, a saber, Ifigênia, Electra, Laodice, Orestes, Chrysothemis, Aletes e Erigone. Clitemnestra, esposa de Agamemnon, o traiu com Egisto. Quando Agamemnon chegou em Micenas com Cassandra, Clitemnestra deu-lhe como presente uma camisa que não tinha mangas e, quando ele a vestiu, foi morto, e Egisto passou a reinar. Electra, filha de Agamemnon, conseguiu que Orestes, seu irmão, escapasse; este voltou mais tarde com Pilades, e matou Egisto e sua própria mãe Clitemnestra.

Clonio (grego: Κλονίος) era um dos líderes da Beócia, comandou nove navios e foi morto por Agenor, troiano, filho de Antenor.

Comedores de lótus (grego: λωτοφάγοι, lotófagos) eram um povo que, segundo Heródoto, morava "num promontório que se projeta para o mar" (Her, 4, 177). Atualmente é identificado como sendo a ilha de Djerba, na Tunísia.

Criseida: ver Astínome.

Crises (em grego: Χρύσης, transl. *Khrýsēs*) é sacerdote do deus Apolo em Crise, aldeia próxima à cidade de Troia. Ele é pai de Criseida e tio de Briseida. Durante a Guerra de Troia, Criseida e Briseida foram trazidas ao acampamento grego por Aquiles, como espólio de guerra. Agamemnon escolheu ficar com Criseida e Aquiles ficou com Briseida. Crises oferece um resgate enorme em troca de liberdade de Criseida. Porém Agamemnon recusa-se a aceitar o pagamento de resgate. Somente após uma praga abater-se sobre as tropas gregas é que Agamenon vê-se forçado, por Calcas, a devolver Criseida para terminar o sofrimento de seus companheiros. Ele enviou Odisseu para devolver a virgem Criseida. E Agamemnon compensou sua perda tirando Briseida de Aquiles, um ato que ofendeu Aquiles, que então se recusou a continuar tomando parte na guerra contra Troia.

D

Danaus (grego: Δαναός) era filho de Belo, mítico rei do Egito, descendente de Io, que tinha sido raptada em Argos. Danaus era pai de 50 filhas, conhecidas como as danaides. Segundo Dictys (1, 9; 4,22), 12 gerações separam Danaus de Heitor.

Dardano fundou a cidade de Dardânia, na encosta do monte Ida, e tanto a região quanto seu povo levaram seu nome, e é a origem do atual nome do estreito, *Dardanelos*. Do neto de Dardano, Tros, a região ganhou o nome de *Trôade*, o povo passou a se chamar troianos. O filho de Tros, Ilo, fundou em seguida uma cidade chamada Ílion ou Troia na planície, e o reino se dividiu entre Dardânia e Ílion. Dardânia também foi definida como um distrito da Trôade, ao longo do Helesponto, ao sudoeste de Abidos, e adjacente ao território de Ílion. Seu povo (dardânios) aparece na Guerra de Troia, comandado por Eneias e aliado dos troianos.

Dares era frígio, sacerdote de Hefesto, e lutou sob o comando de Antenor, defendendo Troia. Seu relato da Guerra de Ílion, em latim, *De Excidio Trojae historia*, é a tradução de um original grego.

Deífobo (grego: Δηίφοβος) é filho de Príamo, irmão de Heitor e Páris. Tomou Helena como esposa após a morte de Páris.

Demofoonte (grego: Δημοφῶν) é rei de Atenas, filho de Teseu com Fedra, e meio-irmão de Acamas (filho de Teseu). Lutou na guerra contra Ílion e era um dos gregos que estava dentro do Cavalo de Troia. Os irmãos libertaram sua avó Etra (mãe de Teseu), que servia Helena em Ílion.

Deucalion (grego clássico: Δευκαλίων τῆς Κρήτης; em português: Deucalião de Creta), rei de Creta, filho de Minos, esteve na expedição dos argonautas e dos Caçadores do Javali calidônio. Ele era irmão de Acacallis, Ariadne, Androgeu, Xenodice, Fedra, Glauco e Catreu. Deucalion foi morto por Teseu na porta do labirinto do Minotauro. [Plutarco *Life of Theseus* 19.5-6]

Dictys Cretensis, ou Dictys de Creta, de Knossos, foi escriba do rei Idomeneu na guerra de Troia e autor de um diário dos eventos. Esse relato foi escrito no alfabeto fenício e enterrado junto com Dictys, que sobreviveu à guerra e retornou a Knossos — onde morreu de velho. Seu túmulo ficou intacto por muitos séculos, até ser destruído por um terremoto, por volta do 13º ano do reinado de Nero (69 a.C.). Com a destruição do túmulo, surgiu a caixa de estanho lacrada. Os pastores abriram a caixa, encontraram os seis manuscritos, os levaram para Eupraxis, o governador romano local, que os enviou ao imperador. Nero mandou transcrevê-los para o grego e os guardou na Biblioteca de manuscritos gregos em Roma.

Diomedes (grego: Διομήδης, *astúcia divina*) é filho de Tideu, príncipe de Argos antes e depois do reinado de Agamemnon. Foi um dos Epígonos e um dos pretendentes de Helena. Comandou 80 navios contra Ílion. Estênelo e Euríalo (ambos epígonos) lutaram sob o comando dele, e Estênelo era condutor de sua biga. Ele e Odisseu participaram de muitas operações secretas que exigiam disciplina, bravura, coragem e astúcia.

Diores e **Meges** são filhos de Fileu, da região de Elis, no Peloponeso.

Dólon (grego: Δόλων) é um troiano, filho de Eumedes, ofereceu-se para espionar os navios gregos. Foi morto por Diomedes e Odisseu.

E

Egeu é rei de Atenas, pai de Teseu. Deu nome ao mar Egeu.

Egisto (grego: Αἴγισθος) é filho de uma relação incestuosa entre Tiestes e sua própria filha Pelópia. Porém, foi abandonado ao nascer e criado pelo seu tio Atreus como se fosse seu próprio filho. Atreus é pai de Agamemnon e Menelau. Durante a guerra de Troia, Clitemnestra, acreditando na intriga de Oeax, trai Agamemnon com Egisto (primo de Agamemnon). Na volta de Agamemnon, Egisto mata Agamemnon e Cassandra. É morto por Orestes (filho de Agamemnon), que também mata a mãe, Clitemnestra.

Electra (grego: Ἠλέκτρα) é filha do rei Agamemnon com a rainha Clitemnestra, e irmã de Ifigênia, Orestes e Chrysothemis. A rainha, atormentada pelo sacrifício de Ifigênia, se une ao sobrinho do esposo, Egisto. No retorno da guerra de Troia, Agamemnon e Cassandra são assassinados por Clitemnestra e Egisto. Electra quer vingar a morte do pai. Procura o irmão Orestes e o convence a matar a mãe e o amante.

Elefenor (grego: Ἐλεφήνωρ) é o rei de Abantes na Eubeia, foi um pretendente de Helena e liderou 40 navios.

Eneias (grego: Αἰνείας, provavelmente derivado de αινή, elogio) é o líder dos dardanos, filho de Anquises. Seu pai era primo em primeiro grau de Príamo, ambos netos de Ilo II, fundador de Troia. Eneias é genro do rei Príamo, pois era casado com Creusa — filha de Príamo com Hécuba. Foi o mais valoroso general troiano depois de Heitor. Foi ferido por Diomedes e enfrentou Aquiles em batalha, e conseguiu escapar ileso. Após o assassinato de Aquiles por Páris dentro do Templo de Apolo, do qual era devoto, Eneias resolve ajudar os gregos. Após o incêndio de Troia, conseguiu fugir levando sua esposa, o filho e o pai Anquises — carregando-o nas costas. Eneias é tido como o ancestral de Romulo e Remo, fundadores de Roma.

Enone (grego: Οἰνώνη) foi a primeira mulher de Páris. Quando ele volta para Troia trazendo Helena, ela retorna a sua cidade natal ao pé do monte Ida.

Epeu (grego: Ἐπειός) é filho de Panopeu. Liderou 30 navios das ilhas Ciclades. Ele foi o construtor do Cavalo de Troia e foi dentro dele no saque a Ílion.

Epístrofo (Ἐπίστροφος) e **Esquédio** (Σχεδίος) são irmãos, filhos de Ífito (que foi argonauta e navegou com Jasão), e ambos foram pretendentes de Helena. Juntos lideraram os fócios, comandando 40 navios. O monte Parnasso e a cidade de Delfos ficam na Fócia.

Erigone (grego: Ἠριγόνη) é filha de Egisto com Clitemnestra, governantes de Micenas na Argólida. Erigone se enforcou ao saber que Orestes foi absolvido do crime de matar seus pais.

Érope (grego: Ἀερόπη) é filha de Catreu, filho de Minos II, rei de Creta. Érope se casou com Plístenes, com o qual teve Agamemnon e Menelau. Entrementes, Atreus e Tiestes, filhos do poderoso rei Pélops, chegam exilados a Micenas. Plístene morre "precocemente" e Érope se casa com Atreus, que cria os filhos de Érope como seus. Por isso, eles são chamados de atreídas (mas não são filhos de Agamemnon). Quando o rei Catreu morre, Agamemnon e Menelau vão para Creta receber a herança do avô, por serem filhos de Érope, filha de Catreu.

Esaco (grego: Αἴσακος) é filho do rei Príamo com Arisbe, sua primeira esposa.

Esquédio (Σχεδίος) e **Epístrofo** (Ἐπίστροφος) são irmãos, filhos de Ífito (que foi argonauta e navegou com Jasão) e ambos foram pretendentes de Helena. Juntos lideraram os fócios, comandando 40 navios. O monte Parnasso e a cidade de Delfo ficam na Fócia.

Estênelo (grego: Σθένελος, significa "forte") é filho de Capaneu, e é um dos Epígonas (descendentes dos Sete contra Tebas) que retomaram Tebas. Comandou os argivos (habitantes da Argólida) sob Diomedes. Foi um dos danaus escondidos no Cavalo de Troia.

Estrófio (grego: Στρόφιος) é rei da Fócia, casado com a irmã de Agamemnon, e com ela teve Pilades e Astidameia. Quando Orestes estava se escondendo de sua mãe, Clitemnestra, o rei Estrófio o acolheu. Destarte, Orestes e Pilades se tornaram grandes amigos. O rei Estrófio odiava Egisto, pois este tinha se casado com sua filha, mas a repudiou para se casar com Clitemnestra. Por isso, ajuda Orestes na maturidade a retomar o poder em Micenas.

Étion (grego: 'Ηετίων) é o pai de Andrômaca (esposa de Heitor). Étion é rei de Tebas na Cilícia, ao sul do monte Ida. Aquiles liderou um ataque a Tebas ciliciana, e matou o rei Étion e sete filhos. A esposa de Étion foi capturada nesse ataque, Astínome, também chamada de Criseida (por ser filha do sacerdote Crises). Mais tarde, foi motivo de discórdia entre Aquiles e Agamemnon.

Etra (grego: Αἴθρα, "céu brilhante") é filha do rei Piteu (filho de Pélops; irmão de Atreus e Tiestes). O rei Egeu, de Atenas, já tinha se casado duas vezes e não conseguia ter filhos. Com medo de perder o reino, foi ao oráculo de Delfos, onde a Pítia vaticinou: "A boca saliente do odre, ó melhor dos homens, não a solte até que você alcance o auge de Atenas." No caminho de volta para Atenas, parou em Trezena para se consultar com o rei Piteu, considerado muito sábio. O rei Piteu compreendeu o oráculo, fez Egeu se embebedar e se deitar com sua filha Etra. Na mesma noite ela também se deitou com Sphairos, cocheiro-chefe do rei Piteu. Depois que Etra engravidou, Egeu decidiu voltar para Atenas, e determinou que, se fosse menino, só revelasse ao filho quem era seu pai quando ele tivesse forças para pegar a espada e as sandálias que ele escondera sob uma enorme pedra. Depois disso, devia ir em segredo até Atenas, portando a espada de seu pai e calçando suas sandálias. Em Atenas, Egeu se juntou com Medea, que tinha fugido de Corinto após matar seus filhos com Jasão devido à traição dele. Portanto Teseu cresceu na terra materna, e se tornou um jovem valente (ver Teseu).

Teseu raptou Helena ainda menina e a colocou sob os cuidados de sua mãe Etra, na cidade fortaleza de Afidnes, perto de Atenas. Porém, os irmãos de Helena, Castor e Pólux, a resgataram, a levaram de volta a Esparta na Lacedemônia e fizeram Etra serva de Helena. Quando Páris visita Menelau, e este precisa se ausentar, Etra facilita o encontro de Helena com Páris. Ambas são levadas para Ílion. Após a queda de Ílion, Etra é libertada pelos seus netos Demofoonte e Acamas.

Eufemo (grego: Εὔφημος) é aliado dos troianos e líder do povo cicones da Trácia.

Euforbo (grego: Εὔφορβος) é filho de Panto, irmão de Polidamas e Hiperenor, e um dos líderes troianos. Foi ele quem deu o primeiro golpe em Pátroclo, que foi, em seguida, morto por Heitor. Ájax Telamon atacou

Heitor e recuperou o corpo de Pátroclo, enquanto Menelau e Ájax Ileu atacaram e mataram Euforbo.

Eumelo (grego: Εὔμηλος) é filho de Admeto com Alcestis (filha do rei Pélias de Iolcus) e o sucedeu como rei de Feras, uma das mais antigas cidades da Tessália. Casou-se com Iphtime, filha de Icário de Esparta, portanto era cunhado de Odisseu (que se casou com Penélope, filha de Icário). Foi um dos pretendentes de Helena e um dos gregos que foi dentro do Cavalo de Troia.

Euríalo (grego: Εὐρύαλος) é filho de Mecisteu (um dos Sete contra Tebas) e sobrinho de Adrasto. Foi um argonauta e participou da expedição dos Epígonos (descendentes dos Sete contra Tebas).

Eurípilo da Mísia (grego: Εὐρύπυλος) é filho de Télefo, rei da Mísia, e neto de Hércules. É um grande guerreiro aliado dos troianos, e liderou o exército da Mísia contra os gregos, entre a morte de Aquiles e o estratagema do Cavalo de Troia. Matou Peneleu, Nireus, Macaon e então foi morto por Neoptólemo, que usou a mesma lança que seu pai Aquiles usou para ferir e para curar o pai de Eurípilo, Télefo.

Eurípilo (grego: Εὐρύπυλος) era rei da Tessália, foi um dos pretendentes de Helena. Foi um dos maiores heróis nas batalhas contra Ílion.

Europa (grego: Εὐρώπη) é a mãe do rei Minos I de Creta. É uma princesa fenícia que descende de Io, princesa de Argos. Europa é filha do rei Agenor de Tiro (Fenícia, atual Líbano). Ela tem três irmãos: Cadmo, Fênix e Cilix. É raptada por Zeus e levada para a ilha de Creta, onde têm três filhos, que foram criados pelo rei Astianax: Minos, Radamanto e Sarpedon. Trouxe à Creta o culto ao deus touro (deus Apis dos egípcios). O mito de Europa e Zeus pode ter sua origem em uma união sagrada entre divindades fenícias Astar e Astarte, na forma bovina. De acordo com a racionalização de Heródoto, Europa foi sequestrada por gregos cretenses, que buscavam vingar o sequestro de Io, uma princesa grega de Argos.

F

Fedra (grego: Φαίδρα, *brilhante*) é uma princesa de Creta, filha do rei Minos II e da rainha Pasífae, portanto irmã de Ariadne, Deucalion, Catreu, Acacalis, Androgeu, Xenodice e Glauco. Foi esposa de Teseu (depois de Teseu abandonar sua irmã Ariadne), mãe de Demofoonte de Atenas.

Feidipo (grego: Φείδιππος, aquele que poupa os cavalos) e **Antifo** (grego: Αντίφος), netos de Hércules, lideraram 30 naus vindas do Dodecaneso.

Fênix (grego: Φοῖνιξ) é grego e foi tutor do jovem Aquiles. Participou da Caça ao Javali da Calidônia. Já velho, acompanha Aquiles na guerra contra Ílion.

Fênix (grego: Φοῖνιξ) é filho de Agenor, rei de Tiro, na Fenícia, e antepassado de Leto.

Fileu (grego: Φυλεύς) é o filho mais velho do rei de Áugias de Élida no Peloponeso, é pai de Diores e Meges.

Filoctetes (grego: Φιλοκτήτης) é filho de Poeas (um dos argonautas), da cidade de Melibeia na Tessália; comandou sete navios, foi pretendente de Helena. Excelente arqueiro, amigo de Hércules. Por ter tido a coragem de acender a pira funerária de Hércules, ganhou deste seu arco e flechas. Participa da expedição a Troia, mas fica exilado (por conselho de Odisseu) na ilha de Lemnos após ser picado por uma cobra, pois a ferida cheirava mal e não cicatrizava. Medon assumiu o comando de seus homens e ele ficou sozinho 10 anos exilado lá, até que os gregos foram buscá-lo, pois acreditavam que só conquistariam Ílion se usassem o arco e flechas de Hércules. Filoctetes é curado por Macaon e Podalírio, filhos de Asclépio. Foi um dos que foram dentro do Cavalo de Troia.

G

Glauco (grego: Γλαῦκος significa "azul esverdeado") é neto de Belerofonte, líder do exército da Lícia sob o comando de seu amigo e primo, Sarpedon. Lutou bravamente como aliado de Troia.

Guneu (grego: Γουνεὺς) é líder dos perrébios da cidade de Quifo, ao norte da Tessália. Ele veio com 22 navios.

H

Hécuba (grego: Ἑκάβη, Hécabe) é esposa de Príamo e mãe de 19 filhos, entre os quais se contam Heitor, Páris, Deífobo, Polixena, Polidoro, Troilo, Cassandra e Heleno.

Helena (grego: Ἑλένη) é filha de Tíndaro com a rainha Leda. Helena é irmã de Clitemnestra, Castor e Pólux. Ainda menina, foi raptada por Teseu e levada para Afidna, uma cidade fortaleza a 240 km de Atenas, onde ficou sob a guarda de Etra, mãe de Teseu. Porém, foi resgatada pelos seus irmãos,

Castor e Pólux, e levada de volta para Esparta. Quando chegou a hora de se casar, apareceram 30 pretendentes oriundos de toda a Grécia, trazendo magníficos presentes, entre eles, Odisseu, filho de Laertes; Diomedes, filho de Tideu; Antíloco, filho de Nestor; Menelau, filho de Atreus; Ájax e Teucer, filhos de Telamon. Porém, o rei Tíndaro não queria se decidir, temendo ofender os poderosos reis gregos. Odisseu disse que tinha uma solução, contanto que ele se casasse com Penélope, sobrinha de Tíndaro, filha de seu irmão Icário. O rei Tíndaro concordou. A solução proposta por Odisseu foi a de submeter todos os pretendentes a um juramento solene, jurando defender aquele que ganhasse a mão de Helena de qualquer agressão contra ele. Todos concordaram e juraram. Menelau é escolhido para marido de Helena, seu irmão Agamemnon se casa com a irmã dela, Clitemnestra, e Odisseu se casa com Penélope. Helena e Menelau têm uma filha, Hermíone. Quando Páris chega a Esparta, ele é recebido hospitaleiramente por Menelau. Porém, nove dias depois, Menelau navega para Creta para receber sua herança pela morte de seu avô Crateu. Páris, com a ajuda de Etra, rapta Helena.

Heleno (grego: Ἕλενος) é filho do rei Príamo com Hécuba, e irmão gêmeo de Cassandra. Ele tem os mesmos dons proféticos de sua irmã. Após a morte de Páris por Filoctetes, Deífobo e Heleno disputam a posse de Helena, e Deífobo ganha. Heleno, despeitado, sai de Ílion.

Hércules (em grego: Ηρακλής, Heracles) é filho de Alcmene (neta de Perseu) com Anfitrião (rei de Tirinto, igualmente neto de Perseu). Anfitrião, na época, estava exilado em Tebas, pois seu irmão, Estênelo, havia usurpado o trono. Hércules nasce e cresce em Tebas. Numa competição, ganha a mão de Megara, filha de Creonte, rei de Tebas, irmão de Jocasta. Mais tarde, por ter assassinado, num ataque de loucura, sua esposa Megara e seus filhos, ele se torna servo de seu primo e arqui-inimigo Euristeu — filho de Estênelo e rei de Argos. Esses ataques de loucura vão perseguir Hércules por toda a vida, talvez devido à consanguinidade, pois seus pais eram primos-irmãos. Para ser purificado de seus crimes, o rei Euristeu impõe-lhe inúmeros trabalhos. Após se libertar de Euristeu, ele se une aos argonautas na expedição de Jasão. Na ida para o Ponto Euxino (mar Negro), os argonautas tentam atracar nas costas de Troia, mas foram impedidos pelo rei Laomedonte. Hércules não perdoa tal ofensa, e algum tempo depois retorna à Trôade com 18 naus de 50 remos, invade e saqueia Ílion com a ajuda de Telamon. Hércules assassinou o rei Laomedonte e todos os seus filhos, porém, poupou a filha Hesíone e o jovem Podarces, que era muito pequeno e não pegou em armas. Hesíone foi dada a Telamon. Podarces foi vendido como escravo e comprado por Hesíone, que pagou por ele com seu finíssimo véu. Podarces passou a se chamar Príamo (do grego, πριασθαι que significa comprar).

Hermíone (grego: Ἑρμιόνη) é filha de Helena com Menelau. Era menina quando Helena fugiu com Páris. Antes da guerra de Troia, Hermíone tinha sido prometida ao seu primo Orestes (filho de Agamemnon) pelo seu avô Tíndaro. Durante a guerra, Menelau a prometeu a Neoptólemo, filho de Aquiles. Depois da guerra, ela foi enviada para Neoptólemo na Fítia (pátria de Peleu e Aquiles). Porém, numa peregrinação a Delfos, Neoptólemo foi morto — dizem que instigado por Orestes. Hermíone retornou com Orestes para Micenas, onde se casaram e tiveram o filho Tisâmeno.

Hesíone (grego: Ἡσιόνη) é uma princesa troiana, filha do rei Laomedonte de Ílion, irmã de Príamo. Após a conquista de Ílion por Hércules, Hesíone é dada a Telamon como concubina, e com ele tem um filho, Teucro. Este é meio irmão de Ájax, filho de Telamon do primeiro casamento. Depois que Príamo reassume o trono de Troia, ele envia Antenor e Anquises à Grécia exigindo a devolução de Hesíone, mas o pedido é rejeitado. Numa segunda tentativa, Príamo envia Páris e Eneias para recuperá-la, mas Páris volta com Helena, esposa de Menelau. Príamo aceitou o sequestro de Helena, devido à recusa dos gregos em devolver Hesíone.

Hipodâmia (grego: Ἱπποδάμεια) é filha de Briseu, também chamada de Briseida. Quando Aquiles saqueou as cidades no entorno de Ílion, levou Briseida e Criseida como espólio de guerra. Na divisão do espólio, Hipodâmia fica com Aquiles e sua prima Criseida fica com Agamemnon. Mas quando Agamemnon é obrigado a devolver Criseida ao pai dela, exige ficar com Hipodâmia. Aquiles é obrigado a entregá-la ao mensageiro Taltíbio, mas fica tão furioso que resolve não lutar mais contra os troianos.

I

Ialmeno (grego: Ἰάλμενος) e **Ascálafo** (grego: Ἀσκάλαφος) eram gêmeos, foram argonautas e pretendentes de Helena. Vieram da cidade de Orcômeno, na Beócia.

Idade do Bronze (3300 a.C. a 1200 a.C.) é o período no qual surge a liga de cobre e estanho. No final da Idade do Bronze ocorre a guerra de Troia.

Idomeneu (grego: Ἰδομενεύς) é rei de Creta, filho de Deucalion e neto de Minos. Foi um dos pretendentes à mão de Helena. Idomeneu e Meriones são primos-irmãos de Palamedes, Agamemnon e Menelau. Na Guerra de Troia, matou 20 homens e três amazonas. Levou consigo Dictys como relator dos eventos. Leuco, o qual adotou como filho adotivo para governar Creta na sua ausência, seduz Meda, esposa de Idomeneu, e em seguida a mata junto com sua filha Cleisithyra e domina 10 cidades de Creta. Expulsa Idomeneu quando este tenta retornar à Creta.

Ifigênia (grego: Ἰφιγένεια) é filha de Agamemnon e Clitemnestra, irmã de Orestes e Electra, e sobrinha de Menelau e Helena. Ifigênia é sacrificada em Áulis, mas escapa e é levada para Táuris no Ponto Euxino (atual Crimeia, no mar Negro).

Ileu (grego: Ὀϊλεύς) é rei da Lócrida, foi um argonauta, é pai de Ájax e Medonte. Ájax também é chamado de Ájax, o Menor ou Ájax, o lócrida, para não ser confundido com Ájax filho de Telamon, outro herói da guerra de Troia.

Ilíada (a canção de Ílion), poema épico de Homero, com 24 livros em versos. Ílion era o nome dado a Troia.

Ílion (*Ílion*, Ἴλιον; ou Troia, Τροία), o nome se originou dos fundadores do reino, Tros e seu filho Ilo. Sua destruição foi relatada por inúmeros historiadores: Dictys de Creta e Dares da Frígia foram contemporâneos aos eventos. E os historiadores bizantinos, como João Malalas (491-578 d.C.), Constantino Manasses (1130-1187), Jorge Cedreno (1057) e Ciriaco de Ancona (1391-1455) escrevem baseados em relatos posteriores.

Ílion é uma cidade construída a alguns quilômetros da costa, numa colina íngreme, com seis portões enormes que podem ser trancados, protegida por muralhas intransponíveis. Suas ruas são largas e bem planejadas. No topo da colina estão situados o Templo de Atenas e o palácio do rei Príamo, uma enorme construção com inúmeras salas ao redor de uma corte interior. Na *Ilíada*, os aqueus montaram acampamento perto da foz do rio Escamandro, onde encalharam seus navios. Os combates ocorriam na planície entre a cidade e a foz do rio.

O sítio arqueológico de Ílion consiste em nove camadas principais, a mais antiga datada da Idade do Bronze (3000 a.C.), e a última da era Bizantina (500 d.C.), com uma ocupação humana de mais de 3 milênios.

Ilo I (grego: Ἶλος) era o filho mais velho de Dardano, reinou por longos anos e morreu sem herdeiros. Passou seu reino para seu irmão Erictônio, pai de Tros. Quando Tros assumiu, passou a chamar a região de Troia. (Apol. 3.12.2)

Ilo II (grego: Ἶλος) era filho de Tros e de Calírroe, da cidade de Dardânia. Ilo foi o pai de Temíste (e por meio desta, era avô de Anquises). Na juventude, ao vencer os jogos na Frígia, Ilo recebeu como prêmio 50 rapazes e 50 moças, e seguindo uma profecia, fundou Ílion, mais tarde chamada de Troia. Ilo expulsou Tântalo da Paflagônia por ter servido e comido carne humana. Pélops, filho de Tântalo, tentou guerrear com Ilo e foi expulso, indo parar em Pisa, no Peloponeso; esse fato é mencionado em Dictys de Creta (1.6) como uma das origens do conflito entre Grécia e Troia. Ilo era pai de Laomedonte, que o sucedeu como rei dos troianos.

Io (grego: Ἰώ), princesa de Argos, na Grécia, foi raptada e levada para o Egito. Ela é ancestral de Agenor e Belo. Segundo Heródoto, os eruditos persas dizem que esse rapto de Io foi a causa da disputa entre Ásia e Europa.

J

Jasão (grego: Ἰάσων, *Iásōn*) é filho do rei Esão de Iolco. Ele é o líder dos Argonautas, e viajam à Cólquida, no mar Negro. Com a ajuda da princesa Medea, eles conseguem roubar o Velocino de Ouro. Jasão a rapta e com ela tem dois filhos. Esse rapto, várias gerações depois, vai estimular Páris a raptar Helena. Os filhos dos argonautas participaram da guerra contra Ílion.

L

Laomedonte (grego, Λαομέδων, *governante do povo*), rei de Ílion na época da expedição dos argonautas, era filho de Ilo II. Foi o responsável por construir as famosas Muralhas de Troia. Quando os argonautas tentaram aportar na região de Troia na ida para a Cólquida, foram impedidos por ele. Hércules, um dos argonautas, ficou ofendido, e anos depois voltou, saqueou Troia, matou o rei Laomedonte e todos os seus filhos, exceto Hesíone e Príamo. O rei Laomedonte era avô de Memnon, que durante a guerra de Troia veio da Etiópia lutar ao lado dos troianos.

Leda (grego: Λήδα) é a esposa do rei Tíndaro, mãe de Helena, Castor, Pólux e Clitemnestra.

Leito (grego: Λήϊτος) é irmão de Clonio e meio-irmão de Arcesilau e Protenor. Participou da expedição dos argonautas e era um dos pretendentes de Helena. Matou 20 inimigos, foi ferido na mão por Heitor, mas foi o único a voltar para a Beócia.

Leto (grego Λατώ) teve os gêmeos Apolo e Ártemis com Zeus. Era venerada na Lícia.

Leonteu (grego: Λεοντεύς) liderou os soldados de quatro cidades da Tessália. Seu pai Coronus foi argonauta.

Líbia, neta de Io de Argos, teve gêmeos, Belo e Agenor, na cidade de Memphis. Agenor parte para a Fenícia e tem grande descendência. Belo reina no Egito, tem gêmeos: Egito e Danaus.

Licaão (grego: Λυκάων) é filho de Príamo com Laothoe e meio-irmão de Heitor. Licaão emprestou sua couraça para seu irmão Páris quando este duelou contra Menelau, marido de Helena. Durante a guerra de Troia, Licaão foi capturado por Aquiles enquanto cortava galhos no pomar de Príamo. Aquiles o vendeu como escravo a Euneus de Lemnos, mas o rei Étion de Imbros o comprou e o levou de volta a Ílion e o devolveu a seu pai. Apenas 12 dias depois, ele enfrentou Aquiles em batalha, durante a terrível fúria de Aquiles após a morte de Pátroclo. Licaão agarrou os joelhos de Aquiles e implorou por misericórdia, seja em troca de um resgate ou em memória da natureza gentil de Pátroclo. No entanto, nenhum argumento comoveu Aquiles, que o matou sem piedade.

Licomedes (grego: Λυκομήδης) é o mais importante rei dos dolópios na ilha de Esquiro, perto de Eubeia. Teseu, após perder o poder em Atenas (c. 1270 a.C.), se exilou em Esquiro. Porém, Licomedes o matou, lançando-o do alto de um rochedo, pois temia que o herói lhe arrebatasse o trono. O rei Licomedes também acolheu Aquiles, quando ele era um menino, para evitar que ele fosse chamado para lutar na guerra de Troia.

M

Macaon (grego: Μᾰχάων) é filho de Asclépio (também chamado de Esculápio), irmão de Podalírio. Ambos foram pretendentes de Helena e lideraram 30 navios da cidade de Trica, na Tessália. Eles eram excelentes médicos e trataram muitos gregos durante a guerra de Ílion.

Mecisteu (grego: Μηκιστεύς *Mēkisteús*) é de Argos e pai de Euríalo. Participou no ataque dos Sete contra Tebas junto com seu irmão Adrasto.

Meges (grego: Μέγης) é irmão de Diores e filho de Fileu, da região de Elis no Peloponeso. Foi pretendente de Helena e um dos gregos a entrar no Cavalo de Troia.

Memnon (grego: Μέμνων) é um príncipe etíope, filho de Titono com Aurora. Titono é filho do rei Laomedonte e meio-irmão de Príamo. Titono partiu para a Etiópia muitos anos antes da guerra de Troia, e seu filho Memnon voltou para ajudar seu tio Príamo quando soube do conflito. Memnon matou Antíloco, filho de Nestor, e foi morto por Aquiles depois de um longo e feroz combate.

Menelau (grego: Μενέλαος, *Menelaos*, de μένος "vigor, ira" e λαός "povo", significa "ira do povo") era o rei da Lacedemônia (Esparta), grande guerreiro, irmão mais novo de Agamemnon; ambos filhos de Érope com Plístenes, mais tarde, perfilhados por Atreu. O rapto da sua mulher Helena (com quem tinha uma filha Hermione) por Páris deu origem à Guerra de Troia. Depois da queda de Troia, recuperou sua esposa.

Menesteus (grego: Μενεσθεύς) é o lendário rei de Atenas, colocado no trono por Castor e Pólux quando Teseu partiu para outras aventuras depois de raptar Helena, e exilado da cidade após seu retorno. Menesteus foi um pretendente de Helena e comandou 50 navios. Foi um dos gregos dentro do Cavalo de Troia.

Meriones (grego: Μηριόνης) era filho de Molus, e este era meio-irmão de Idomeneu. Meriones matou sete homens na guerra de Troia.

Minos I (grego: Μίνως) foi o primeiro rei de Creta, filho de Zeus com a princesa fenícia Europa.[2] Teria nascido em cerca de 1445 a.C. e reinado de

2 Zeus havia raptado Europa, filha de Agenor (rei de Tiro, Fenícia, atual Líbano) e Teléfassa. Foi para procurar Europa que Agenor enviou seus outros filhos, que, desistindo da busca, fundaram vários reinos: Cadmo fundou Tebas (cidade-estado ao norte de Atenas), Fênix a Fenícia; Cílix a Cilícia e Tasos a cidade da ilha de Tasos.

1406 a.C. a 1204 a.C. Este era o "bom" rei Minos. Ele vivia em Knossos, foi o autor da constituição de Creta e o fundador de sua supremacia naval. Seu filho Licasto teve um filho chamado Minos, em homenagem ao avô.

Minos II teve vários filhos, incluindo Catreu, Androgeu, Deucalion, Ariadne, Fedra e Glauco — todos gerados por sua esposa Pasífae. Reinou sobre Creta, e outras ilhas, três gerações antes da Guerra de Troia. Seu filho Deucalion foi pai do rei Idomeneu, que liderou os cretenses na Guerra de Troia. Seu filho Catreu foi avô de Agamemnon e Menelau.

Minos II e o Minotauro — o Minotauro é filho de Pasífae: meio homem, meio besta. Minos II mandou Dédalo construir um labirinto gigantesco para aprisioná-lo. Quando o filho do rei Minos II, Androgeu, foi morto na Ática durante os Jogos Pan-atenaicos, Minos declarou guerra a Atenas. Porém, ofereceu aos atenienses a paz sob a condição de Atenas enviar sete rapazes e sete moças a cada nove anos a Creta, para serem sacrificados ao Minotauro. Na terceira rodada, Teseu (filho do rei Egeu com Etra) vai entre os escolhidos para ser sacrificado em Creta. Consegue matar o Minotauro com a ajuda da filha de Minos, Ariadne (que convenceu Dédalo a contar como entrar no Labirinto).

Quando Teseu fugiu com Ariadne após ter matado o Minotauro, o rei Minos fica furioso com o rapto de Ariadne e com a traição de Dédalo. Aprisiona Dédalo e seu filho Ícaro numa torre, porém eles escapam, voando em asas que Dédalo inventou. Porém, as asas de Ícaro derretem porque ele voou muito perto do sol. Ícaro cai no mar e morre. Teseu abandona Ariadne numa ilha. E depois se casa com a irmã dela, Fedra.

N

Náuplio (grego: Ναύπλιος, "navegante"), rei da Eubeia. Participou da expedição dos argonautas. O rei cretense Catreu suspeitava que sua filha Clímene estivesse conspirando contra ele, então pediu a Náuplio que a vendesse como escrava. Esta se casou com ele na Eubeia, e deu à luz a Palamedes, Oeax e Nausimedon. Eles lutaram na guerra de Troia. Seu filho Palamedes foi assassinado em consequência das intrigas de Odisseu, que apoiava Agamemnon. Náuplio jurou vingança contra Agamemnon e os outros líderes gregos. De acordo com Apolodoro, quando os gregos estavam navegando de volta para casa após o encerramento da guerra, Náuplio acendeu fogueiras ao longo da perigosa costa da Eubeia, e muitos navios naufragaram batendo nos escolhos. Antes disso, ele também convenceu muitas das esposas dos líderes gregos a serem infiéis a seus maridos e a conspirar contra eles — incluindo Clitemnestra (esposa de Agamenon), que se juntou com Egisto; e Meda (esposa de Idomeneu), que foi infiel a Leuco. Homero não menciona Náuplio e Palamedes nem uma vez.

Neoptólemo (grego: Νεοπτόλεμος, jovem guerreiro), também chamado de Pirro, é filho de Aquiles e Deidâmia. Passados 10 anos, durante o cerco de Troia, depois da morte de Aquiles e sem quaisquer sinais de vitória, os aqueus capturaram o adivinho troiano, Heleno, e o forçaram a dizer quais condições poderiam levá-los à vitória. Uma delas era persuadir o filho de Aquiles a juntar-se à guerra. Os gregos apressaram-se a ir buscar Neoptólemo em Esquiro, e trouxeram-no a Troia. Após a vitória, Andrômaca foi dada a Neoptólemo como concubina. Foi ele quem matou Príamo, Eurípilo, Polixena, Polites e Astíanax, entre outros, e escravizou Heleno e Andrômaca depois da guerra. Neoptólemo foi morto, a pedido de Hermíone, por Orestes.

Nestor (em grego: Νέστωρ) é rei de Pilo, no Peloponeso. Nestor foi um Argonauta, participou da Caça ao Javali da Calidônia e liderou 80 naus contra Ílion. Nestor regressa são e salvo a Pilo.

Nireus (grego: Νιρεύς) é rei da ilha de Sime, no Dodecaneso, comandou três navios. Foi um dos pretendentes de Helena. Era considerado o segundo homem mais belo, ficando apenas atrás de Aquiles.

O

Odisseia (grego, Οδύσσεια), poema épico de Homero, relata a *nostos* (νόστος; retorno) de Odisseu, após sair fugido de Ílion, acusado de matar Ájax Telamon.

Odisseu (grego: Ὀδυσσεύς) é rei de Ítaca, marido de Penélope, pai de Telêmaco. Odisseu orientou o rei Tíndaro quanto aos pretendentes de Helena, contanto que pudesse se casar com Penélope, sobrinha do rei Tíndaro, filha de Icário. Odisseu propôs que todos os pretendentes deveriam fazer um juramento solene de defender o marido escolhido. Assim foi feito, Helena se casa com Menelau; Agamemnon, com a irmã dela, Clitemnestra; e Odisseu, com Penélope. Após a morte do rei Tíndaro, Menelau se torna rei de Esparta. Quando Páris rapta Helena, se forma uma coalisão dos pretendentes para defender Menelau. Quando a guerra eclode, Odisseu se finge de louco para não ter que lutar. Palamedes vai buscá-lo em Ítaca, e o encontra semeando sal em um campo, que ele arava usando uma junta composta por um jumento e um touro, o que desequilibra o desempenho do arado. Palamedes o desmascara, colocando Telêmaco, seu filho bebê, na frente do arado, fazendo Odisseu se desviar, provando que não estava louco. Odisseu, já em Troia, vai ardilosamente provocar a morte de Palamedes. E mais adiante, no final da guerra, será acusado de matar Ájax Telamon. Perseguido pelos troianos, terá que sair fugido de Troia e só consegue voltar para Ítaca 10 anos depois. Mais tarde é morto pelo seu filho Telêgono, filho dele com Circe, que aporta em Ítaca à procura do pai e o mata por engano.

Oeax era irmão de Palamedes, filho de Náuplio com Clímene.

Orestes (grego: Ὀρέστης) é filho de Agamemnon com Clitemnestra e irmão de Ifigênia, Electra e Crisótemis. Orestes se casa com Hermíone (filha de Menelau), após matar Neoptólemo, filho de Aquiles.

P

Palamedes (grego: Παλαμήδης), filho de Náuplio com Clímene, é primo-irmão de Agamemnon e de Menelau, e discípulo de Quíron. Desmascara Odisseu e o força a participar da guerra de Troia. Durante a guerra, Palamedes acusa Odisseu de traição, por deixar faltar comida para o exército. Odisseu, para se vingar, o acusa injustamente de conivência com o inimigo. Palamedes é condenado à morte e apedrejado. O rei Náuplio, pai de Palamedes, se vingou dos gregos no retorno à Grécia, colocando falsos faróis no promontório de Cafareu direcionando os navios para os escolhos. Sófocles atribui a invenção do dado a Palamedes. Além do dado, também inventou várias letras do alfabeto, o disco, o gamão, o farol, o uso da moeda, a balança, os pesos e as medidas. Palamedes não é mencionado na Ilíada de Homero.

Pamones (grego: Πάμμων) é filho do rei Príamo com Hécuba, irmão de Heitor, Páris, Deífobo, Heleno, Agáton, Antífono, Hipotoo e Agavo.

Pândaro (grego: Πάνδαρος) é um renomado arqueiro, filho de Licaonte da Lícia. Lidera um contingente vindo de Zeleia, cidade aos pés do monte Ida.

Panto, de origem grega, é o sacerdote troiano de Apolo na época do rei Príamo. Ele não participou da Guerra de Troia, devido à idade, mas vários de seus filhos lutaram lá, incluindo Polidamante (o primogênito), Iperenore e Euforbo. Panto era favorável à devolução de Helena a Menelau.

Páris (grego: Πάρις), também conhecido como Alexandre (Ἀλέξανδρος, *Aléxandros*), era um dos filhos do rei Príamo de Troia com a rainha Hécuba. É o responsável por raptar Helena, esposa de Menelau, rei de Esparta, dando início à Guerra de Troia, que duraria 10 anos. Logo antes da tomada de Troia, Páris foi mortalmente ferido por Filoctetes, que usava o arco de Hércules e suas flechas envenenadas.

Pátroclo (grego: Πάτροκλος) é amigo de infância e companheiro de armas de Aquiles. Ambos foram educados por Quíron. Foi pretendente de Helena.

Peleu (grego: Πηλεύς) é pai de Aquiles, irmão de Telamon e tio de Ájax Telamon.

Pélias (grego: Πελίας) é rei de Iolco, tio de Jasão. Ele quem manda Jasão em busca do Velocino de Ouro. Daí surgiu a célebre expedição dos argonautas. Depois do retorno de Jasão, Pélias foi cortado em pedaços e cozido por suas próprias filhas, pois Medeia disse que dessa maneira eles poderiam restaurar seu pai ao vigor e à juventude. Seu filho Acasto realizou jogos fúnebres em sua homenagem em Iolco, e expulsou Jasão e Medeia do país.

Pélops (grego: Πέλοψ, Pélops, Pélope) era filho de Tântalo e Dione, e nasceu na Ásia Menor. Quando seu pai, Tântalo, foi expulso da região por Ilo de Troia, por ter comido carne humana, Pélops tentou retornar e entrou em batalha com Ilo, mas foi expulso. Destarte, ele embarcou em uma viagem por longínquas terras, em busca de um reino para governar. Usando de um estratagema, ele mata o rei Enomaus, de Pisa, se casa com sua filha Hipodâmia e se torna um poderoso rei. Pélops organizou corridas de carros como ação de graças aos deuses, e jogos fúnebres em Olimpia, em homenagem ao rei Enomaus, a fim de ser purificado de sua morte. Foi essa corrida funerária que inspirou os Jogos Olímpicos. Seu domínio se estendeu a toda a península grega, casando seus 50 filhos e filhas por toda a península, que dele recebeu o nome de Peloponeso (Πέλοπος Pélopos + νῆσος nèsos, a ilha de Pélops). A "maldição dos átridas" começou duas gerações antes de Atreus, com Tântalo comendo carne humana, e continuou por duas gerações depois dele, com Orestes matando a própria mãe, até ser formalmente absolvido pelas Fúrias no tribunal.

Peneleu (grego: Πηνελέως) foi um argonauta e um dos pretendentes de Helena, veio da Beócia e comandou 12 navios contra Troia. Peneleu matou dois troianos e foi morto por Eurípilo, filho de Télefo.

Pentesileia (grego: Πενθεσίλεια) é a rainha das Amazonas. Pentesileia matou por engano sua irmã durante uma caçada, e Príamo a purificou. Portanto, quando Príamo pediu ajuda, ela veio em auxílio com o seu exército.

Phylira (grega φηλυρα) significa "espécie de película sob a casca da tília, usada para fazer papel", segundo o dicionário greco-francês Bailly (p. 2.083).

Pítia (grego: Πυθία, *Pythía*) ou pitonisa (*serpente*) era a sacerdotisa do templo em Delfos, situado nas encostas do monte Parnaso. O oráculo de Delfos era tido como um dos mais prestigiosos e fiáveis oráculos do mundo grego.

Plístene (grego: Πλεισθένης, Pleisthenes) era governante temporário de Micenas, enquanto o rei Euristeu lutava contra Hércules. Foi primeiro marido de Érope e pai de Agamemnon e de Menelau. Com a morte prematura dele, Érope se casa com Atreus, que perfilha os dois meninos.

Podalírio (grego: Ποδαλείριος) é filho de Asclépio e irmão de Macaon. Ambos foram pretendentes de Helena e lideraram 30 navios da cidade de Trica, na Tessália. Eles eram excelentes médicos e trataram muitos gregos durante a guerra de Ílion.

Podarces (grego: Ποδάρκης) é irmão de Protesilau, da Tessália. Juntou-se à guerra após a morte de seu irmão.

Polidamas (grego: Πουλυδάμας) é filho de Panto, irmão de Euforbo e Hiperenor. Durante as batalhas ele sempre é cauteloso.

Polidoro (grego: Πολύδωρος) é o filho mais moço de Príamo. No começo da guerra, o rei Príamo o enviou para ser cuidado pela sua irmã mais velha, Ilíone, casada com Polimestor, rei dos trácios no Quersoneso.

Polimestor (grego: Πολυμ(ν)ήστωρ) é um rei da Trácia no Quersoneso, casado com Ilíone, filha mais velha do rei Príamo. Durante a guerra de Troia, Príamo envia seu filho Polidoro, junto com joias e ouro, para a corte do rei Polimestor para protegê-lo, talvez se lembrando de sua própria infância quando Hércules tomou Troia e matou o rei Laomedonte e todos os seus filhos, exceto Príamo. Ílione, que já tinha um filho, Deipilo, criou o irmão como filho e o filho como irmão. Quando Polimestor foi pressionado pelos gregos a matar o filho de Príamo, ele matou Deipilo pensando que fosse Polidoro.

Polínice (grego: Πολυνείκης "*Polyneíkes*", significa "muita luta") é o filho mais novo do rei Édipo com a própria mãe, Jocasta. Quando descobriram que Édipo matou o próprio pai e se casou com a mãe, Édipo foi expulso de Tebas por Creonte (irmão de Jocasta), deixando seus filhos Etéocles e Polínice. Ambos concordaram em alternar no poder, porém Etéocles descumpriu o acordo, fazendo com que Polínice, com a ajuda do rei Adrastos de Argos, empreendesse a guerra dos Sete contra Tebas.

Polipoetes (grego: Πολυποίτης) é líder grego da cidade de Girtone, na Tessália. Foi pretendente de Helena e estava dentro do Cavalo de Troia.

Polixena (grego: Πολυξένη) é a filha mais nova do rei Príamo e da rainha Hécuba. Ela superava todas as outras mulheres em beleza. Aquiles se apaixona por Polixena e é morto à traição no templo pela espada de Alexandre. Durante o saque de Troia, Hécuba deu Polixena para que Eneias a protegesse. Quando Neoptólemo, filho de Aquiles, não encontrou Polixena (a causa da morte do seu pai), ele enviou Antenor a Eneias, como condição para que os troianos pudessem partir. Polixena foi entregue a Agamemnon, que a entregou a Neoptólemo. Polixena foi assassinada por Neoptólemo sobre o túmulo de Aquiles.

Polixeno (grego: Πολύξενος) é um dos líderes da Élida, região oriental do Peloponeso. Junto com Tálpio, Anfímaco e Diores liderou 40 navios. Polixeno foi pretendente de Helena e voltou da guerra em segurança.

Príamo (grego: Πρίαμος, Príamos) é o rei de Troia durante a Guerra de Troia, e era filho de Laomedonte. Seu nome original era *Podarces*. Sua irmã, Hesíone, na captura de Troia por Hércules, foi entregue como escrava de presente para Telamon. Hércules disse a Hesíone que escolhesse qualquer um para levar com ela, e ela escolheu seu irmão. Porém, Hércules disse que Podarces deveria primeiro virar escravo, mas depois ela poderia resgatá-lo. Quando Podarces estava sendo vendido, Hesíone tirou seu véu e usou-o para resgatá-lo. Por este motivo ele mudou seu nome para Príamo, que significa "resgatado, comprado". Príamo teve várias esposas e 50 filhos. Quando os gregos chegaram a Troia, Príamo já era velho e não participou ativamente da guerra. Quando os gregos saquearam na cidade, Príamo quis lutar, mas foi persuadido por Hécuba e refugiou-se com ela e com as filhas num templo, mas foi brutalmente morto por Neoptólemo.

Protenor (grego: Προθοήνωρ) era um dos cinco líderes da Beócia, junto com Leito, Clonio (seus meio-irmãos), Peneleu e Arcesilau. Comandou oito navios e foi morto por Polidamas.

Protesilau (grego: Πρωτεσίλᾱος) foi um dos pretendentes de Helena, capitaneou 40 naus vindas da Tessália e foi o primeiro a desembarcar em Troia. E um oráculo havia profetizado que o primeiro grego a pisar em terras troianas também seria o primeiro grego a morrer. Ao desembarcar, Odisseu, astucioso, primeiro jogou seu escudo na areia e pisou nele. Protesilau pisou na terra, matou em combate quatro troianos e faleceu lutando.

Protoo (grego: Πρόθοος Prothoös) é filho de Tentedron de Magnésia na Tessália. Comandou 40 navios.

Pseudo-Apolodoro: a Bibliotheca (grego antigo: Βιβλιοθήκη, Bibliothēkē, "Biblioteca"), também conhecida como Biblioteca de Pseudo-Apolodoro, é um compêndio de mitos gregos e lendas heroicas organizado em três livros, datado do primeiro ou segundo século d.C.

Q

Quíron (grego: Χείρων, Kheiron, "mão"), um dos centauros, filho de Cronus (tempo) e de Phylira (livro), morava aos pés do monte Pelion, na Tessália, e era famoso por sua sabedoria e conhecimento da arte de curar. Muitos dos heróis gregos foram criados e educados por ele, como Aquiles, Aristeu, Asclépio, Hércules, Jasão, Medeu, Pátroclo e Peleu — pai de Aquiles. Quíron promoveu o casamento de Peleu com Tétis, criando Aquiles.

R

Reso (grego: Ῥῆσος) é rei da Trácia, às margens do rio Struma. Veio a Trôade como mercenário a pedido de Príamo.

S

Sarpedon (grego: Σαρπηδών) é o líder dos lícios, que junto com seu primo Glauco veio em apoio ao rei Príamo.

Sinon (grego: Σίνων) é um guerreiro grego. Sua missão é sinalizar, aos navios escondidos no promontório de Sigeu, a abertura dos portões de Ílion pelos gregos que estavam dentro do Cavalo de Troia.

T

Tálpio (grego: Θάλπιος) é um dos líderes da Élida, região oriental do Peloponeso. Junto com Anfímaco, Diores e Polixeno liderou 40 navios. Foi pretendente de Helena.

Taltíbio (grego: Ταλθύβιος) é arauto e amigo de Agamemnon. Foi quem, a mando de Agamemnon, pegou Briseida da tenda de Aquiles (*Ilíada* 1.320).

Tântalo (em grego antigo: Τάνταλος, Tántalos) era um rei de Sípilo (a mais antiga e sagrada cidade da Lídia — atual Turquia), aos pés do monte Sípilo. Teve dois filhos, Pélops e Níobe. Tântalo, amigo íntimo de Zeus de Creta, foi responsável por várias ofensas: sequestrou Ganimedes (um príncipe troiano, irmão de Ilo), serviu carne humana em banquete, entre outros. As atrocidades de Tântalo vão determinar a maldição sobre sua descendência: Pélops, Atreus e Tiestes, entre outros.

Teano (grego: Θεανώ) é esposa de Antenor e sacerdotisa do Templo de Apolo, irmã de Hécuba.

Telamon (grego: Τελαμών, "alça larga") é o rei de Salamina, irmão de Peleu (pai de Aquiles). É pai de Ájax com Peribeia; e pai de Teucro com Hesíone. Seus filhos, Ájax e Teucro, participaram da Guerra de Troia. Telamon impediu Teucro de regressar a Salamina, pois havia deixado Ájax ter uma morte vergonhosa.

Télefo (grego: Τήλεφος, rutilante) é filho da princesa grega Auge com Hércules. É rei da Mísia, por ter sido adotado pelo rei Teutras, que se casou com Auge, após esta ter sido expulsa da Grécia. Em um prelúdio da Guerra de Troia, os gregos atacaram a cidade de Télefo confundindo-a com Troia. Télefo derrotou os gregos e os forçou a voltar para seus navios, porém, foi ferido na coxa pela lança de Aquiles, e a ferida não sarava. Quando foi descoberto que Télefo era grego de nascimento, fez-se a trégua, e Télefo concordou em guiar o exército grego até Troia, em troca da cura de sua ferida. Seu filho Eurípilo (neto de Hércules) lutou do lado dos troianos contra os gregos e acabou sendo morto por Neoptólemo.

Telégono (grego: Τηλέγονος significa "nascido distante") é filho de Odisseu com Circe. Anos depois da guerra de Troia, quando chegou à idade adulta, Telégono foi à procura do pai. Ao aportar em Ítaca, se desentendeu com os guardas do palácio de Odisseu e acabou matando seu pai com sua lança feita com a ponta venenosa de uma arraia, símbolo de Eeia. Ao saber do erro, Telégono chorou amargamente, e, acompanhado de Penélope e Telêmaco, transportou seu corpo para a ilha de sua mãe Circe. Lá, Circe fez com que Telégono desposasse Penélope e, ela própria, Circe, se casou com Telêmaco. Da união entre Telégono e Penélope nasceu Ítalo, que deu o nome à Itália, pois foi o rei dos enótrios.

Telêmaco (grego: Τηλέμαχος significa "lutador distante") é filho de Odisseu com Penélope. Seu pai parte para a guerra de Ílion quando ele ainda era bebê.

Tersandro (grego: Θέρσανδρος) é filho de Polínice, neto de Adrasto e rei de Tebas. Ele retomou Tebas de seu primo Laodamante após a luta dos Epígonos (os filhos dos Sete contra Tebas). Tersandro morreu em batalha quando os aqueus desembarcaram na Mísia por engano.

Teseu é filho do rei Egeu (de Atenas) com Etra, filha de Piteu (rei de Trezena — irmão de Atreus e Tiestes, neta de Pélops, portanto parente de Menelau). Foi o grande herói depois de Hércules. Entre suas aventuras raptou Helena quando esta era menina, matou o Minotauro, casou-se com Fedra, filha do rei Minos de Creta, se tornou rei de Atenas. Teseu foi autor de uma revolução na política da Ática. Antes dele, a Ática era dividida em pequenas cidades, sem liderança central. Teseu aboliu os governos separados, uniu as cidades, elegeu Atenas como capital, estabeleceu um governo constitucional, ficando apenas com alguns poderes e funções definidas. Ele distribuiu os cidadãos em três classes: Eupatridas, Geomoni e Demiurgos. Por ser um forasteiro, Teseu ousou mais. Durante a guerra de Troia, Castor e Pólux colocaram Menesteu como rei de Atenas, que exilou Teseu quando este retornou. Teseu foi para Esquiro, onde foi morto traiçoeiramente pelo rei Licomedes, que temia pelo seu reino.

Teucro (grego: Τεῦκρος, *Teũkros*) é filho de Hesíone (irmã de Príamo) com o grego Telamon (rei de Salamina, amigo de Hércules), portanto primo dos troianos Heitor e Páris por parte de mãe; e, por parte de pai, irmão de Ájax Telamon e primo de Aquiles. Ele lutou ao lado de seu irmão Ájax Telamon. Depois da morte de Ájax, foi impedido pelo pai de voltar para Salamina, pois havia deixado seu irmão ter uma morte vergonhosa. Teucro foi para Chipre, onde fundou Salamina.

Teutras (grego: Τεύθρας) foi rei da Mísia. Ele recebeu Auge, grávida de Hércules, que tinha sido expulsa do Peloponeso após seu pai descobrir sua gravidez. Nasceu Télefo, que acabou sucedendo ao rei Teutras.

Tideu (grego: Τυδεύς) é um grego da Etólia, uma geração antes da guerra de Troia, e pai de Diomedes com a filha de Adrasto. Participou da expedição Sete contra Tebas.

Tiestes (grego: Θυέστης) é filho de Pélops e Hipodâmia, irmão gêmeo de Atreus e pai de Pelópia. Com sua filha Pelópia, teve um filho incestuoso, Egisto. Ver Érope.

Timbra era uma cidade na Trôade, perto de Troia. O segundo dos seis portões de Troia foi nomeado em sua homenagem, de acordo com John Lydgate. Timbra também foi o local de um grande Templo e santuário de Apolo, conhecido como Apolo Timbriano, um epíteto localizador.

Tíndaro (em grego: Τυνδάρεος) era rei de Esparta, marido de Leda e pai de Clitemnestra, Castor, Pólux e Helena. Quando Menelau e Agamemnon foram exilados de Micenas, eles foram procurar refúgio em Esparta. O rei Tíndaro os recebeu muito bem, e casou Helena com Menelau e Clitemnestra com Agamemnon. Tíndaro viveu por muito tempo, um dos homens que teve a vida mais longa em sua época. Após sua morte, o trono de Esparta passou para Menelau.

Tlepólemo (grego: Τληπόλεμος) é rei de Rodes e filho de Hércules. Comanda nove navios de Rodes e de outras ilhas ao redor, e foi morto por Sarpedon.

Toas (grego: Θόας) é rei da Etólia e comandou 40 navios. Era tido como excelente guerreiro e orador. Ao final da guerra, foi um dos gregos que se escondeu dentro do Cavalo de Troia.

Trasímedes (grego: Θρασυμήδης significa "audacioso") é o irmão mais velho de Antíloco e filho de Nestor. Lutou bravamente e foi um dos danaus que estava no Cavalo de Troia.

Trôade ou Troas é a região a oeste da Mísia e ao norte da Lídia, em frente à península do Dardanelos (à época chamada de Quersoneso). A principal cidade da Trôade é Ílion, também chamada de Troia, e foi completamente destruída pelos gregos na guerra de Troia.

Troilo (grego: Τρωΐλος;) é um jovem príncipe troiano, filho do rei Príamo com Hécuba, morto numa emboscada por Aquiles. Escritores medievais abordavam Troilo como a epítome do jovem filho morto, com os pais em luto.

Tros (grego: Τρώς) é rei da Dardânia. De Tros vem a denominação troianos, cuja região foi chamada de Trôade.

U

Ucalegon (grego: Οὐκαλέγων) é um dos anciãos de Ílion, cuja casa foi incendiada pelos aqueus quando saquearam a cidade.

Bibliografia

Esta bibliografia lista as últimas edições de Dictys and Dares, juntamente com alguns dos livros e artigos acadêmicos mais importantes que tratam deles e de sua influência.

Edições

Daretis Phrygii De Excidio Troiae Historia, Ferdinand Meister (ed.). Leipzig, 1873.

Dictys Cretensis Ephemeridos Belli Troiani Libri, Werner Eisenhut (ed.). Leipzig, 1958.

Estudos acadêmicos

Greif, Wilhelm. *Die Mittelalterlichen Bearbeitungen der Trojanersage*. Marburg, 1886.

Griffin, Nathaniel Edward. *Dares and Dictys, An Introduction to the Study of Medieval Versions of the Story fo Troy*. Baltimore, 1907.

______. "The Greek Dictys", *American Journal of Philology*, XXIX, 3(1908), 329-335.

______. "Un-Homeric Elements in the Medieval Story of Troy", *The Journal of English and Germanic Philology*, VII (1907-1908), 32-52.

Schissel von Fleschenberg, Omar. *Dares-Studien*. Halle an-der-Salle, 1908.

Young, Karl. *The Origin and Development of the Story of Troilus and Criseyde*, Chaucer Soc., 2º sem., n. 40. London, 1908.

Agradecimentos da edição americana

O presente volume reúne pela primeira vez em inglês a tradução dos relatos de Dictys e Dares sobre a Guerra de Troia. Esses relatos merecem nossa cuidadosa atenção como as principais fontes da estória medieval de Troia, e como exemplos da literatura anti-homérica da Antiguidade Tardia.

Na Introdução, eu descrevi brevemente a influência dos nossos autores na literatura europeia tardia, e tentei mostrar como os nossos textos latinos dependem dos originais em grego. No que concerne a esse último, achei os estudos de Nathaniel Edward Griffin especialmente gratificantes para Dictys; e os estudos de Otmar Schissel von Fleschenberg para Dares. Utilizei as notas de rodapé para comentar sobre a forma (de como os nossos textos latinos provavelmente diferem de seus originais gregos), para assinalar dificuldades e inconsistências, e para citar algumas das fontes e versões paralelas das estórias que Dictys e Dares contam.

Meu sincero agradecimento pelo conselho e encorajamento vai primeiro para Graydon W. Regenos. Meus agradecimentos também para Robert M. Lumiansky, Sanford G. Etheridge, Gardner B. Taplin, Ronald E. White e Robert P. Sonkowsky, todos os quais me ajudaram de diversas maneiras.

R. M. Frazer Jr.

Este livro foi impresso nas oficinas gráficas da Editora Vozes Ltda.,
Rua Frei Luís, 100 – Petrópolis, RJ.